원불교 경성 교화 2

소태산 대종사의 경성 자취들
경성 관련 자료모음

▼ 원불교 경성 교화 2   서문 성

● 인쇄 | 2008년 5월 13일 ● 발행 | 2008년 5월 19일
● 펴낸곳 | 원불교출판사 ● 펴낸이 | 김영식 ● 출판등록 | 1967. 7. 1 제7호
● 주소 | 전북 익산시 신용동 344-2 · TEL(063)854-0784 · Fax(063)852-0784

값 15,000원   *잘못된 책은 바꿔 드립니다.

원불교 경성 교화 2

소태산 대종사의 경성 자취들
경성 관련 자료모음

원불교출판사

글머리

　원불교 경성 초기 교화사라는 이름의 이번 책은 원기91년도 일원 문화연구재단 〈원불교 미확인 사적지 기초자료조사〉 후속 연구로 원불교 경성(서울) 교화와 사적, 유공인과 관련 자료를 중심으로 한 연구 내용을 정리한 것이다.

　원기87년 〈원불교 사적지 실태 및 기초자료조사 연구(박도광, 서문 성, 최용정)〉시 익산지역 사적 기초자료조사를 제외한 나머지 부분을 필자가 담당하면서 서울지역은 추후 연구과제로 남겼었다.

　미확인 사적지 기초자료조사에서 서울지역과 남원·경주·익산지역 중 일부 미진했던 지역의 기초자료 조사를 대부분 마쳤다. 북한지역인 개성과 금강산 일원도 현지 기초조사를 통하여 어느 정도 확인이 되어 지고 있다.

　서울지역 사적 기초자료조사를 하게 된 인연으로 후속연구를 하게 되어 원불교 경성 초기 교화사가 되었다.

　소태산 대종사와 경성지역은 원불교 역사에 있어서 어느 지역보다 인연이 깊다. 익산총부 건설 이전인 원기9년 초 처음 상경하여 원기28년 마지막 상경까지 만 19년간 1백 수십여 차례 방문한 것으로 추정할 수 있는 부분에서도 알 수 있다.

　서울지역은 그만큼 새 회상과 인연지이기에 소태산 대종사와 제자들의 역사와 자취가 교단사에 있어서 중요한 부분이다. 그러나 원불교와 관련된 경성의 역사에 대한 연구가 아직까지 미흡하여 시간의 흐름과 자료와 고증 그리고 현장의 변화로 인하여 연구하는데 어려움이 많았다. 어느 때는 구청에서 옛 자료를 수차례 몇 시간씩 찾았으나 찾지 못 할 때도 있었고, 담당 직원이 야근을 하면서까지 일제시대 자료를 찾아 주기도 했다. 지금 생각해도 참으로 고맙고 감사하다.

　연구하는 동안 많은 노력에도 자료와 자취를 다 찾을 수 없었지만 교단 내외의 자료와 고증 그리고 많은 분들의 도움을 통하여 아쉽지만 경성과 관련된 역사 일부분을 정리할 수 있어 기쁘다.

　필자가 나름대로 많은 노력을 하였으나 능력 부족으로 인하여 아직까지 미비한 점과 오류가 있는 부분도 있을 수 있다. 오류가 있는 내용이 있다면 연락 주시면 추후에 정정할 수 있는 기회로 삼으려 한다.

　이번 일원문화연구재단의 연구과정에서 「한울안신문」에 일부가 연재되어 독자들에게 선보인 적도 있다.

　≪원불교 경성 교화1≫ 제1부 소태산 대종사와 경성교화 편으로 원기9년 소태산 대종사의 처음 상경부터 원기28년 마지막 상경까지 소태산 대종사와 선진들의 행적 그리고 법문 등과 원기30년(1945) 광복 후 전재동포구호사업

까지를 연대순으로 정리한 내용이며 제2부는 경성교화와 관련된 초기 유공인에 대한 내용을 담고 있다.

≪원불교 경성 교화2≫는 제1부 소태산 대종사와 경성 자취들로 소태산 대종사 만 19년간 1백 수십여 차례 상경하여 경성 제자들과 다니신 자취들과 제2부는 앞의 글에서 전문을 실지 못한 자료를 한자리에 모아 자료를 통하여 소태산 대종사와 선진들의 숨결을 새롭게 느낄 수 있도록 했다. 이러한 관계로 내용이 서로 중복되는 부분도 있다.

연구한 내용을 책으로 출판하기 앞서 보다 많은 독자들이 재미있고 쉽게 읽을 수 있도록 픽션을 가미하고 싶은 유혹이 있었다. 그러나 픽션이나 소설 형태의 글은 다음의 문제이기에 원문과 옛 표현을 최대한 살린 연구내용 그대로를 편집하여 조금은 딱딱하고 밋밋한 부분이 있다.

그러나 편집을 마무리하면서 글머리를 쓰는 이 순간 참으로 잘 했다는 생각이 든다. 그것은 책을 읽는 독자들로 하여금 사실의 기록인지 픽션 혹은 소설인지를 구분하기 힘들어 픽션과 소설을 역사적 사실로 볼 수박에 없도록 하는 우를 범하지 않았기 때문이다. 재미있게 꾸미는 작업은 원불교 서울역사에 관심 있는 분들의 몫으로 남겨 두고자한다

　필자가 경성과 관련되어 연구하고 정리하는 동안 많은 분들의 도움이 있었지만 충산 이충은 교도님, 봉산 이경식 교도님, 노태영 교무님의 도움이 컸다. 지면을 통하여 다시 한 번 감사를 드린다.
　앞으로 서울과 관련된 연구가 활발해지기를 염원하며 사적에 관심을 갖는 데 조금이나마 밑거름이 되었으면 한다.

샘골 골방에서
서문 성 교무

원불교 경성 교화 2

제1부 소태산 대종사의 경성 자취들

I. 소태산 대종사의 교통수단

  1. 열차와 경성역 인근   15
  2. 경성의 전차   26
  3. 비행기   30

II. 소태산 대종사와 경성 교화지

  1. 북촌 계동 일원 35
  2. 당주동과 경복궁   51
      당주동 경성임시출장소 51 / 부민관과 경성방송국 53 / 조선박람회 55
  3. 경성출장소 창신동회관   63
  4. 경성지부 돈암동회관   68
  5. 서울교당   81

Ⅲ. 남산일원

　1. 남산　88
　2. 한남동 정각사　95
　3. 박문사　111

Ⅳ. 소태산 대종사의 황정신행 인연지

　1. 낙산 이화장　119
　2. 동대문부인병원　127
　3. 순천상회와 화신백화점　136
　4. 송추 한국보육원　142
　5. 우이동 봉도청소년수련원　151

Ⅴ. 소태산 대종사의 기타 인연지

　1. 청계천 일대　158
　2. 천도교 중앙대교당　164
　3. 안양 망해암　169
　4. 정산종사와 서울대병원　172

제2부 경성 관련 자료모음

Ⅰ. 소태산 대종사의 편지글

1. 소태산 대종사가 이공주에게 보낸 편지   179

Ⅱ. 경성에서의 법문과 일화

1. 민자연화 가족 3대 4모녀와의 만남   189
2. 좋은 인연은 영원히 놓지마라   194
3. 성주법문   196
4. 약자로 강자되난 법문   198
5. 급선무의 발원장   202
   급선무의 발원장 202 / 부처님은 중생을 버리지 않는다 204
6. 무궁한 천조의 박람회   206
7. 소태산 대종사 남산에서 청년들과 만남   211
8. 지환선 감상담   215
9. 지환선씨의 독실한 정성을 보고   218
10. 나의 제초한 뜻을 아느냐   220
11. 황정신행의 질문   223
12. 밥 한 그릇의 소중함   225
13. 소태산 대종사의 비행기 탑승   228

Ⅲ. 경성출장소의 의식 자료

1. 김낙원의 열반   230
   고 김낙원 열반에 관하여 230 / 탈복식 234

2. 은부모 시자녀법 제정과 결의식   235
   은부모시자녀결의법 제정 235
   기사(원기14년) 음 4월 22일 은모시녀의 결의식 235
   은부모시자녀간 결의서 각통 소개 237

3. 박공명선의 종재와 부녀지결의식   239
   법칙선정의 건 241

Ⅳ. 경성지부 소개기

1. 경성지부 신점기지 소개기   242
2. 경성지부 신축낙성에 제하야   244
3. 경성지부 참관기   247
4. 《조광》지 유사종교 소굴 탐방기 사건   252
   교주를 생불 삼는 불법연구회의 정체 252 / 《조광》지 기사를 보고 257
   《조광》10월호 소개 259

Ⅴ. 8·15 광복 이후

1. 전재동포원호사업회 설립취지   263
   불법연구회 전재동포원호사업회 설립취지 263
2. 서울출장소장 김대거의 정계인사와 만남   265

부록 . 원불교 서울회관 실록

제1부 소도 서울에 기념관을 세우자   272
건립의 배경과 추진 275 / 남한강개발주식회사와의 인연 277
서울기념관 신축기공식 280 / 남한강사건의 발단 281

제2부 1·28교정위원회   283
사건 해결위해 12인 수습위원회 구성 283 / 1·28 교정위원회 284
34페이지의 경위보고서 288 / '남한강사건' 주역 김재위씨 289
전무출신 6개항 결의문 292

제3부 포기에서 구제로 전환   295
제1회 남한강 수습위원 회의 295 / 포기에서 구제로 전환 300
교단의 명예와 권리확보 301 / 남한강(주) 주권확보와 매립권 양수 304

제4부 흑석동 1번지의 의미   307
서울회관기성회 발족 307 / 호안매립공사와 한남동수도원 308
무허가 건물의 회생 312

제5부 한경변에 우뚝 선 '일원상 탑'   317
오늘의 '서울회관' 317 / 서울회관 건축추진위원회 발족 318
서울회관의 명분과 실리 320 / 역사적인 재 기공 322

제6부 원기67년 10월 10일   323
100만 교도가 기다리던 감격의 날 323 / 보도기관에서 보낸 격려와 기대 325
앞으로 더 많은 정성과 노력이 필요 326 / 우리의 일심합력과 사무여한 정신 328
이소성대의 준엄한 교훈 329 / 물질에 속박된 자기를 구제 331
'일원불'의 광명과 은혜가 온누리에 333

제1부
소태산 대종사의 경성 자취들

Ⅰ. 소태산 대종사의 교통수단

1. 열차와 경성역 인근

 소태산 대종사 원기9년 양력 3월 30일경 아침, 송규·전음광·서중안·최도화와 함께 열차로 이리역을 출발하여 저녁때 경성역에 도착한 것이 처음 상경이었다. 이때부터 원기28년 3월 29일 마지막 상경하여 개성을 거쳐 4월 11일 익산본관으로 귀관할 때까지, 만 19년간 경성을 1년이면 많게는 10여 차례에 가깝게 다니셨으니 경성역을 이용하기를 1백 수십여 차례에 이를 것으로 추정된다.

 소태산 대종사의 지방 행가(行駕)는 대부분 기차가 주요 교통수단이었다. 익산에서 영산을 내왕하기 위해서는 익산역에서 호남선 열차를 타고 장성역에 내려 사창을 거쳐 영광으로 가기도 하였으나 주로 광주 송정리역을 이용하였다.

 어느 날 소태산 대종사 영산에서 익산총부로 귀관하기 위하여 송정리역에 도착하여 역 인근 식당에서 점심공양을 하려고 하니 차려나온 밥상에 반찬 가짓수가 많아 그럴 듯하나 몇 번 맛을 보고 나니 젓가락 갈 데가 없었다. 총부로 돌아와 제자들에게, 점심공양할 때의 예를 들어 "겉모양은 그럴 듯하나 실속 없는 사람은 송정리 밥상과 무엇이 다르겠느냐."고 하였다.

소태산 대종사

경성전경 (1930년)

　소태산 대종사 지방 행가시 이용하신 열차역은 이리역과 경성역(서울역)을 비롯하여 부산역, 경주역, 대전역, 전주역, 삼례역, 군산역, 황등역, 안양역, 철원역, 개성역 등 많은 역을 통하여 지방을 순회하였다. 소태산 대종사 익산 총부에서 경성과 부산지방을 다닐 때는 이리역이나 황등역을 이용하였다.

　이리역을 이용할 때는 총부에서 이리역까지 4km의 길을 걸어 다녔으나 간혹 인력거를 이용하기도 하였고, 황등역을 이용할 경우는 걸어서 다녔다. 경성을 다닐 때 황등역을 이용하는 것이 이리역을 이용하는 것보다 철도 요

이리역사 옛 모습

금이 5선 정도 절약되었다고 한다. 소태산 대종사는 남은 5전으로 총부에서 단회시 단비를 내기도 하였다고 전한다.

현 황등역, 소태산 대종사 황등역을 이용하여 경성을 가시기도 하였다.

소태산 대종사가 원기9년(1924) 상경 때 첫발을 내디딘 경성역은 우리나라 모든 철도의 출발점임과 동시에 종착역이었다. 경성역은 1900년 경인선이 개통되면서 남대문역이라는 이름으로 현 민자역을 포함한 서부역 자리에 세워졌다. 그 후 경부선, 경의선이 개통되어 승객이 점차 늘어나 1915년에 역사를 크게 개축하여 이름도 경성역이라고 바꾸었다. 몇 년 전까지 서울역사로 사용하였던 건물은 1922년 6월에 착공하여 1925년 9월에 준공되었다. 소태산 대종사의 첫 상경에는 신역사 공사가 진행 중이라 신역사를 이용하지 못하였다.

소태산 대종사 열차로 지방을 순회하면서 많은 일화를 남겼다. 소태산 대종사는 1·2등석을 타지 않고 항상 3등석을 이용하였다.

소태산 대종사 어느 때, 한 제자와 경성행 기차를 탔다.

기차가 대전역을 지나 경성을 향해 달리는데 소태산 대종사 갑자기 자리에서 일어나 화장실로 갔다. 그런데 화장실에서 오래도록 나오지 않아 수행하던 제자가 무슨 일인가 싶어 화장실로 갔다. 그때 마침 소태산 대종사가 화장실 문을 열고 나왔다.

소태산 대종사 첫 상경시 건설중인 경성역

"종사님. 무슨 일로 그렇게 오래 계셨나요?"

"화장실 청소를 좀 하느라고 그랬다."

"종사님께서 화장실 청소를 다 하시다니요?"

"사실은 화장실에 가보니 너무 더럽더라. 일본인들이 볼 때 조선인들은 화장실 하나도 깨끗하게 사용할 줄 몰라서 나라조차 빼앗기는 열등민족이라 멸시할 것 같았어. 우리 민족이 지금처럼 역경에 놓여 있을수록 스스로 민족의 긍지를 지키고 명예를 손상시키는 일이 없어야 하지 않겠느냐."

기차와 관련된 또 다른 일화도 전해진다.

소태산 대종사는 기차를 타면 으레 눈을 감았다. 소태산 대종사를 모시고 기차를 탄 김영신이 궁금하여 여쭈었다.

"종사님. 왜 옆 사람하고 이야기는 안 하십니까?"

일제시대 열차(철도박물관)

"나는 이 기차가 종점까지 무사히 가도록 심고한다."

김영신은 이 말씀을 깊이 새겨 그 후 어디에 가든 차를 타면 항상 심고를 올렸다.

우리나라 근대식 여관은 1910년대 이후 식민정책 밑에서 발달하였다. 경성 남산을 중심으로 시작된 여관은 경성 인구의 증가와 교통수단의 발달로 늘어나기 시작하였다. 1920년대 경성의 여관은 1·2·3급을 합하여 60여 개 정도였다.

경성역 인근에 여관은 그리 많지 않았다. 경성역을 중심으로 숭례문(남대문)과 남대문시장 도로변 구역에 몇 개의 여관과 현 서부역(당시 경성역) 인근에 몇 개가 있었다고 전한다. 대부분 여관에서는 숙식을 겸하였고 여관 구조는 일본식 여관들로 이층은 다다미방, 아래층은 온돌식 방이었다.

한국지리교육회장 등을 역임하며 한 평생 이 땅의 지리를 연구한 이영택(87세) 선생은 필자에게 현 서부역 근교에는 하류(3급) 여관들이 대부분이었고, 보통 사람들은 다른 곳을 이용하였다고 했다. 그의 말에 의하면 태평여관은 현 서울역과 숭례문 사이 오른편쯤에 있었을 것이라 한다.

우리나라가 1945년 광복 이후 역이나 시장에 여인숙이 생겨 여관과 같은 기능을 하면서 적극적인 호객 행위가 이루어졌다. 그 이전에는 여관에서 호

객 행위가 많지 않았다. 소태산 대종사 지방 순회시 이용하였던 여관이 기록상 전해지기는 경성 태평여관, 경주 대구여관, 내금강 금강산여관, 외금강 금강여관 등이다.

상산 박장식 종사는 필자와의 인터뷰(원기89년 11월 19일, 원로원)에서 소태산 대종사와 서양식 식당에 갔었던 이야기를 하였다.

박장식이 돈암동 경성지부에 있다가 소태산 대종사 상경한다는 소식을 듣고 시간을 맞추어 경성역으로 남자 교도 한 사람과 마중을 나갔다고 한다. 경성역에서 소태산 대종사를 만나자 교도가 식사를 대접하겠다 하여 함께 간 곳이 레스토랑(서양식 음식점)이었다.

교도가 주문을 하여 음식을 먹는데 소태산 대종사께서 입맛에 음식이 맞지 않을까 걱정을 하며 죄송해 하는데 아무거리낌 없이 공양을 하는 것을 본 교도가 소태산 대종사에게 어떻게 서양 음식을 그리 잘 드시냐고 여쭈었다.

소태산 대종사가 교도에게 "내가 언제 먹어 보았는가. 당신 하는 대로 따라 하면 되겠지." 하였다. 이것이 소태산 대종사가 처음 먹어본 서양식 음식일 것이라고 박장식은 말한다. 소태산 대종사에게 서양 음식을 공양한 교도가 누구인지 어느 정도에 있었던 식당인지는 오랜 세월이 흘러 기억이 나지 않는다고 했다. 경성역 인근에는 1940년대 초에 남대문시장 방향과 숭례문 방향에 몇 개의 레스토랑이 있었다고 전한다.

경성역 앞 현 연세 아케이드 자리는 옛 세브란스병원이 있었던 곳이다. 세브란스병원은 우리나라 최초 의료기관인 광혜원에서 시작하여 1904년 남대

문 밖 복숭아밭에 미국인 세브란스가 기부한 돈으로 3층 건물로 신축되었다.

서울역 앞 세브란스병원의 옛 모습

　세브란스병원은 경성지부 임원인 김삼매화가 1개월간 입원하여 소태산 대종사가 상경해 병문안을 다녀왔으며, 박공명선이 입원하여 열반하였던 곳이다. 황정신행이 동대문 부인병원을 인수하기 전까지 경성지부 임원들과 회원들이 서양 의술의 치료를 받기 위해서는 철도병원도 있었으나 주로 세브란스병원을 이용하였다. 1945년 8·15 광복 후 전재동포구호사업 당시 환자들을 세브란스병원에서 치료를 하도록 하고, 고아인 어린 아이들을 임시로 병원에 수용도 하였다.

　불법연구회 경성 전재동포구호소로 사용하였던 남대문통 5정목 70번지 가 사무네 상회 3층 건물인 적산 가옥이 있던 곳은 현재 도로로 편입되었다. 보통 구호사업을 벌였던 곳으로 알고 있는 현 3층 건물은 새로 지어진 건물로

5정목 63번지이다. 남대문통 5정목 70번지는 서울 중구청 지적과에서 폐쇄 지적 공부와 구 토지대장을 확인한 결과 24평의 대지 위에 세워진 작은 건물

불법연구회 전재동포 구호부 사무실터
고가도로 아래 부근으로 추정

남대문 옛 모습

불법연구회 구호부 서울수용소 광경(원기31년 3월 12일)

로 연세 아케이드 앞 도로인 남대문로 5가 9-2번지로 편입되었다.

소태산 대종사가 남대문과 관련해서는 직접적인 법문을 하지 않고 강증산(일순) 선생의 말을 인용하여 말했다.

원기15년 음 5월 25일 밤, 소태산 대종사는 익산총부에서 제자들에게 "강 선생(강증산)이 경술년 합방 전에 모든 제자를 데리고 경성에 가시어 남대문에 뚜렷이 써 붙이시기를 천자부해상이라 하였다 하니, 너희들은 그 말이 무슨 뜻인지 알겠느냐."고 물으셨다.

송도성, 이호춘이 "알지 못하겠습니다."고 하자, 소태산 대종사는 "조선이 일본과 합방된다는 말이니라. 이 세상은 요의 아들 단주를 해원하는 때이니라. 요가 단주와 순의 자격을 보시고 자격을 따라 순에게는 치권(治權)을 전하시고, 단주에게는 신선의 바둑판을 주셨건마는 단주가 그 깊은 뜻을 모르

고 원한을 품었느니라. 참으로 알고 보면 단주에게는 시방세계 전체를 다 주시고, 순에게는 일국(一國)에 제한하여 주셨으며, 일 많음을 주셨건마는 단주가 그 진미를 모르고 그 부친에게 자기 아들을 두고 외인에게 위를 전하는가 하고 원한을 두었다 하나니라."고 하였다.

 소태산 대종사가 경성에 상경하여 4대문 중 처음 본 도성문이 남대문(숭례문)이었다.

※ 경성역 인근에 대한 내용은 서울신문사《서울정도 육백년》, 한국일보《서울, 서울, 서울》, 원불교신보신서《구도역정기》융타원 김영신 법사편,《원광》, 상산 박장식 종사, 이영택 등의 인터뷰 구술자료 등과 기타 자료를 참조하였다.

2. 경성의 전차

　소태산 대종사가 상경하였을 때 주 교통수단은 전차였다. 우리나라 전차는 1898년 처음 등장하여 1930년대에는 하루 평균 232대의 전차를 운행하는 전성기였다. 1969년 모두 철거될 때까지 서울시민의 주요 교통수단으로 이용되었다.

　1928년에 경성에 처음으로 부영버스가 등장하였으나 관청이 있는 곳이나 일본인 거주지역에 집중 운행되어 전차 노선과 겹치는 경우가 많았으나 소태산 대종사 경성에서 버스를 탔다는 기록이나 구술이 전해지지 않는다.

종로거리와 전차

　경성지부 초창기에는 소태산 대종사가 상경하면 경성에서 태어나고 학교를 다닌 김영신이 길 안내를 많이 하였다. 김영신의 구술자료에 재미있는 일화가 전해진다.

　무더운 삼복 여름날이었다. 종사주께서 어디 가자고 하셨다. 종사주와 나는 시원스럽게 하얀 모시옷을 차려입고 종로 쪽으로 가기 위해 창신동 회관에서 내려와 동대문 전차 길로 나섰다.

　이 때 갑자기 비가 쏟아졌다. 막 전차가 출발하려 하고 있기에 우리는 얼른 탔다. 타고 보니 왕십리행이었다. 남대문행을 타야 하는데 급한 김에 모르고 탔는데도 종사주께서는 전혀 당황한 바 없이 태연하셨다.

　전차가 왕십리 종점에 도착하여도 종사주께서는 모른 척 눈을 감고 앉아 계셨다. 비는 계속 내리고 있었다. 저 비를 다 맞았더라면 필시 모시옷이 살갗에 착 달라붙어 환히 드러날 것이다. 내외가 분명한 시절이라 몸의 굴곡이 드러나면 점잖지 않게 보는 세상이었다.

　전차는 다시 동대문으로 향하였다. 우리는 각 5전씩 2인분 10전의 차비를 내었다. 동대문에 전차가 도착했다. 비는 계속 내리고 있었다. 종사주께서는 꿈쩍도 않고 묵연히 앉아 계셨다. 전차는 다시 왕십리 종점을 향해 달렸고 우리는 또 2인분 차비를 내었다. 비는 계속 내려 왕십리 종점에서 또 10전을 내고 동대문으로 향했다. 운전수가 우리를 보고 웃었다.

　왔다갔다, 또 왔다갔다 두 번 왕복에 40전어치 전차를 탄 셈이다.

　"인자 비가 그칠 것이다."

　동대문에서 내리며 종사주께서 말씀하였다. 정말 비는 개어 있었다. 어머니(이성각)가 우산을 가지고 나와 애를 태우며 비를 홀딱 맞은 채 기다리고 있다가, 빗물 한 방울 안 맞고 내린 종사주와 나를 보고 어처구니없다는 얼굴을 하였다.

소태산 대종사 경성에 가면 황정신행이 자가용으로 몇 번 모시었을 뿐이다. 당시 자가용과 대절 자동차가 있는 시절임에도 소태산 대종사는 으레 대중교통 수단인 전철을 이용하였고 제자들도 그런 것인 줄 알았다. 1931년 당

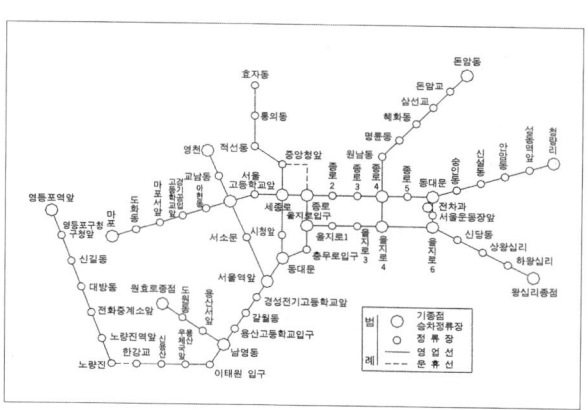

경성 전차 노선도(1930년대 말)

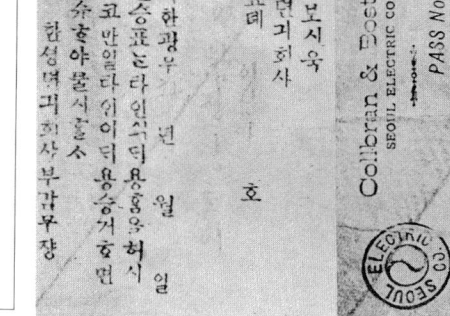

경성 전차 정기승차권

시만 하여도 경성에 승용차가 4,300여 대에 이르렀고, 영업용 자동차도 몇 백 대가 운행되어 요금이 경성 시내의 경우 4인 기준 1원이면 어디든지 갈수 있었다.

원기20년(1935) 10월 20일, 박창기는 경성 선만자동차학교 제1회 졸업생으로 자동차 운전을 배웠다. 소태산 대종사 박창기가 자동차 운전을 배운 것을 보고 물었다.

"창기는 무엇 때문에 자동차 기술을 배우느냐?"

"네. 자동차 하나 사서 종사님 모시고 다니렵니다."

박창기-선만자동차학교 제1회 졸업기념

"그만 두어라. 우리나라 형편이 그렇게 생겼냐. 내가 자동차를 타고 다니면 회원들 착취해서 호강한다고 비난한다. 창기 돈으로 차 사줘도 나는 타지 않을 것이다."

소태산 대종사는 익산총부에서 원기13년 음 2월 6일 동선 해제식을 마치고 이튿날 제자들과 동이리역에서 경편철도를 타고 삼례역에 내려 봉서사까지 30리 길을 걸어가게 되었다. 이 때 한 제자가 돈이 없어 소태산 대종사를 자동차로 편안히 모시지 못하여 죄송하다며 한탄하자, 소태산 대종사는 사방에 돈이 쌓여 있지만은 돈을 사용할 줄 모를 뿐이라고 말한다.

소태산 대종사는 평생 대중교통 수단을 이용하였다

※ 전철에 대하여는 정신문화연구원《한국민족문화대백과사전》, 서울신문사《서울정도 육백년사》, 서울시사편찬위원회《사진으로 보는 서울》제2권, 원불교신보신서《구도역정기》, 박용덕《원불교초기교단사》등을 참조하였다.

3. 비행기

우리나라의 항공 역사는 1913년 일본인에 의해서 시작되어 1915년 경복궁에서 조선물산 공진회인 박람회에서 일본인 오사키가 비행을 한 것이 유료비행의 첫 번째 일이다.

1929년 일본 동경에서 대구, 경성, 평양, 신의주로 정기 우편물을 포함한 일반 화물운송을 시작하였다. 우리나라 사람으로는 전북 고창 출신인 신용욱(1901~1962)에 의해서다. 경성일보사(현 서울신문) 소화17년 연감에 의하면 신용욱은 1936년에 조선항공사업사를 설립하여 경성-이리간 정기 항로를 개설하고 1938년부터는 경성-광주간 항로를 개설하여 경성, 이리, 광주로 이어지는 매주 3회의 정기 노선이 운영되었다.

경성비행장은 1910년부터 용산 육군연병장을 사용하다가 1916년 당시, 경기도 시흥 여의도에 비행장을 개설한 것이 우리나라 최초 비행장이다. 여의도 비행장은 민간 항공기와 육군 항공기가 공동으로 사용하였다.

1958년 김포공항이 국제공항으로 승격되어 민간항공은 김포공항으로 옮기고 여의도 비행장은 군용 비행장으로 사용하였다. 여의도는 처음에 잉화도로 불리다가 나중에 여의도로 불리게 된 것으로 볼 수 있다. 여의도는 특히 메마른 모래땅에 불과하여 농작물을 심어도 금방 말라죽는 쓸모없는 땅이었으므로 이두(吏讀) 문자의 여의(汝矣) 곧 '너의' 라는 뜻을 따라 '너나 가져라.' 는 뜻으로 여의도라 불렸다고 한다. 여의도가 세간에 널리 알려지기 시작한 것은 비행기가 이·착륙하면서 부터이다.

여의도 비행장 옛 모습 (1930년)

원기27년, 박창기가 소태산 대종사를 경성에서 익산까지 비행기로 모시고자 마포나루에서 여의도로 가서 여의도비행장에서 민간 비행기를 타고 익산에 왔다. 소태산 대종사는 원기27년 5월 16일 총부 대각전 예회에서 제자들에게 비행기를 탔던 감상을 이야기하였다.

"지난번 경성에서 창기가 비행기를 타자고 권하기에 응낙하고 모든 행장을 차린 후 비행기를 타게 되었다. 처음 비행기에 들어가 앉으니 종이에 솜을 넣어서 귀를 막게 하고 할 말이 있거든 필담으로 하라고 연필과 공책을 달아 놓았는데, 나는 창기와 마주 앉고 옆에는 일본군인 세 명이 앉아 있었다.

프로펠러가 돌면서 요란한 소리를 내고 하늘로 하늘로 올라가는데 밑을 내려다 본 즉 마치 대소쿠리 속에 앉은 것 같았다. 그래서 창기에게 안심 입정하라고 말하고 나는 정의의 굳은 신념으로써 사은전에 심고를 드리고 무사통과할 것을 자신한 후 고요히 눈을 감고 선정에 들어버렸다. 그리고 도중에 어떠한 고장이 생겨서 설사 떨어져 죽는 일이 있다 하더라도 절대 거기에는 흔들리지 않으리라는 각오를 단단히 하고 있었더니, 그만 마음이 착 가라 앉았다.

얼마동안을 가다가 창기가 나를 흔들기에 눈을 뜬 즉 '부여 통과' 라고 쓴

옛 여의도 비행장 자리인 여의도 대로

이리 비행장 터인 구만창 (현 동자마을)

것을 보여준다. 창기의 얼굴은 아주 창백한데 또 '이리 통과' 라는 소리가 아득히 들리며 (나는 귀를 막지 않았다) 조금 지나서 목천포 비행장에 내려서 자동차로 보화당까지 무사히 오게 되었다.

　무슨 일이나 처음 시작할 때, 즉 결정을 하기 전에는 정신이 복잡하고 따라서 '어찌 할 것인가' 하고 걱정과 근심이 되지마는, 정의의 굳은 신념을 가지고 한번 하기로 작정한 이상에는 근심할 것도 없고 두려워 할 것도 없다. 설사 어떠한 불행이 있다 하더라도 그러한 사람 앞에는 슬픔과 고통도 없는 것이다. 그와 같이 그대들도 매일매일 온갖 경계를 접촉할 때에 경거망동하지 말고 항상 정의의 굳은 신념을 가져서 안심·안정할 줄을 안다면 자연 고통과 공포가 없어질 뿐만 아니라, 죽을 고비를 당한다 할지라도 그 마음이 초연할 수가 있다. 정의의 신념이 어찌 위대하다 아니 할 것인가."

　소태산 대종사가 비행기를 타고 경성에서 익산으로 내려온 날이 며칠인지는 기록에 전하지 않고 있다. 그러나 법문의 정황으로 보아 원기27년 5월 16일에 비행기를 탄 감상을 이야기한 것으로 보아, 법문을 한 즈음이라 생각된다.

　여의도비행장은 현 마포대교 건너 여의도 대로인 옛 여의도광장에 있었다. 여의도비행장을 출발한 비행기는 이리비행장에서 사람과 우편물을 내리고 40여 분 정도 쉬었다, 광주비행장으로 출발하였다. 이리비행장은 현 김제시 공덕면 저산리 동자마을에 있었다. 동자마을은 만경강 선창가 마을이라 해서 과거에는 구만창이라고 불렸었다. 동자마을은 1914년 일제의 행정구역 통폐합으로 익산군 오산면에 속하였으나 1930년 만경강의 물 흐름을 원활히 하기 위하여 제방을 축조하며 강을 정비하는 직강 공사를 한 후 김제지역으로 편입되었다.

　그러나 익산과 군산, 전주를 대상으로 운행하는 민간항공으로 이리비행장이라 하였고, 익산지역에서는 옛 오산면 목천포에 있다고 해서 목천포비행장

이라고 불리었다.

  동자마을 신기암(79세)옹은 일제 때부터 동자마을에 살았다. 그는 어린 시절 비행장에서 놀며 심부름도 했다고 한다. 그 당시 자신의 집 앞 논으로 해서 활 모양의 비행장이 있었고 사무실은 한편에 있었다고 하며, 조수가 프로펠러를 돌려서 비행기가 엔진을 가동했다고 했다. 비행기에서 내린 사람들은 제방에 자갈을 깔아놓아 차들이 제방을 따라가 목천포 다리를 건너 이리로 들어갔다고 하였다.

이리읍내의 옛 모습(上, 下)

※ 비행기에 대하여는 정신문화연구원《한국 민족문화 대백과사전》, 청하문총《금강산의 주인》, 경성일보사《소화17년 연감》, 《김제시사》〈우리고장의 옛지명〉, 이영택·신기암의 구술자료 등을 참조하였다.

II. 소태산 대종사와 경성 교화지

1. 북촌 계동 일원

북촌 일원에는 소태산 대종사의 첫 상경 인연과 경성 초기 제자 이공주, 박창기, 민자연화, 이성각, 김영신, 이동진화, 성성원, 박공명선, 황정신행, 박영주 등 많은 회원이 살고 있었다. 1943년, 구제(區制)를 실시하며 도성 8개 문을 열고 닫게 하던 종루(鐘樓, 보신각)가 위치해 있다고 하여 종로구라 칭

창덕궁 인근 한옥 밀집지역 옛 모습
좌측부터 계동, 원서동, 창덕궁

　한 이곳은 조선왕조의 경복궁, 창덕궁, 창경궁, 경희궁, 덕수궁 등 5개 궁궐이 자리잡은 곳으로 당시 양반계급인 권문세가들이 청계천 북쪽에 모여 살아 북촌(北村)을 형성하였다. 그리하여 오늘날 문화재가 가장 많이 남아 있는 곳이다.

　경복궁과 창덕궁 사이의 율곡로 북쪽에 있는 삼청동 일부를 비롯해서 화동, 가회동, 계동, 원서동 그리고 안국동 일부가 1977년 한옥보존지구 지방문화재로 지정되었으나 주민들의 편익을 위해 주민들 자치적으로 신·개축을 허용하고, 한옥의 관리 상태가 좋은 가회동과 삼청동 일부지역을 제외한 87퍼센트를 해제하였다.

　가회동 백인제의 집이 대지 700평에 건평 150평으로 북촌에서 제일 큰집이다. 그러나 보통 한옥 한 채에 건평 20평 정도의 비교적 작은 집이 대부분이다.

　계동은 창덕궁 옆 원서동과 가회동 사이로 현 현대건설사옥과 계산(桂山)에 있는 중앙고등학교로 이어지는 계동길 양쪽의 한옥촌이다. 계동은 구한말 헌종(1834~1849) 때까지 계생동(桂生洞)이라 불렀다. 계생동이라는 이름은 제생원이 있었으므로 제생동이라 하던 것이 차차 음이 변해서 계생동이 되었다. 그러나 계생동이라 하면 그 발음이 기생동 즉 기생들이 살고 있는 동네로 들린다 해서 '생' 자를 빼고 계동이라 불리게 되었다 한다. 제생원은 조선시대에 서민들에게 일종의 시민병원 같은 곳으로 나중에 혜민국으로 합병되었다.

　계동은 한양에서 풍수지리상 최고의 명당이라고도 한다. 이는 한양의 주산이 북악산이 아니고 계동의 뒷산인 계산(桂山)이라는 것이다. 세종

(1418~1450)은 정인지와 황희로 하여금 북악산과 남산에 올라 살펴보게 하고 궁궐을 계동으로 옮길 수 없자 계동에 있던 승문원(承文院:이조때 관청)은 대궐 안으로 옮기고, 제생원은 풍수에 구애받지 않는다고 해서 그대로 두었다고 한다.

계동 현대건설 사옥 자리는 경우궁터였고, 화단이 있는 곳은 제생원 터이며, 중앙고등학교는 1917년 인촌 김성수가 재정난으로 어렵던 중앙학회를 인수하여 학교를 계동 1번지로 신축·이전한 것이다. 중앙고등학교는 3·1운동의 진원지임과 함께 6·10만세 운동의 산실이다.

1919년, 일본 동경 한국유학생들이 2·8독립선언을 한 후 조선청년독립단원인 송계백이 독립선언서 초안을 모자 속에 숨겨 귀국하여 오세창, 송진우 등을 만나 민족 궐기를 호소하였다. 이에 이 학교 설립자인 김성수, 교사인 송진우·현상윤 등이 학교 숙직실에 모여 3·1운동을 거국적으로 일으키려는 의논을 하였다. 그리하여 중앙고등학교 권병덕 교장이 민족대표 33인 중의 한 사람으로 독립선언서에 서명하였다. 그 후 1926년에는 순종황제의 인산(因山)을 계기로 이 학교 학생들이 주축이 되어 6·10만세 운동을 일으켰다.

중앙고등학교 자리는 조선말 육군연성학교 교장과 임시정부 군무총장을 지낸 노백린의 집터였다. 1907년 군대가 해산되자 김성수에게 매각하였다. 김성수는 계동에 많은 토지를 소유하였다. 계동 진대익·성성원 부부의 집도 예전에 김성수의 소유토지였다. 김성수는 8·15광복 후에 남산 정각사를 당시 정계인사들과 자주 찾아와 김대거 서울출장소장과 가깝게 지냈다. 항시 떨어진 옷을 입고 와서 처음엔 누구인지도 몰랐다고 한다. 그러나 서로가 검

소한 생활로 인하여 더욱 가까워졌다.

1924년 음 2월에 소태산 대종사와 송규, 서중안, 전음광, 최도화는 경성역 인근 태평여관에서 하루를 유숙하고 박사시화의 안내로 쌍둥이 동생 박공명선이 살고있는 계동집으로 가게 되었다. 계동 박공명선이 살고 있는 집은 결혼한 지 얼마되지 않은 딸 성성원과 사위인 진주현의 집이었다.

박공명선은 부군과 일찍 사별하고 외동딸인 성성원이 경성여자보통학교를 졸업하자 전북 임실 사람으로 경성의학전문학교에 다니는 진주현(법명, 대익)과 결혼시켜 그 후 사위집에서 딸과 함께 살고 있었다. 성성원이 결혼하기 전, 어머니 박공명선과 살았던 집은 계동 105번지로 여겨지나 구 등기부등본과 구 토지대장 등 어디에도 기록으로 남아있지 않다.

진대익

성성원

성성원의 옛 집터. 이곳에서 소태산 대종사 첫 상경에
2~3일을 지내며 경성의 첫 제자를 얻었다

성성원이 결혼하여 신혼살림을 차린 진대익(晋大益)의 집은 구 토지대장 등을 확인한 결과 이공주 집과 김성수의 옛집과 가까운 거리인 계동 46번지이다. 46번지는 계동길 64-1길로 중앙목욕탕 인근이다. 진대익은 1920년 19세에 경성보통학교를 거쳐 경성의학전문학교에 다니면서, 이 집을 구입해 결혼 이후에도 살았다. 그는 1930년(원기15년)에 같은 동 100-8번지로 이사하였다.

소태산 대종사는 처음 상경하여 2~3일간 계동 46번지 진대익, 성성원의 집에서 머물다 당주동 경성임시출장소로 거처를 옮겼다. 성성원의 집에서, 소태산 대종사의 경성 첫 제자가 되는 박사시화와 박공명선이 귀의하였다.

그러나 성성원은 자신의 집에 소태산 대종사가 2~3일간 머문 후 당주동 경성임시출장소에 1개월 거처할 때에 어머니(박공명선), 이모(박사시화)와 함께 들러 인사를 올렸지만, 갓 시집간 20세의 새댁으로 종교에 대한 관심이 적고 이해가 없어 귀의하지 않았다. 그 이듬해인 원기10년 8월에 최도화의 인도로 귀의하였다.

성성원은 그 후 원기11년 초에 계동 이공주가에서 소태산 대종사께 성원(聖願)이란 법명을 직접 받고 동년 음 7월에 창신동 경성출장소 설립에 발기인이 되어 물심양면으로 성의를 다하였다.

현 계동길

　그 후 성성원은 소태산 대종사께 "저도 전무출신들과 같이 깨끗이 재계하옵고 기도 올리고 싶사오나 가정에 매이어 자유가 없는 몸이므로 그 뜻을 이루지 못하오니 어찌하면 좋겠습니까?"하고 여쭈었다. 소태산 대종사는 "마음재계 하는 것은 출가·재가가 다를 것이 없다. 그대의 마음만 깨끗이 재계하고 정성껏 기도를 올리라. 그러하면 그 정성에 따라 그만한 위력을 얻는 것에는 아무 차별이 없다."고 하였다.

　그는 또 어느 날 가정에 어려움이 있자 가정과 남편을 버리고 출가 수도하여 전무출신하고 싶다고 소태산 대종사께 여쭈었다. "불법이 생활이요, 생활이 불법이다. 가정이 있고 난 뒤에야 사회와 국가가 있다. 재가·출가가 서로 일심합력해야만 우리 회상이 크게 발전한다."며 출가를 허락하지 않았다.

　소태산 대종사는 성성원을 원기22년부터 5년 간 경성지부 여교무로 임명하였다. 그는 재가 교무로서 열성을 다하여 교화하며 경성지부 발전에 노력

하였다.

　진대익은 소태산 대종사의 법을 좋아하여 성성원의 교화사업을 후원하며 성성원을 따라 귀의하여 의사로서 바쁜 생활 속에서도 성성원과 총부 정기훈련에 참여하였으나, 정식 입교는 원기30년에 하였다.

　그는 자신이 일본 유학을 하고 전문의 자격을 취득하여 경성 경복궁 옆 창성동에서 병원을 운영하고 있기에 자신이 지식이 있다는 상으로 배우지 못한 사람을 무시할 때가 있었다. 〈일원상서원문〉을 읽으면서도 한 대목이 마음에 걸렸다. '우리 어리석은 중생은 이 법신불 일원상을……' 에서 '어리석다' 는 것이 자기와는 맞지 않는 것이라 여겼다.

　'나로 말하면 대학을 나왔고 전문의까지 딴 박사인데, 내가 어리석다면 이 세상에 어리석지 않은 사람이 어디 있는가! 어리석다는 것은 나와는 상관없지 않은가.' 하고 어리석다는 단어를 빼고 '우리 중생은 이 법신불 일원상을……' 하였다.

　어느 날, 소태산 대종사는 진대익을 불러 요즘 공부하는 것이 어떠냐고 물었다.

　"예. 그렇습니다. 그런데 제가 어리석은 중생에 대하여 의문이 생깁니다. 제가 왜 어리석습니까?"

　소태산 대종사가 그에게 물었다.

　"30년 전에는 어디서 무엇을 하였지?"

　"임실에서 보통학교 다녔습니다."

　"그래. 그러면 70년 전에는 어디 있었지?"

"제가 아직 나이가 50도 못 되었는데 70년 전에는 어디 있었겠습니까."

진대익은 자신의 육신이 나온 것이 시작이고 죽으면 없어지는 것으로 알다가 삼세와 다생겁래의 이치에 대하여 가르침을 받고서 자신이 어리석다는 것을 깨달았다.

이공주는 자신이 경비를 희사하여 출판한 〈불법연구회조단규약〉 간기와 몇 군데 기록에 자신의 집 주소를 계동 15-5번지로 잘못 기록하여 이공주의 옛 집터를 찾는 사람들이 어려움을 겪기도 했다. 이공주의 옛 집터는 계동길 67골목 4길에서 20m 정도 좌측으로 들어가면 계동 15-3번지가 나온다. 이 집이 대지 60여 평으로 이공주의 옛 집터이다. 구 토지대장 등에서 확인된 번지이다.

이 번지의 집도 성성원의 집과 마찬가지로 옛 모습을 찾아볼 수 없고 새로 지어진 집이다. 이공주가 이 집으로 이사 오기 전 살던 곳은 구 토지대장 등의 기록에 의하면 이웃 견지동 14번지로 현재 안국동 사거리 동일빌딩 자리이다.

이공주가에는 민자연화, 이성각, 김영신이 함께 살기도 하였다. 그런가 하면 박광전이 이동진화가 희사한 육영장학생으로 배재고보에 다닐 때 처음에 이공주가에서 다녔다. 이공주 일가가 원기9년 10월 창신동에서 소태산 대종사께 귀의한 후 소태산 대종사는 상경하면 이공주집에 자주 들렀다. 원기17년, 이공주가 출가할 때까지 계동은 소태산 대종사와 초기 경성제자들의 자취가 어린 곳이다.

이공주가 터에 새로 지어진 집

이공주의 가족
(좌로부터) 박원기, 이공주, 박창기, 서있는 아이 미상

　소태산 대종사는 창신동에 경성출장소가 설립되기 전, 계동 이공주가를 '계동연구회'라고 불렀다. 경성 회원들이 창신동 회관이 생기기 전 창신동 이동진화의 수양채와 계동 이공주집에서 소태산 대종사가 상경하면 모여 법문을 받들고 상호 연락하여 모이는 장소 역할을 하였던 것이다. 소태산 대종사는 이공주가에서 '약자로서 강자가 되는 법문' 등 많은 법문을 설하였다.

　원기11년 음 7월에 경성출장소가 설립되어 송도성이 초대교무로 부임하였다. 송도성이 부임한지 얼마 지나지 않아 여름 장마철이었다. 소태산 대종사가 계동 이공주가에 들렀다. 어느 날, 장대비가 갑자기 쏟아져 허술한 뒷담장이 무너질 위험에 있었다.

　높은 담 밑에 장독대가 있어 이공주가 장독대로 가서 장독을 잡고 있는데 소태산 대종사가 이공주에게 어서 나오라고 큰 소리를 쳤다. 이공주가 깜짝 놀라 달려 나옴과 동시에 담장이 무너졌다. 그리하여 사고를 면할 수 있었다.

　같은 계동에 민자연화의 오빠가 별장을 가지고 있었다. 그리하여 이성각·김영신 모녀는 별장에 가서 얼마동안 살았다.

　소태산 대종사가 상경하면 경성 회원들은 계동 별장으로 모시고 가서 법문을 받들었다. 법문을 받든 후 이동진화, 김삼매화, 이공주 등이 정성스럽게 큰절을 올리고 김영신은 뒤에서 부채질을 하였다. 이렇게 부인들이 자주 출입하여 큰 절을 올리고 부채질하는 모습을 별장 뒤 산언덕에서 일경이 정탐하고 있는 줄은 아무도 몰랐다.

　다음날 아침, 소태산 대종사는 아무에게도 말하지 않고 익산본관으로 귀관하였다. 아침에 김영신이 책가방을 들고 학교를 가려는 시간에 일본인 형사

가 찾아와 갑자기 집안 수색을 하였다. 수색을 한 후 형사는 "어제 그 사람 누구냐?"고 하였다. 김영신은 일본말로 "우리 삼촌이세요."라고 하였다.

경성 초창기에는 여자 회원들만 있었기에 어쩔 수 없이 "소태산 대종사가 누구냐"고 물으면, 이성각은 동생, 이공주는 오빠, 민자연화는 조카 등으로 불렀다. 민자연화의 오빠 별장이 계동 뒤 계산에 있었던 것으로 여겨지나 어느 위치에 있었는지는 앞으로 더 조사가 필요하다.

민자연화와 이성각, 이공주 세 모녀는 경성출장소 창립 발기인으로 참여하였다. 민자연화는 원기11년 정월 초하루부터 매일 아침 공부를 시작할 때 소태산 대종사 계신 남쪽을 향하여 예배를 올리는 정성을 쉬지 않았다. 소태산 대종사 상경 초창기에는 일체 경비를 이공주가 담당하였다.

이성각은 시봉을 담당하며 정성껏 올렸다. 소태산 대종사 익산본관으로 귀관할 때는 나이가 가장 많은 민자연화가 경성역까지 배웅을 나갔지만 때에 따라 이성각이 배웅하였다. 경성에서 익산까지 3원 80전하는 열차표를 끊어 거스름돈과 함께 드리면 그것은 '성각이 쓰라'고 주시기도 하였다고 전한다. 이성각은 원기24년에 출가해 개성교당 감원으로 출발하여 원기26년부터는 총부 세탁부에서 소태산 대종사의 의복을 3년간 담당한 후 정산종사의 의복을 담당하여 만들었다.

민자연화·이성각 모녀는 계동에서 이웃인 봉익동에 있는 대각사에 다니며 백용성 스님으로부터 민대각화·이원각화라는 불명을 받고 10여 년 동안 독실한 대각교 신자로서 절에서 지키라고 한 것은 한 가지도 범하지 않았다. 평소에 육류는 입에도 대지 않고 한 달에 10일씩 꼭 십재일(十齋日)을 엄수하

였고, 육경진(六庚辰)이라는 밤에 잠을 자지 않고 정진도 하였다. 또 정월, 오월, 구월 초하루와 보름에는 하루 한끼만 먹는 일중식(日中食)을 지켰다. 민자연화와 이성각 모녀는 백용성 스님만을 견성한 스님으로 알았다.

그러기에 창신동 이동진화의 수양채로 '생불님'을 뵙기 위해 찾아가서도 민자연화와 이성각은 자신들은 불명이 있으니, 이공주와 김영신에게만 법명을 주라고 하였다.

그 후 이듬해, 원기10년 음 1월 14일 이공주의 인도로 입교하고 법명을 받은 것이다. 민자연화 3대 모녀(민자연화-이성각-김영신)는 소태산 대종사께 귀의하고 난 뒤에도 포교당에 계속 다니며 소태산 대종사의 가르침을 받았다.

신도들 사이에 신불교에 다닌다는 소문이 나기 시작하였다. 하루는 소태산 대종사가 이들에게 엄중하게 명하였다.

"거기(대각사)는 떼라."

대각사도 가고 불법연구회 소태산 대종사의 가르침도 받으면 좋을텐데, 오랫동안 다니던 대각사를 그만두면 괜찮을까 걱정을 하자, 소태산 대종사는 "그 죄는 내가 다 받을 테니 나한테 일임하라."고 하였다. 그 뒤부터 대각사 포교당에 발길을 끊자, 신자 백여 명이 찾아오는 소동까지 벌어졌으나 소태산 대종사의 명을 따랐다.

소태산 대종사의 가르침을 본격적으로 받게 되면서 의식생활에 변화가 생겼다. 절에 공을 드리러 다닐 때 으레 소복을 입고 다니던 것과 같이 경성출장소에도 소복을 입고 다니자 앞으로는 회색 옷을 입으라 하여 개량하였다. 또 육류라면 입에 대지도 않았다. 어느 날 공양시간에 김영신이 육류를 먹지

않는 것을 본 소태산 대종사가 "네가 나중에 어느 회원 집에 가서 고기반찬이 나왔는데, 이것도 안 먹고 저것도 안 먹고 하면 어떻게 교화하겠느냐."고

대각사

백용성 스님

질책했다. 김영신이 "하지만 부처님께 고기 안 먹기로 맹세하였는데 죄를 지으면 어떡해요?"라고 묻자, 소태산 대종사는 "죄는 내가 맡을 테니 먹어라."고 하여, 그 후로는 무슨 음식이든 가리지 않고 먹기 시작하였다.

대각사는 3·1운동 때 독립선언서에 서명한 민족대표 33인 중

한 사람인 백용성 스님이 1911년 음 4월 8일에 창건한 사찰로 조선시대 배불정책 후 4대문 안에 불교적 생활화, 불교적 대중화, 불교적 지성화의 교화지침으로 대중불교를 위해 세운 사찰이다. 대각사는 북촌에 살고 있던 여인들이 많이 다녔으며 대중불교운동을 이끌었다.

이동진화의 집인 가회동 79-4번지는 대지 88평으로 부군 이규용이 원기8년에 매입하였다가 이듬해 이동진화에게 소유권을 이전하였다. 그러나 어찌된 일인지 원기10년에 매매되었다. 이동진화는 원기9년 창신동 집을 매입하여 수양채로 삼은 후 가회동 집을 청산한 것이다. 이동진화는 2,000원을 교단에 희사하였다. 이 돈을 익산본관에서는 남자 인재양성단 수시양성금으로 활용하였다. 이동진화가 희사한 2,000원이라는 돈은 가회동 집 매매 대금이었을 것으로 추정된다.

가회동 79-4번지는 오늘날 79-4번지와 79-12번지로 분할되어 두 가구가 살고 있다. 가회동79-4번지는 가회로 7길-1, 79-12번지는 가회로 7길1-1이다. 가회로 새마을금고와 가회로 방범초소 사잇길에서 20m 안쪽 집들이다.

이동진화는 원기11년 창신동 605번지 자신의 수양채를 불법연구회에 희사하여 경성출장소를 세우도록 하고 가회동 집에 가서 생활하고, 또 출가를 하면서는 집과 가산일체를 정리한 전 재산 4,000원을 상조부에 내어놓았다.

이동진화의 또 다른 가회동 집이 어느 곳인지, 부군이었던 이규용이 가회동 79-4번지를 매입할 당시 주소인 가회동 210번지를 역추적하였으나 확실한 근거는 알 수 없었다.

이동진화 집터에 새로 지어진 집들

계동 박공명선의 집, 재동 박영주의 집 등을 교단의 기록을 가지고 역추적 등의 노력을 하였으나 구 등기부등본과 구 토지대장 등에도 관계인들의 흔적이 없다.

초기 경성제자들이 주로 살았던 북촌에는 조선의 5대 궁궐이 있지만 창덕궁과 창경궁은 계동에서 가까운 거리에 위치해 있다. 창덕궁과 직간접으로 이공주, 이동진화, 박사시화가 인연이 있다. 이공주는 순종 순정효황후 윤씨의 시독(侍讀:윤황후를 모시고 공부할 여학생)으로 있었고, 이동진화는 이왕가의 종친 완순군의 차남 이규용과 결혼하였다. 박사시화는 도정궁마님의 수양딸이었다.

창덕궁은 조선왕조의 정궁(正宮)이 아닌 이궁(離宮)의 성격으로 건립되었으나 조선의 궁궐 중 가장 오랜 기간인 270여 년간 임금들이 거처한 궁궐로 실질적인 정궁 역할을 하였다. 1910년 한일합방 조약이 창덕궁 인정전에서 이루어짐으로 500여년 조선왕조가 막을 내렸다. 1926년 조선의 마지막 임금인 순종이 창덕궁 대조전에서 승하하여 창덕궁은 주인을 잃었다.

그 뒤로 일제는 창덕궁을 내·외국인에게 관람을 허용함에 따라 전시장 용도로 꾸며지고 전각이 철거되고 각종 시설을 고치고 새로 지어 궁궐을 관람장으로 만들었다. 일제는 1909년에 창경궁에 동물원과 식물원을 설치하여 일반인들에게 관람을 허용하고 일본식 정자를 세웠다. 그 후 1911년에 궁을 창경원으로 격하시켰다. 1922년경에는 궁내에 벚나무 수천 그루를 심어 야간에도 공개하여 동물원, 식물원과 함께 벚꽃놀이의 명소로 만들었다.

소태산 대종사가 창덕궁과 창경궁을 다녀왔다는 기록은 아직까지 찾을 수 없다. 그러나 당대 선진들의 자료가 발견되어 정리하면 어떨지 모르겠다. 여러 가지 정황으로 보아 창덕궁과 창경궁에 다녀왔을 것으로 추측될 뿐이다.

정산종사 원기34년 창경원을 관람하고, 이동진화, 이공주, 서울 유학생 등과 함께

※ 북촌 계동일원에 대하여는 《대종경 선외록》, 《구도역정기》, 《원불교 제1대 창립 유공인 역사》, 《대산상사 수필법문집》, 《한국민족문화대백과사전》, 수문출판사 《서울문화유적기》제11권, 《서울정토 육백년》, 대원사 《빛깔있는 책》 창덕궁·창경궁, 《대각사대각회 사적기》 등을 참조하였다.

2. 당주동과 경복궁

1) 당주동 경성임시출장소

　소태산 대종사가 백학명 선사의 제의로 내장사에서 회상을 펴기로 한 것이 대중스님들의 반대로 무산되자 김제와 전주를 경유하여 이리역에서 경성행 기차를 탔다.

　소태산 대종사의 첫 상경 수행에는 송규, 전음광, 서중안이 함께하였고 길안내는 최도화가 맡아 원기9년 3월 30일(음 2월 25일) 경성역에 도착하였다.

　경성역 인근 태평여관에서 하루를 유숙하고 계동 박공명선의 사위 진주현(대익)의 집에서 잠시 머무는 동안, 서중안이 전음광을 데리고 다니며 당주동에 가옥 20여 간의 집을 한 달 기한으로 계약하여 당주동으로 거처를 옮긴 후 경성 임시출장소로 정하였다.

빌딩 숲으로 둘러쌓인 현 당주동의 모습

경성임시출장소는 새 회상 전주임시출장소에 이어 두 번째이다. 아직 영광(영산)에 영산원(구간도실)과 8간 2동의 초옥, 그리고 변산에 초가 3간 2동이 전부인 상황에서였다. 전주임시출장소는 창립총회를 준비하기 위한 역할을 담당한 반면에, 경성임시출장소는 지방 교화지로서 처음이라고 볼 수도 있을 것이다. 당주동 임시출장소에서 1개월여 동안 있었던 소태산 대종사와 수행원들의 구체적인 행적은 전하지 않는다.

어느 날, 소태산 대종사를 만나 귀의한 지 며칠밖에 되지 않은 박사시화의 안내로 이동진화가 찾아왔다. 이동진화는 박사시화의 쌍둥이 동생인 박공명선이 살고 있는 계동 이웃인 가회동에 살고 있었다.

이동진화는 전라도 생불님을 만나러 가자는 박사시화의 말을 듣고 따라왔음에도 소실이기는 하나 궁가의 여인이라는 자존심으로 소태산 대종사를 만나고서도 머리를 숙이지 않고 평좌를 하고 앉았다

소태산 대종사가 이동진화에게 이야기하는 가운데 "사람이 세상에 나서 할 일이 두 가지가 있는 것이요. 하나는 정법의 스승을 만나서 성불하는 일이요, 둘은 대도를 성취한 후에 창생을 건지는 일인 것이요."라고 하였다.

이동진화는 세상에 나서 처음 들어보는 엄숙하고 정중한 말에 크게 느낀 바가 있어 소태산 대종사께 귀의하였다. 이동진화는 집으로 돌아가 그의 침모인 김삼매화를 당주동으로 데리고 가서 귀의시켰다. 이동진화가 당주동에 몇 차례를 다녀갔는지 기록에는 전하지 않으나 몇 번을 다녀간 것으로 볼 수 있다. 경성에서 소태산 대종사 일행이 지낸 1개월간은 최도화, 박사시화, 박공명선이 공양을 담당하였다.

　소태산 대종사는 경성에서 한 달 동안 머물며 박사시화, 박공명선, 이동진화, 김삼매화 등 몇몇 제자를 얻은 후 5월 14일(음 3월 29일) 경성역에서 익산으로 출발하였다.

　당주동은 1914년 4월, 부제 실시에 따라 당피동과 야주현의 이름을 따라 붙여진 이름이다. 야주현(夜珠峴)이란 경희궁의 정문인 흥화문의 현판 글씨가 어찌나 빛이 나든지 캄캄한 밤에도 그 빛이 비치었으므로 야조현(夜照峴)이라 하였다가 야주현으로 바뀌었다.

　서울에서 당주동을 찾기는 쉽지 않다. 종로구에 속해있는 곳으로 현 세종문화회관 뒤편에 위치해 있다.

　당주동에는 옛 건물인 한옥은 한 채도 남아있지 않고, 당주동 옆 내수동에 작은 슈퍼를 하는 안채가 있을 뿐이다. 당주동은 세종문화회관 뒷길과 새문안길, 주시경길을 중심으로 미도파 광화문빌딩, 세안빌딩 등의 빌딩 숲으로 이루어졌다. 이곳 어디쯤, 어느 곳이 경성임시출장소가 있었던 곳인지 확인할 길도, 옛 당주동의 흔적도 찾을 수 없다.

2) 부민관과 경성방송국

　당주동 앞에 있는 세종문화회관 별관으로 사용하고 있는 곳이 옛 부민관이다.

　8·15 광복 후 전재동포구호사업을 하면서 송도성 구호사업 부소장은 학병으로 끌려갔던 청년 학생들에게 용기와 희망을 불어 넣어주었다. 학병에서 돌아온 그들은 서울에 있는 자체연맹을 조직하여 부민관에서 명사 초청 강연

회를 가질 때 종교계 대표로 송도성 부소장을 초청하여 사상강연을 들었다. 이 강연은 그 당시 청년들이 종교계 대표자격으로 초청하였다는 것과, 중앙에서 한 최초의 대중강연이라는 점이 원불교 역사에서 의미를 갖는다.

부민관(현 세종문화회관 별관)

부민관은 그 당시 서울에서 가장 큰 강당으로 일제 강점기인 1935년 말에 준공하여 그 당시 부림극장이라 하였다. 부림극장은 지하 1층, 지상 3층 건물로 대강당 객석이 1,800석이나 되었다. 일본인 소유였으나 사회문화단체의 환영 속에 많은 연극단체가 부림극장을 본거지로 삼고 활동하였고, 강연회 등이 많이 열렸다.

1950년에는 국회의사당으로 사용되다가 1976년 세종문화회관이 세워지면서 그 별관으로 사용되고 있다.

송도성 부소장은 최명부 서울지부장의 주선으로 1945년 9월부터 1946년 3월까지 매주 수요일 경성중앙방송국에서 방송설교를 하였다. 그 당시 방송하였던 자료를 한국방송공사에서 찾아보았으나 자료가 남아있지 않아 어떤 내

경성중앙방송국

용으로 방송을 하였는지는 알 수 없다.

  1979년, 소태산 대종사의 일생을 다룬 KBS 일요사극 '맥'이라는 프로에서 '평범한 성자'라는 주제로 방영하였다. 원불교 역사에서 공영방송에서 연출하고 제작하고 방영한 것은 역사적인 일이다. 그러나 아쉽게도 KBS에도 원판이 보관되어 있지 않고 교단에서도 찾을 수 없다. 다만 상태가 불량한 비디오테이프 1개가 남아있어 그것으로 DVD를 만들어 보관하고 있다.

  일제는 1935년 경성방송국을 경성중앙방송국이라 명칭을 바꾸고 1939년까지 부산, 평양, 청진, 함흥, 이리 등에 각각 전국 방송망을 설치하였다. 1945년 8·15 광복과 함께 미군이 진주하면서 미군 당국은 38선 이남에 있던 10개의 방송국을 접수하여 정부의 한 기관으로 개편하였다.

3) 조선박람회

경복궁 근정전 옛 모습

당주동은 조선왕조 정궁인 경복궁 인근에 위치해 있다. 소태산 대종사가 처음 상경하였던 1924년은 일제가 1915년부터 경복궁에서 자신들의 치적과 자국 상품 선전을 위한 조선물산공진회를 열면서 수많은 전각들을 파괴한 후 나머지도 점차 말살해가던 시기였다.

경복궁과 조선 총독부 부근

경복궁에 조선총독부 신청사 건축 공사중의 모습

또한 1916년에 경복궁에 조선총독부를 기공하여 건물공사가 한창 진행되고 있던 시기이다. 조선총독부는 1926년에 완공되었다. 일제는 100만명이 넘는 관람객을 동원한 조선물산공진회를 마친 후, 미술관으로 썼던 건물을 총독부 미술관으로 바꾸고 삼한시대부터 조선시대까지의 유물을 전시하였다.

1918년부터는 근정전, 사정전, 만춘전, 천추전까지 고적 전시실로 사용하여 박물관을 찾은 사람들은 누구나 신을 신은 채로 근정전이든 사정전이든 드나들 수 있게 하였다. 일제는 1932년 이후에는 경복궁을 6개의 전각만 남기고 모두 파괴 또는 철거하기로 하고 일인들의 사찰, 별장, 주택과 각종 건물을 짓는 데 사용하여 궁궐로서의 모습은 사라지고 말았다. 소태산 대종사가 처음 상경했을 때, 경복궁에 있는 미술관과 전시실들을 관람했는지는 알 수 없다.

1929년, 일제는 시정 20주년을 기념해 조선박람회를 개최하고 대대적인 선전을 하였다. 익산본관에 있던 한 제자가 소태산 대종사에게 경성에서 열리는 큰 박람회를 한 번 관람하고 오시라고 하였다. 그러자 소태산 대종사는 참으로 큰 박람회는 천조의 무궁한 박람회(〈대종경〉 불지품 19장)라고 말씀하였다.

원기14년(1929) 경성출장소 교무 이춘풍이 신병으로 근무가 어렵게 되어 7월 17일(음 6월 11일) 익산본관으로 떠나면서, 후임 경성교무가 확정될 때까지 임시로 이공주에게 경성출장소를 일임하였다. 이러한 상황에서 소태산 대종사는 10월 29일(음 9월 27일) 상경하여 머무르다가 11월 17일(음 10월 17

일) 경성교무로 내정된 김광선이 상경한 후, 11월 28일(음 10월 28일) 익산본관으로 귀관하였다.

경복궁 내 조선박람회장 입구

경복궁 내 조선박람회장

　소태산 대종사가 상경할 당시에 경복궁에서 대대적으로 열렸던 박람회가 폐막을 이틀 앞두고 있었다. 소태산 대종사는 경복궁에서 열린 박람회를 경성 회원들과 관람을 하였다. 그리고 익산본관에 귀관한 후 '기틀을 알면 편안할 것이다' 라는 주제로 박람회 중 일부인 화재보험회사의 선전시설을 본 감상(《대종경》 천도품 6장 요약정리)을 말씀하였다. 소태산 대종사는 박람회에서 경복궁과 박람회장 그리고 조선총독부청사를 보고 많은 감상을 얻었을 것이다. 또한 경회루 앞에는 세종대왕이 한글을 창제했던 집현전(현 수정전)이 있었다. 집현전을 보고 무슨 생각을 하였는지 궁금하다.

　소태산 대종사의 한글에 대한 자부심은 대단하였다. 경전도 모든 사람이 다 쉽게 읽고 접할 수 있게 한글로 편찬하도록 하였다. 《정전》인쇄허가를 일본글로 하면 허가해준다는 말에 "일본글로 인쇄했다가는 불쏘시개 되니까 무슨 방편을 써서라도 한문에 토를 달고 한글로 인쇄하라."고 하였다.

　어느 때는 "지금은 세종대왕을 알아주는 사람이 드물지만, 앞으로 우리 일원대도가 세계에 드러나면 세계 각국에서 한글을 연구하려는 어학회가 많이 생길 것이다."며 일본글을 배우려는 제자들에게 경책도 하였다.

　일제는 경회루 뒷전인 태원전 권역을 중심으로 전시관을 짓고, 경복궁 전체를 박람회장으로 장식하여 전국에서 모인 수많은 사람들의 눈요기를 만들었다. 태원전 권역에는 군부대인 수도 경비사령부 30사단 외 2개의 군부대가 사용하다가 이전하여 복원을 위한 발굴 조사 중에 있어 현재는 미공개 지역이다.

　경복궁 뒷산을 북악산이라 한다. 이성각과 그의 딸 김영신이 하루는 북악

산 약수터로 소태산 대종사를 모시고 갔다. 현재는 청와대 뒷산이라 출입이 통제되어 갈 수도 없지만, 어디쯤 있는지 알 수가 없다.

경복궁 집현전 터에 세워진 수정전

이영택 저 《한국의 지명》에 의하면 서울에 17개의 약수가 유명하였다. 그 중에 북악산과 관련 되어서는 삼청동 형제약수와 경무대약수가 있었다. 그러나 저자는 필자와의 인터뷰에서 북악산에 있는 약수와 연관되는지는 알 수 없다고 했다.

김영신은 경성여자보통학교(경기고녀) 재학 중 경성에 있는 여고간의 가을 종합운동회에 육상부 학교대표로 출전하였다가 얼굴을 다쳐서 얼굴 한쪽 부분이 뭉그러지고 이빨이 전부 물러 내렸다. 세브란스병원에서 광대뼈를 잘라내는 수술을 받았다. 김영신은 또 급성뇌막염에 걸려 병원에서 수술을 해도 24시간 안에 죽는다고 하여 집에 오는 길에 대각교 포교당에 들러 불공을 올

리고 부처님만 믿는 마음으로 관음주력에 힘썼다.

다행이 죽지 않아 학교를 쉬면서 1년 내내 고통을 잊으려고 밥 먹는 시간 외에는 관음주력을 하였다. 하루는 창 밖 북악산을 바라보며 관세음보살을 외우는데 북악산 골짜기에서 관세음보살이 감로수를 붓는 것이 보였다. 김영신은 어머니 이성각에게 북악산 약수를 떠오도록 부탁하였다. 이성각은 길이 험하여 민자연화와 같이가 약수를 떠다가 밥을 해먹고 마시고 얼굴 상처를 씻었다. 얼마 가지 않아 얼굴에 고름이 사라져 건강이 회복되었다. 김영신이 북악산 약수로 병이 나았다고 소문이 나서 많은 사람이 북악산을 찾았고, 그 이야기는 대각교에서 발행하는 불교잡지에 기사로 소개되었다.

김영신은 소태산 대종사께 귀의한 후 자신이 생각해도 그 일이 신기하여 어느 날 말씀을 드렸다. 소태산 대종사 이야기를 다 들으시고, "누구든지 일심을 모으면 그런 신통이 생기는 것이다."고 말했다. 그럴 수도 있는 일이라는 것이었다.

경복궁에서 본 향원정과 북악산

　어느 날 이성각과 김영신은 소태산 대종사를 모시고 관악산 약수터를 찾았다. 쌀, 반찬, 과일을 가지고 가 약수물로 밥을 지어놓고 이성각과 김영신이 산신령과 관세음보살에게 절을 하려 하였다

　이를 본 소태산 대종사 "절할 것까지는 없다" 하여 그만 두었다.

※ 당주동과 경복궁에 대하여는 〈불법연구회 창건사〉,《대종경》,《구도역정기》,《원불교초기교단사》,《서울정도육백년》, 서울시사편찬위원회《서울600년시사》,《한국민족문화대백과사전》,《한국지명총람》,《한국의지명》등을 참조하였다.

3. 경성출장소 창신동회관

창신동은 1914년 부제(府制)의 실시에 따라 한성부 지역인 동부 숭신방(崇信坊)과 인창방(仁昌坊)의 여러 지역에 해당되므로 두 방의 중간 글자를 따 창신동이라 하였다. 1943년 구제(區制)의 실시에 의해 동대문구에 속하였다가 1975년에 종로구로 편입되었다가 분리되어 창신동 605번지는 창신 제3동에 속하게 되어 오늘에 이르고 있다.

경성출장소 터에 위치한 가정집과 상가건물

경성출장소 터인 창신동 605번지는 대지 116평으로 현재 605, 605-1, 605-2 번지로 분할되었다. 현 창신동 경성출장소 터는 동대문과 이화여자대학교 부속병원 옆 창신시장이 있는 창신길을 1km 정도 따라서가다 가파른 비탈길을 오르면 MID그린아파트 옆 초록미술학원 4층 건물이 605-1번

지며 뒷집인 2층 한옥이 605번지이다.

이동진화는 원기9년 소태산 대종사를 당주동에서 뵙고 귀의하여 만덕산 1개월 선에 20여 일을 참석하고 돌아와 수양채를 마련한 것으로 볼 수 있다. 구 등기부등본과 구 토지대장에 의하면 대정13년(원기9) 8월에 이경수(이동진화의 속명) 앞으로 소유권이 이전되었다.

창신동에 이동진화가 수양채를 마련하고 김삼매화와 식당을 담당하는 사람(최강동옥)과 함께 나와서 지내자, 경성 회원들은 소태산 대종사가 상경하면 이동진화 수양채와 이공주의 계동집에서 주로 모여 법문을 받들고 평상시에는 서로 연락을 하여 두 곳에서 모였다.

이동진화는 경성회원 10여 명이 경성출장소 마련과 교무 초빙을 위한 발기를 할 때, 유지비 담당뿐만이 아니라 수양채인 605번지 대지와 초가 5간 1동과 4간 1동 전부를 희사하여 불법연구회 경성출장소가 설립되게 하였다.

현 경성출장소 터인 605번지는 분할되어 605번지에는 동광사라는 절이 있었으나 2005년 8월에 개인소유로 이전되었고, 605-1번지에는 4층 콘크리트 상가가, 605-2번지는 도로로 편입되었다.

창신동 골짜기에는 경성출장소 앞 언덕배기에 있는 지장암 외에도 약사암이 있었다고 한다. 지장암은 1922년에 이곳으로 이사 온 암자로 오늘날에는 법륜사라 부르고 있다. 이 산골짜기를 중심으로 작은 암자뿐만 아니라 경성 4대문 밖 가장 가까운 골짜기로 무속인들도 상당수 있었던 것으로 여겨진다.

605번지에 태고종 소속 동광사 이전에는 대각사라는 절이 있었고, 그 이전에는 나라당이라는 즉 나라무당이 살았었다고 한다. 궁가(宮家)에서 살다가

신기(神氣) 때문에 쫓겨난 궁녀가 이곳에 와서 살았다는 얘기다. 이런 구술에 의하여 그 궁녀가 이동진화를 떠올리게 한다고 하나, 이동진화는 그를 가까이에서 모셨던 후진들의 고증을 통하여 보면 신기는 없었다고 한다. 그러나 창신동 수양채 시절 주위에서는 그렇게 오해할 수도 있었으리라 생각된다.

경성출장소 초창기에 인근 사람들의 눈에는 이동진화가 이왕가 종친의 소실에다가 여자들이 주로 드나들고 가끔 남자도 드나들며, 때론 몇 명씩 모여드는 것을 본 주위사람들은 창신동 골짜기의 작은 암자들과 무당집 등의 환경 속에 무당집으로 오해도 받음직하다.

경성출장소는 원기11년 음 8월 초대교무 송도성이 부임 후 교무가 송규, 이춘풍, 김광선, 재가교무 이공주 등으로 매년 바뀌다시피 하였고 제6대 이완철·이동진화 교무 때부터 안정되었다고 볼 수 있다.

제4대 교무 김광선과 함께 서기로 부임해 근무했던 김영신이 김광선 교무와 창신동 출장소 근무 시절 일화를 《구도역정기》에서 이렇게 회고하고 있다.

경성출장소 제4대 교무 김광선

팔산님(김광선)은 공사에 드는 비용이나 공가의 돈이라면 끔찍이 절약하시어 돈 한푼이라도 함부로 쓰길 무서워하셨다. 어느날 밤, 냉방에서 떨며 자고 아침에 부엌에 나가보니 팔산님이 아주 재미있다는 표정을 하고 계셨다.

"참 잘 됐다. 잘 됐어."

"아이 선생님 무엇이 잘 되었어요?"

"아 간밤에 석탄이 안 탔으니 이익을 본 게 아니냐?"

석탄 두석 장이 타야 방이 따뜻한데 고스란히 안 탔으니 공금을 절약한 셈이라는 것이었다.

경성에는 교통수단이 편리하여, 그 당시 3전만 주면 전차로 어지간한 곳에는 다녀올 수 있었다. 그러나 팔산님은 도무지 전차라곤 타는 법이 없었고 항상 걸어다녔다. 같이 갈 때면 그 큰 걸음으로 성큼성큼 앞서 가는 바람에 나는 종종 걸음으로 따라다니노라 진땀을 뺐다.

어느 날은 "뭘 사러가자" 하시어 일본 사람이 경영하는 상점으로 인도하였다. 정찰제 실시하는 가게라 면도를 사는 데 8전 짜리를 팔산님은 막무가내로 5전에 팔라고 주장을 하셨다. 아무리 주장한들 한 푼 깍지 못할 것을 나는 뻔히 아는지라 어쩔 바를 몰라 쩔쩔맸다.

원기14년 음 5월 6일 예회록에 의하면 동산에서 딴 복숭아를 나누어 공양하였다고 하는 것으로 보아 회관에 복숭아나무 몇 주가 있었던 것으로 보이며, 회관에서는 법문과 일화를 통하여 고양이를 키웠던 것을 알 수 있다. 그리하여 소태산 대종사는 고양이를 법문의 자료로 삼기도 하였다.

이공주가 출가를 하려고 하자 "경성출장소는 장소도 협착하고 유지형편도 어려우니 집이라도 하나 마련하여 유지대책을 세워놓고 나오라"고 했다.

창신동회관은 가정집으로 방안에 10여 명만 앉아도 비좁은 상황에서 출석

회원이 20여 명이 넘자 예회 자체가 어려움을 겪게 된 것이다. 여러 장소를 물색하던 중 창신동회관 뒤 낙산에 신축부지를 이공주가 계동집을 매매한 돈으로 매입하여 회관 신축을 준비하였다.

소태산 대종사가 원기18년 5월 13일(음 4월 19일) 상경하고, 21일 이공주가 상경하여 돈암동 회관 건축 준비가 본격적으로 시작되었다.

건축기금은 창신동 경성출장소를 창신동 583-36번지에 사는 원용례에게 750원에 매매하고 그 동안 적립해온 수백 원을 합하여 1,300원으로 공사를 시작하였다.

※ 경성출장소 창신동회관 편은《구도역정기》,《월말통신》제15호,
《한국지명총람》구등기부등본, 구토지대장, 지장암관계자 등의 구술자료 등을 참조하였다.

4. 경성지부 돈암동회관

　돈암동 경성지부의 위치는 본래 한성부 동부 숭신방(崇神坊)의 일부로서 되너미 고개를 따서 되너미라 하였는데, 1914년 부제 실시에 따라 삼선평(三仙坪)을 합하여 되너미를 한자로 옮겨 돈암리(敦岩里)라 하여 경기도 고양군 숭인면에 편입되었다. 다시 1936년에 경성부 구역확대로 경성부에 편입되어 돈암정이라 하다가 1945년에 돈암동으로 고치면서 일부를 삼선평의 이름을 따서 삼선동이라 하였다. 현재는 1949년부터 삼선동을 나누어 삼선동 1가가 되었다가 동제에 의하여 현재는 삼선 제1동이 되었다.

삼선교와 돈암동 일대(1930년대)

　돈암동회관이 있던 삼선동이라는 이름은 옛날 하늘에서 내려온 세 명의 신선이 삼선교 아래쪽에서 옥녀와 함께 놀았다고 해서 삼선평이라고 부른데서 유래한다.

경성출장소 창신동회관이 원기15년부터 회원의 증가로 장소가 협착하여 어려움을 겪게 되자, 소태산 대종사는 출가하려는 이공주에게 회관을 마련하고 유지대책을 세워놓고 나오라고 당부했다. 이 말씀에 따라 이공주가 물색한 곳이 회관 고개 너머 돈암동 낙산 아래 앵두나무골이었다.

소태산 대종사가 이공주를 비롯한 경성 회원들과 이곳을 둘러보고, "수도원 기지로는 하늘이 주신 곳이다."라고 하여 새 회관 위치가 결정되었다. 돈암정 509, 510번지 585평을 이공주가 출가하면서 계동 자신의 집을 처분한 돈 1,400여 원으로 매입하였다.

경성지부(돈암동회관) 신축 낙성기념

　이공주가 경성생활을 청산하고 익산본관으로 출가하자, 이동진화가 당분간 예회 등을 주관하기로 하였으나 그도 곧이어 출가하였다. 교무가 없는 상황에서 자체적으로 회관 신축을 발기하는 등 준비를 하였다.

　원기18년, 이완철 교무와 여자담당교무 이동진화가 부임하면서 회관 신축이 본격적으로 시작되었다. 건축위원으로 오창건이 선출되어 익산본관으로부터 상경하여 건축 감역을 하였으며, 소태산 대종사도 2차에 걸쳐 상경하여 건축 감역을 하는 가운데 완공되어, 원기18년 11월 3일(음 9월 16일)에 예회 겸 낙성식을 하였다.

경성지부(돈암동회관) 옛 모습으로 법당, 종각, 생활관과 숙소인 초가집이 어우러져 있다.

서대인은 원기17년 경성출장소 공양원으로 선발되어 이동진화를 따라 상경하였다. 당시 공양원을 하고 싶어도 근무할 곳이 없는 실정이었다. 그런데 마침 경성출장소 공양원 자리가 비어 추천을 받게 되었다. 서대인은 공양원 근무와 근화학교 초등부, 성신여학교를 수학하며 10여 년을 경성지부에서 생활하였다.

서대인의 후일 공양원 시절 회고담이다.

"나의 임무는 부엌일에서부터 빨래, 바느질, 다듬이질에 이르기까지 동분서주하면서 어른들의 지도를 받았다. 때때로 새벽 2시까지 바느질을 할 때도 있었다. 산더미 같은 빨래를 하고 나면 팔목이 부어오르기도 했지만, 나는 그런 고통들이 불만스럽지 않았다. 육신의 고달픔은 나의 젊음과 건강이 있었고 보람을 느끼는 신념이 있었기에 능히 극복할 수 있었다."

경성지부가 있던곳은 현재 삼선공원 어린이 놀이터로 변했다.

　원기24년에 정일지가 경성지부 서기로 1년간 근무한 적이 있다. 당시 김삼매화가 감원의 책임을 맡고 있었다. 경성지부는 식당채가 오래된 집이라 누추하고 음침하였다. 정일지는 평소에 위생관념이 철저해 공양만 마치면 방에서 나는 김치냄새 된장냄새가 싫어서 곧 바로 밖으로 나와 찬바람을 쐬었다. 김삼매화는 정일지의 이러한 행동이 거슬려 소태산 대종사가 상경하자 정일지의 일을 이야기하였다. 정일지에 대한 이야기를 들은 소태산 대종사는 "나는 회상을 펼친 지 20여 년이 지났으나 한번도 밥을 무심히 대한 일이 없었다."고 했다. 정일지는 소태산 대종사의 말씀을 받들고 밥 한 그릇의 의미를 생각하여 밥값 할 줄 아는 사람이 되어야겠다고 다짐했다.

　경성지부 식당채가 퇴락되었으나 기금 문제로 신축되지 못함을 본 황정신행은 자신이 대금을 전담하여 식당 12간 신축과 남자 숙소 수리를 원기24년 8월에 마치었다.

　이경순은 원기25년 경성지부 서기(부교무)로 근무하다가 원기26년 개성지부에 부임하기까지 1년간 열과 성을 다하여 근무하였다. 경성지부에서 근무하던 어느 날, 돈이 든 책상 서랍을 잠그고 열쇠를 그대로 책상 위에 놓은 채 외출을 하고 왔다. 소태산 대종사 마침 상경하였다가 이를 보고 말했다.

　"경순아, 책상 열쇠 잘 간직해야 한다. 견물생심이란 말이 있다. 중생들은 돈을 보면 집어가고 싶은 마음이 난다. 경순이는 공금을 잃은 죄, 가져간 사람은 남의 돈을 훔친 죄, 누가 가져갔을까 의심 하는 죄 등 삼중죄를 짓게 된다. 공금 취급하는 사람은 특히 주의해야 한다."

　이경순은 소태산 대종사의 말씀을 받들고 부터 평생 공금관리에 철저하였

다.

　정윤재는 원기25년부터 경성지부 감원(공양원) 생활을 시작하였고, 이성신은 서기로, 유장순은 감원보로 원기27년부터 경성지부 생활을 하였다. 소태산 대종사가 상경한다는 소식을 듣고 정윤재, 이성신, 유장순 세 사람이 경성역으로 마중을 나가기 위해 전차를 타다가 정윤재와 유장순만 타고 전차가 출발하여 이성신은 회관으로 돌아왔다. 그리하여 둘이서 소태산 대종사를 모시고 오는 일도 있었다.

　정광훈은 원기27년에 경성지부 서기(부교무)로 1년간 근무했다. 정광훈은 근무 중 병이나 약으로 치료를 하였다. 감원인 정윤재가 약을 달여 가지고 가 "광훈씨, 약 잡수세요." 하였으나 대답이 없자 두 번을 더 말한 뒤 약 그릇을 마루에 놓고왔다. 그런데 얼마 후 윤재가 약 그릇을 가지러가니 약이 식은 채 그대로 있었다. 그리하여 정윤재는 약을 다시 데워다 주었다. 광훈은 소태산 대종사가 계시기에 남녀가 더욱 조심스러워 안 먹었던 것이다.

　이 일이 있은 후 소태산 대종사는 익산본관에 귀관하여 야회 시간에 "내가 그 때 변소에 있는 줄도 모르고 윤재가 광훈이 보고 '약 잡수세요' 했는데, 광훈이는 내가 변소에 있는 줄 아니 못 먹을 수밖에 없었지."라며 남녀가 특히 조심해야 함을 일깨웠다. 소태산 대종사의 말씀에 야회에 참석한 대중들은 박장대소 하였다. 당시 일제치하의 시대적 상황도 있었지만 회상 초창기로서 남녀관계에 대하여 얼마나 엄격했는지를 알 수 있는 일화 중 하나이다.

　황정신행은 종로 번화가에 순천상회라는 포목점을 운영하고 있었다. 사업

이 번성하여 기자들과 문인들의 교류도 있었다. 그들이 찾아오면 반겨주고 점심도 사주고 돈 쓸 일이 있으면 보태주기도 하였다. 그래서 몇몇 신문기자들을 입회시키기도 하였다.

경성지부를 몇차례 방문했던 이광수

특히 춘원 이광수와 잘 알고 지냈는데 그들 내외를 데리고 여러 차례 돈암동회관에서 이완철 교무의 설교를 듣기도 하였다. 황정신행은 그 정도로 성이 차지 않던 중 소태산 대종사가 상경하자, 이광수 내외를 한번 만나 줄 것을 간청하였다.

"종사님, 이광수 내외를 우리 불법연구회 법을 듣게 하는 것이 어떻겠습니까?"

"듣간디……"

"아닙니다. 들을 것 같습니다. 퍽 좋게 생각하는 것 같던데요."

소태산 대종사는 더 이상 대꾸가 없었다.

다음에 또 상경하였을 때 다시 청을 하였다.

"안 들을 것이요."

"왜 안 듣겠어요. 좋아하던데요."

"에-. 정신행이가 말을 하니까 좋아하는 체하지 귀에 안 들어갑니다."

"그러면 제가 연원이 되어 입회시킬 랍니다. 이광수씨의 법명을 주십시오."

"안 받을 것이오." 하며, 소태산 대종사는 이광수의 부인 허영숙에게 '제만

(濟晩)'이란 법명을 주었다. 그러면서도 "만나러 가지 마시오."하고 말했다.

"그래도 제가 말하면 회관에 잘 오고, 저도 제만씨 심부름 잘하고 제만씨도 제 심부름하고 그러는데요."

여러 차례 이광수를 만나 줄 것을 간청하자 소태산 대종사는 버럭 언성을 높였다.

"다시는 거기 가지 마시오! 오더라도 내가 안 받을 것이여. 정신행이 다 좋아 보인게로 정신행의 말은 듣고 와도, 그 사람 아만이 잔뜩 차서 무슨 말을 해도 들어가지도 않을 것이오."

이 후로 황정신행은 다시 이광수의 이야기를 하지 못하였다.

소태산 대종사는 이광수의 소설 《이차돈》의 서문을 들으시고, "그 사람이 초견성은 한 사람이다."라고 하였으나 만나지는 않았다. 이는 일제시대에 이광수의 친일 행적과 불교에 관심이 깊은 소설가 지식인, 한국전쟁 때 납북 등을 예견했기 때문이 아니었을까? 생각된다.

어느 날, 황정신행이 이화여대 김활란 박사를 비난하자 그런 말 하지 말라고 하였다. 소태산 대종사는 그를 쓸만한 인물이라고 좋게 평가하였다. 그리하여 황정신행은 몇 차례 소태산 대종사께 김활란을 만나줄 것을 간청하자, 한 번 만나 점심식사를 같이 할 뿐 교화하지는 않았다. 소태산 대종사 열반 얼마 후 황정신행은 김활란의 배신으로 동대문부인병원을 빼앗기게 되어 소송이 대법원까지 갔으나 찾지 못하였다.

대산(김대거) 종법사는 돈암동에서 춘원 이광수와의 일화를 원기71년도 원평 구릿골에서 이야기하였다.

춘원 이광수를 돈암동회관으로 초대를 하였다. 이광수는 송도성과 두어 차례 글 해석을 하고나서는 세상에 이런 천재도 있느냐고 하였다. 그 뒤에 서대원과 만나서 서대원의 불교학에 놀랐다고 한다. 기자들이 전음광에게 기사를 써달라면 그 즉석에서 써주는 것을 보고 또 놀라더니 송도성, 서대원, 전음광을 원불교 3대 천재라 하였다.

이는 김대거가 폐결핵으로 경성지부에서 요양할 때인 원기29년에서 광복이 되던 원기30년 사이의 일화로 여겨진다.

박장식은 유일학림 교가를 이광수에게 의뢰하기 위하여 1950년 6월 중순경에 서울에 올라갔다. 서울출장소장을 하다가 건강악화로 휴무를 하고 있는 김대거와 효자동 이광수 집을 찾아가 교가에 대한 설명을 하고 의뢰하니 흔연히 허락하였다.

여러 가지 이야기 중에 부산에 있는 원불교 여자교도들이 이광수의 작품인 《이차돈의 사》를 극화하여 부산 국제극장에서 공연하고 있으니 한 번 가볼 뜻을 물으니 호감을 갖고 동행할 것을 약속하였다.

며칠이 지난 6월 23일 박장식이 교가를 찾으러가니 이광수는 교가(성가18장 불자의 노래)를 내주면서 사정이 있어서 부산에 가지 못한다고 하였다. 박장식은 이틀 후 6월 25일 익산으로 내려오고 그날 한국전쟁이 일어나 이광수는 납북되었다.

1945년 8·15광복이 되자 경성지부라는 이름을 서울지부로 고치고 전재동

포구호사업에 교무를 비롯하여 회원들이 합심하여 봉사하였다. 서울지부 회관은 봉사임원들의 숙소로 활용되었다.

돈암동회관이 위치한 곳은 서울의 외곽지대인 고로 소태산 대종사 때부터 새 회관 부지를 물색하다가 옮기지 못하였던 것을, 광복 이듬해인 원기31년 2월에 매각하고 한남동 남산 정각사로 임시 이전하였다가 용산에 있는 일인 사찰 용광사를 인수하여 이사하였다.

구 등기부등본과 구 토지대장에 의하면 1948년(원기33년) 3월에 서울특별시로 이전되었다. 광복과 함께 어수선한 시국 속에서 정부가 수립되기 전 서울시가 이 땅을 매입하였을까 의아해 할 수 있으나, 서울시에서는 서울지부가 이사가자 그곳에 한국전쟁 후 고아원을 했다. 그 후에는 직업교육을 시키는 장소로 사용했으며 사무실은 조금 위에 있는 총무당을 활용하다가, 그 후

돈암동회관 위쪽에 있는 삼군부 총무당 건물

어린이 놀이터를 만들고, 서울지부 위쪽을 공원으로 만들어 1981년에 삼선공원으로 개장하였다.

현재는 서울지부의 흔적뿐만 아니라 앵두나뭇골이라 유명했던 앵두나무도 없으며, 노송들도 없고 계곡에 흐르는 물도 볼 수 없어 주위의 옛 풍광마저 느낄 수 없으나 낙산의 성곽만이 옛 모습을 말해준다.

돈암동 509번지 14평은 돈암동에서 삼선동으로 분리되면서 삼선동 1가 288-2번지로 지번이 바뀌었다. 그 후 동제실시로 삼선 제1동이 되어 현재 학교법인 한성학원 소유토지로 병합되어 있다. 돈암동 510번지 571평은 삼선동 1가에서 삼선 제1동 288-1번지로 지번이 바뀌어 삼선동 관할구인 성북구로 이전되어 삼선공원 내 어린이 놀이터가 되었다.

경성지부가 일명 앵두나뭇골에 있었을 때는 행정명이 돈암정이었다. 광복 후 일본식 '정'을 '동'으로 불렀다. 그러나 보통 돈암동회관이라고 부르고 있다.

서울지부가 있던 자리 조금 위에 삼군부 총무당이 있다. 총무당은 경복궁 앞 현 정부종합청사 자리에 있었던 조선시대 삼군부 청사 중 중심건물이었다. 일제가 1930년에 이곳으로 이전하여 1942년부터 경기도 공무원 연수장으로 사용하다가 서울시 직업훈련원 사무실로도 사용하였다. 그 후 건물이 퇴락하여 1979년에 개수 복원하였다. 1930년은 원기15년으로, 경성지부가 창신동에서 이곳으로 옮겨오기 전부터 총무당이 있었다는 것이다. 그러나 어찌된 일인지 경성지부와 관련된 어느 자료에도 경성지부 바로 위에 있는 총무당에 대한 기록이 보이지는 않는다. 그러나 원기27년부터 2년간 경성지부

서기로 근무했던 이성신은 당시에 총무당이 있었다고 구술했다.

원불교 서울교구에서는 서울지부가 있었던 돈암동 옛터에 원불교 서울지부 최초 신축터를 알리는 성적비를 서울지부 신축 65돌을 맞이하여 원기83

경성지부 옛 터를 알리는 사적비

경성지부 사적비 후면 비문

년에 세웠다.

성적비 앞면에는 '원기18(1933)년 원불교에서 서울지역 최초로 신축교당을 설립하여 현 원불교 서울교화의 모태가 되었던 자리다.' 라고 적고 있다.

※ 경성지부 돈암동회관에 대하여는《대산상사 수필법문집》,《평화의 염원》,《원불교 초기교단사》,《한국지명총람》,《한울안신문》, 신구문화사《서울의 문화지도》,《원각성존 소태산대종사 일화집》,《함께한 서원의 세월》, 성타원 이성신 구술 등을 참조하였다

5. 서울교당

개항 이후로부터 일본종교는 불교와 신도(神道)를 중심으로 조선에 사원이나 별원, 포교소, 신사를 설립해 나갔다.

일본 종교계는 명치정부의 해외 진출 정책에 편승해 해외포교와 이주한 일본인들의 포교를 위해 선교사를 파견하였다. 그러나 청·일전쟁과 러·일전쟁에서 승리하자 조선 내 반일세력을 유화시키기 위하여 친일파 육성 보호정책에 종교를 이용하기 시작하고, 이에 편승해 조선종교를 일본화하려고 시도하였다.

조선에 최초로 설립된 일본불교 사찰은 진종대곡파 본원사의 부산별원이다. 그 후 일련종, 정토종, 진언종, 조동종, 임제종이 사찰이나 포교소를 설립하여 포교활동을 하였다.

일본불교가 경성에 들어온 것은 일본공사관의 보호 아래 계동에 일련종 교무소를 개설함으로써 시작되었다. 그들은 명성황후를 시해한 후 친일내각을 통하여 조선불교를 일본의 일련종으로 개종시킬 목적으로 활동하였다.

조선불교에 대한 일제 식민지 정책의 기본방향은 조선불교를 일본불교에 통합 또는 말살하려는데 있었다. 일본불교 종파 중에서도 정토종 개원과 진언종 별원, 일련종이 조선불교에 대한 흉계가 가장 노골적이었다. 1930년대 조선 내 일본사찰과 포교소를 합하여 730여 개에 이르렀고 신도수는 조선인과 일본인을 합하여 3만명이 넘었다. 1930년의 조선 불교 신도수가 2만명이 못되는 상황에서 보면 조선총독부의 정책적 비호 아래 얼마나 급속도로 성장

하였는지 알 수 있다.

용산이라는 이름은 백제때 한강에 용이 두 마리 나타났다는 설과 산세가 용이 서려있는 형체와 같아서 붙여진 것이란 설이 있다. 조선 초기부터 한성 성외 지역이었으나 1943년 용산구역소가 설치되어 광복 후 용산구가 되었다.

현 청와대 터에 있었던 경복궁 융무당 옛 모습

현 청와대 터에 있었던 경복궁 융문당 옛 모습

　용산구 한강로 2가 일대는 막막한 모래톱이었으나 1919년 7월부터 일본인들이 들어와 동네가 생겨 이곳을 신용산이라 하였다. 신 용산은 광복 이전까지 일본인 촌이었다.

　일제는 1915년 시정5주년 기념행사로 조선물산 공진회를 경복궁에서 열기 위해 경복궁에 있던 많은 정각을 무단 해체하여 일본불교 사찰과 일본인 별장을 짓는가 하면 자선당을 통째로 뜯어 일본으로 무단 반출하여 도쿄의 오쿠라 저택을 짓는데 이용하였다.

　일제는 점차로 경복궁을 파괴하여 나가면서 그 자리에 1926년 조선총독부를 완공했다. 1928년엔 신무문 밖에 있던 정면 5간, 측면 4간 총 20간의 규모의 융문당과 정면 4간, 측면 3간 총 12간의 융무당 건물을 해체하고 그 자리를 공원부지로 사용하다가 조선총독 관저를 지었다.

　경복궁 후원(현 청와대)에 있던 융문당과 융무당은 창덕궁 후원의 춘당대와 함께 조선시대 문무의 과거시험장으로 인재를 등용하던 곳이었다.

　용광사는 일본인 주지 택광범 외 40명이 조선총독부에 경성부 영정(榮町 : 현 용산구 신계동) 8번지에 진언종 고야파 용광사 창립을 출원하여 1917년 6월에 허가를 받고 창립하였다. 용광사는 조선총독부의 비호 아래 일본인 거주지인 경성부 한강통 11-131번지로 이전하고자 총독부에 허가를 신청하여 1932년 5월에 허가를 받았다.

　경복궁에서 해체되어 있던 융문당 건물을 가져와 법당을 짓고, 융무당 건물로는 요사채를 지었다. 법당 옆에는 대형 지장보살 입상을 세워 일본인들

의 지장보살 도량으로 1935년 3월에 준공하였다. 1936년 11월에 가등관천(加藤觀穿) 주지가 새로 부임하여 1945년 광복 때까지 주재하면서 전쟁에서 죽은 일본인들의 유패를 수납하였다. 또한 일인촌에서 일본인이 죽으면 용광사 이웃에 있는 화장터에서 화장하고 그 납골을 보관하는 지장도량으로서 일

서울교당 한 쪽에 버려져 있던 용광사 준공 표석

본인들과 긴밀한 관계를 유지하며 그들의 신앙적 의지처로 자리 잡았다.

8·15광복이 되자 가등관청과 일인들은 절을 버리고 일본으로 돌아갔다. 구 용산에서 불법연구회를 다니는 회원이 있어 용광사 소식을 전하자 박해산의 외동딸인 박영주가 용광사에 들어가 짐을 풀었다. 곧이어 이동진화 교무와 성의철 교도가 서둘러 입주하였다. 돈암동 서울지부는 회관을 방매하고 임시로 한남동 정각사에서 4개월여를 있다가 용광사가 인수되자 원기31년(1946) 6월에 입주하였다.

서울지부가 입주한 용광사는 경성부 한강통 11-131번지 였으나 토지지목 수정으로 인하여 용산구 한강로 2가 55번지로, 현재 대지 1200여 평에 이른다.

　원기35년(1950) 한국전쟁이 발발하자 서울지부 이동진화 교감과 이유일화 감원이 지부를 사수하였다. 중공군이 내침할 때는 이유일화가 끝까지 사수하였다. 전쟁 중 폭격으로 식당채가 불타는 가운데 끼니도 제대로 때우지 못해 배급으로 그날그날을 연명하였다.

　서울지부는 전쟁 중 국군이 주둔하며 전몰장병의 납골당으로 사용하였다. 이는 일본인들이 지장보살도량으로 사용하였기 때문이다. 전쟁이 끝났으나 납골당으로 사용하였던 것이 문제가 되었다. 원불교로 정식 불하를 받지 못한 상태였기 때문이다. 서울지부가 큰 어려움에 봉착하였다.

　파괴된 식당채를 복구하는 한편 불하를 받기 위해 각 방면으로 노력하여 원기39년(1954) 8월 대지와 가옥 일체를 불하받았다. 불하 받는데에는 서울지부 성의철 지부장과 남편인 김동성의 도움이 컸다. 그러나 구 토지대장과 구 등기부등본에는 1968년 4월 9일자로 국가로부터 재단법인 원불교로 이전등기 된 것으로 되어있다.

　융문당은 서울교당 대각전으로 사용하고 융무당은 남자교무 숙소로 사용되었으나 아쉽게도 교단정책에 의해 원기91년 말 해체되어 융문당은 영산성지 영산선학대학 본관 아래, 융무당은 백수 해안도로 옆 대신리에 있는 옥당박물관 안에 이전 복원되었다.

　김동성은 서울지부뿐만이 아니라 부산지부 불하와 원광대학교의 인가에도 큰 힘을 보탰다. 김동성은 1896년 개성에서 태어나 성의철과 결혼하여 성의철을 연원으로 원기38년에 입교하였다. 그는 언론인으로 우리나라 최초의 특파원, 조선일보 발행인 겸 편집인, 합동통신사 이사장 및 언론인으로 활동

하였으며, 1948년 정부수립과 함께 공보처장 등을 역임하고 정계에 투신하여 민의원 부의장 등 많은 활동을 하였다.

경복궁 융문당을 옮겨지은 서울교당 대각전 옛 모습

서울교당 대각전 (현재는 영산성지로 이전)

한국전쟁으로 남하한 개성지부 교도들은 생활의 근거지에서 서울 변두리인 용산의 서울지부까지 예회를 보러 다니는 것이 너무 멀고 내왕이 불편했다. 특히 수도 서울에 교당이 한 곳밖에 없고, 또 서울의 중심지에 교당이 없음을 유감으로 생각하였

다. 그리하여 정산종사의 유시에 따라, 개성지부 교도들이 뜻을 뭉쳐 교당 설립을 결심하여 중구 선교소로 원기41년에 인가를 받아 종로교당이 시작되었다. 소태산 대종사 경성에 법음을 전한 지 30년이 넘어서야 서울의 중앙지에 교당이 서게 되었다.

※ 용산 서울교당에 대하여는 《원불교 72년 총람》, 한글학회 《한국지명총람》 –서울편–, 조선총독부 관보 불교관련 자료집 《일제시대 불교정책과 현황》, 《원불교 제1대 창립유공인 역사》, 《한국 민족문화 대백과사전》, 박용덕 《원불교초기교단사》, 구 등기부등본 등의 자료를 참조하였다.

III. 남산 일원

1. 남산

남산의 옛 모습

남산(南山) 최고봉은 해발 262m, 면적은 90만평에 불과하지만, 한강과 더불어 서울을 상징하고 있다.

조선조 후기에는 청계천 쪽 남산기슭에 가난한 양반이나 과거에 급제하지 못한 생원들이 많이 모여 살았다. 이들은 어려운 생활 속에서도 선비의 기상을 지녀 남산골 샌님이라는 말이 유래되기도 하였다.

현재 남산은 중구의 남산동, 예장동, 필동, 회현동, 장충동과 용산구의 도동, 후암동, 이태원동, 한남동 등이 둘러싸고 있어 옛날에는 한양의 남산에 불과했지만 오늘날은 중앙산(中央山)이라 할 수 있다.

남산이라는 이름은 조선의 한양 천도 이전에는 인경산(引慶山)이라 하여 밝은 산, 광명의 산이라는 뜻으로 불렀다.

조선시대에는 목멱산이라 불리었는데 이는 목멱신사(木覓神祠)가 있기 때문이다. 목멱신사는 흔히 산신을 모신 국사당이라 칭하였다. 1906년 이등박문이 을사조약을 강요하여 남산에 일본통감부를 세웠었다. 그 후 1925년 일제가 국사당을 헐고 조선신궁을 세워 매년 10월 17일을 제사지내는 날로 정했다. 국사당 현판과 헐어진 사당일부를 인왕산 선바위 아래 옮겨 명맥을 잇고 있다 8·15 광복이 되자 제일 먼저 철거된 것이 남산에 있는 조선신궁이며 근처에 있던 경성신사도 민중들이 때려 부수고 말았다.

남산은 한양의 남쪽 방패로, 시인묵객의 풍류와 일반인들의 휴식처로 사랑을 받아 왔으나 일제 강점기에 민족정기 말살술책으로 상처투성이가 되었다. 일제는 1897년, 남산 3,000여 평을 빌려 왜성대공원이라 이름 짓고 벚꽃 600주를 심었다. 이듬해에 일제는 대신궁(大神宮)이라는 신사를 세웠다. 1908년에 30여만 평을 무상 임대하여 공원을 만들어 개원하면서 한양공원이라 이름하였다. 그 후 통감부, 조선신궁, 동본원사 등을 잇따라 지어 잠식을 계속했다.

남산계곡에 나들이 나온 사람들

경성에는 파고다공원(탑골공원), 장충단공원, 사직단공원, 한양공원(남산공원) 등이 있었으나 한양공원을 가장 많은 사람들이 즐겨 찾았다. 풍류를 즐기던 옛

사람들은 남산에 올라 그림같이 펼쳐져 있는 장안을 굽어보며 남산팔영(南山八詠)을 지었다.

① 북악산 아래 궁궐들이 안개구름 속에 벌여있는 것이 보기 좋고(雲橫北闕)

② 남쪽으로 돌아서서 멀리 바라보면 넘쳐흐르는 한강이 볼만하며(水漲南江)

③ 봄이 다 지나도 아직 피어 있는 바위 밑의 꽃과(巖低幽花)

④ 산마루에 서 있는 낙락장송의 의젓한 모습도 봄직스럽고(嶺上長松)

⑤ 춘삼월 이곳저곳 동네 언덕에서 잔디를 밟는 답청놀이도 볼만하고(三春踏靑)

⑥ 9월 9일 중양절에 높은 언덕을 찾아 술잔을 기울이어 거나해진 선비들 모습이 그럴듯하고(九日登高)

⑦ 사월초파일 관등놀이로 산언덕이 불빛으로 환하게 꾸며지는 것도 볼만하며(陟岵獻觀燈)

⑧ 계곡사이의 맑은 물을 따라 갓끈을 빨아 말리는 선비들의 모습이 또한 그림같다.(沿溪濯纓)

소태산 대종사 남산을 언제 몇 차례 찾았는지는 기록에 잘 나타나 있지 않다. 소태산 대종사는 경성출장소 교무 이춘풍이 신병으로 익산본관으로 내려가자 이공주가 임시로 관리하고 있는 경성출장소에 원기14년 10월 29일(음 9월 29일) 상경하였다. 소태산 대종사는 경복궁에서 열린 조선박람회를

남산공원 옛 모습 (1914년)

남산에서 바라본 북악산쪽 (1930년)

폐막 직전에 관람하고 11월 어느 날 혼자 남산을 올랐다. 경성시내는 도로를 중심으로 새로운 서양식 건물들이 들어서고 멀리 경복궁은 일제가 몇몇 전각만 남겨 두고 다 파괴하여 1개월간 조선박람회를 열고 폐막한지 얼마 되지 않아 어수선하고 쓸쓸해지는 시기였다. 일제가 가장 먼저 이 나라의 정신을 말살하고자 짓밟은 남산에서 소태산 대종사는 경성시내를 바라보며 조국의 장래를 생각하고 있었다. 이때 사회주의를 신봉하는 두 청년을 만나 나눈 대화가 〈대종경〉 전망품 10, 11장과 손정윤 편저의 《원각성존 소태산대종사 일화집》에 자세히 소개되었다.

소태산 대종사, 남산공원에서 사회주의를 신봉하는 청년 두 사람을 만났다.

그 청년들은 당시 사회에 큰 물의를 일으키고 있는 보천교에 대한 신문의 비평을 소개하면서 우리 청년단체가 그 비행을 성토하며 현지에 내려가 그 존재를 박멸하려 한다고 하였다.

소태산 대종사는 청년들의 말을 들은 후 정도(正道)라 하는 것은 처음에는 해로운 것 같으나 필경에는 이로움이 되고, 사도(邪道)라 하는 것은 처음에는 이로운 것 같으나 필경에는 해독이 돌아오므로 그 교가 정도면 아무리 그대들이 박멸하려 하여도 되지 않을 것이요, 사도라면 박멸하지 아니하여도 자연히 서지 못하게 되리라고 하였다.

소태산 대종사는 또 청년들에게 포수와 몰이꾼의 이야기를 들려주며 그 종교도, 청년들도 세계사업을 하고 있다고 하였다.

보천교는 1920년대 경성에서부터 지방에 이르기까지 사회적으로 널리 확

산되었다. 보천교가 근대종교로의 체제개편을 하면서 중앙무대에 진출할 때, 기성 종교계나 민족운동진영은 보천교에 대해 다분히 부정적이었다. 특히 3·1운동 당시 교도들에게 경거망동하지 말라는 경고장을 발표했던 보천교가 급속히 신장되면서 천도교 등으로부터 미신적이라는 공방을 받았다.

한편 1923년 물산장려운동을 통하여 민족운동 진영으로 진출을 모색하면서 좌파진영의 본격적인 공략의 대상이 되었다. 또한 1924년에는 최남선을 중심으로 '시대일보'를 창간하면서 자금 조달이 뜻대로 되지 않아 어려움에 처하자, 보천교에서 시대일보를 인수하였다. 그 사실이 세상에 알려지자 시대일보 안팎의 반발은 상상외로 거셌다.

최남선에 대한 원색적인 비난에, 최남선은 보천교측에 계약해지를 요구하였다. 그리하여 경영권 인수과정에서 신문이 창간 3개월만에 휴간되자 조선민족을 대표하는 언론기관의 발행이 중단된 것에 대하여 보천교를 성토하는

정읍 입암에 있는 보천교 현 본부

여론이 들끓기 시작했다. 이로 인해 정치적·사회적으로 지지기반은 약화되어 갔다.

　좌·우 진영의 인사들은 1924년 8월 상설단체인 보천교 성토회를 조직하였다. 9월 27일 서울청년회는 보천교 내막조사 보고연설회를 개최하였다. 또 '보천교 흑막' 이라는 연극을 공연하는 등 중앙과 지방에서 보천교 박멸운동이 전개되었다. 청년들이 보천교 지방 진정원에 침입하여 보천교도 수십 명이 부상당하기도 하였다.

　1925년에 보천교는 조선독립이 불가능한 이상 일본과 조선의 정신적 결합을 견고히 하고 대동단결하여 문화향상을 꾀한다는 친일단체인 '시국대동단' 을 조직함으로써 좌우를 비롯한 민족운동 진영으로부터 전근대적이고 반민족적인 사교집단으로 공격을 받았다.

　보천교는 강증산의 사상을 기반으로 차경석이 정읍 입암 대흥리에 세웠다. 대흥리에 600여 간의 집을 짓고 수많은 신도로 교세를 떨쳤다. 그러나 1936년 교조 차경석(월곡)이 죽자 조선총독부에 의해 교단이 해체되었다. 광복 후엔 차경석의 아들인 용남이 대흥리 본부에서 차경석을 교조로 받들며 신봉하고 있다.

　※ 남산에 대하여는 한국일보《서울, 서울, 서울》, 서울신문사《서울정도 육백년》, 김정일《일제 강점기의 민족운동과 종교》-1920년대 전반기 보천교 부심과 민족운동- 국학자료원 등을 참조하였다.

2. 한남동 정각사

　원기31년(1946) 2월 한남동 남산에 위치한 일본인 사찰 약초관음사를 불법연구회에서 인수하였다.

　약초관음사는 일본 약초정 97번지에 본부를 둔 정토종의 소속 사찰로 1940년 9월에 조선총독부의 허가를 받아 세웠다. 1942년부터 고계농선(高階瓏仙)이 주지로 있으며 조선총독부와 긴밀한 관계를 유지해 왔었다.

정각사 서울보화원 초창기 모습(원기30년)　　　정각사 자리인 예술인 교당 현 모습과 미군 국목부대

　8·15광복이 되자 일본인 승려들은 일본으로 들어가면서 약초관음사를 관리해 줄 적임자를 찾았다. 그들은 한 3년 후면 자기들이 다시 조선에 와서 살게 될 것으로 생각하고, 그 동안 잘 살펴줄 단체를 물색하다가 서울지부장 최명부의 중간 역할로 불법연구회를 알게 되었다. 그리하여 소태산 대종사 당대부터 불법연구회를 알고 지내던 불교신문사 중천권태랑 일본인 사장이 불법연구회 구호사업 경성 부소장인 송도성을 만나고 총부를 다녀간 후 그들은

정각사(약초관음사)법당

불법연구회에서 맡아주기를 기대했다.

총부 간부들과 서울지부 박제봉 교무가 논의하여 인수하기로 결정하여 황정신행이 성의철과 한남동 약초관음사로 찾아갔다.

정각사 법당자리에 들어선 미군 군목부대 교회

대구보(大久保) 주지는 황정신행에게 자신들이 일본으로 돌아가야 하는데 노비가 없다며, 선생님께서 절을 맡아주시고 저희 부부를 도와달라고 하였다. 사찰을 비워주고 이어 받는데 흥정이란 있을 수 없다는 생각을 한 황정신행이었지만, 주지 부부의 딱한 사정에 자신의 사재 1천원을 건네주었다. 주지 부부는 눈물을 흘리며 고마워하였다.

약초관음사에는 관음보살을 모신 대강당(법당)과 장경각 그리고 요사채 등이 있었다. 주지가 절을 비우고 일본으로 떠나자, 경성지부 이동진화 교무, 황정신행 주무와 송도성 부소장, 이성신 등이 옮겨와 일단 '전재구호소' 라는 간판을 걸었다.

광복 뒤 정각사를 임시 서울지부로 사용했다. 관음상 우측에 소태산 대종사의 초상화를 걸었다.
(좌로부터)김대거, 정광훈, 정일지, 미상, 송도성, 미상, 이동진화, 조일관, 황정신행

교단에서는 약초관음사라는 이름을 정각사(正覺寺)로 바꾸고, 법당에 모셔진 관음상 좌우에 임시로 소태산 대종사 영정(현 원불교역사박물관 소장)과 연꽃문양 일원상을 모시었다. 불법연구회가 정각사를 인수하자 총부에서는 경사가 났다고 했다. 그러나 광복 후 시대가 어수선하자 도둑이 자주 들었다. 김중묵이 권투 등 운동을 잘하여 서울로 올라가 정각사를 지키는데 밤에

도둑이 들어 시계, 안경, 옷 등 무엇이든 있는 대로 다 가지고 가버렸다. 도둑이 자주 들어 대처하는 일이 막연하고 사람까지 위험하자 정각사를 다시 내놓자는 말까지 있었다.

서울출장소장 김대거

김대거는 폐병으로 돈암동 경성지부에서 요양을 하다가 양주에서 요양하여 건강이 많이 회복되어 갔다. 그에게 송도성이 정각사를 지키라고 하자 산(양주)에서 죽으나 정각사에서 죽으나 마찬가지라 생각하여 정각사로 가게 되었다. 그리하여 할머니 한 사람과 어른 한 사람을 데리고 김대거는 낮에는 헌 이불, 헌 옷, 걸레조각 등을 사방에 널어놓고 방문이란 방문은 활짝 다 열어 놓았다. 그랬더니 도둑들이 낮에 정찰하여 보고 아무 것도 없음을 알고 그 다음부터는 도둑이 오지 않았다.

전재동포 구호사업이 마무리될 즈음인 원기31년 3월, 송도성 부소장이 구호사업 중에 감염된 전염병으로 열반하자 총부와 서울간의 연락에 원활을 기하고 서울지역 업무를 위하여 정각사에 '서울출장소'를 설치하고 김대거를 출장소장에 임명하였다.

8·15광복과 함께 귀국했던 동포들 중에 전염병 등 질병으로 숨진 이들이

있었다. 그들의 자녀를 임시로 세브란스병원에 수용하였다가 황정신행이 자신의 동대문 부인병원으로 옮겨 수용하다가 다시, 고아 18명을 정각사로 옮겨 원기30년 11월에 전재구호소를 '서울보화원'이라 개칭하고 서울출장소와 같이 생활했다.

원기31년 2월, 35명으로 불어난 원아들로 '서울보화원'을 개원하고 황정신행을 원장으로 선임하였다. 보화원 운영에는 광복 후 남하한 개성지부 회원들이 적극적으로 활동하였다. 뒷날, 한국전쟁을 겪으면서 원아 중 일부는 총부로 이송되어 후에 익산보화원(현 이리보육원)으로 발전되고, 일부는 수원 용주사와 장충단에 있는 박문사를 거쳐 다시 정각사 서울보화원으로 와서 운영되다가, 정각사가 정부로부터 정식 불하를 받아 원불교 수도원 소유가 되자, 원기52년에 한국보육원(양주) 등 몇 군데로 분산 수용되었다.

전재동포들이 고국에 돌아와 갈 곳이 없었던 사람들 중에는 정각사 인근에 판잣집을 지어놓고 사는 사람도 있었다. 그들의 생활은 말할 수 없이 곤란했다. 보화원 아이들이 저녁에 귀저기에 똥을 싸, 밖에 내놓고 아침에 일어나서 보면 귀저기가 없어진 때가 많았다고 한다. 생활이 어려웠던 그들이 가져가서 다시 빨아서 사용하기 위함이었다.

한편 경성지부도 원기31년 2월에 돈암동에 있던 회관을 매각하고 용산에 있는 일본인 사찰 용광사를 인수하여 옮겨가기까지, 4개월여를 정각사에서 생활하였다.

황정신행이 보화원을 운영한 인연으로, 이승만 박사와 하지장군의 고문으

로 있던 쿠펠로가 한남동 서울출장소로 찾아왔다. 날씨가 추운 가운데 운전기사가 밖에서 떨고 있자, 김대거 소장은 통역에게 기사를 데리고 오라 했다. 그러나 기사가 못 온다고 하자 김대거는 일반 사회에서는 어떨지 모르나 이곳은 부처님 나라라서 모두가 평등하다고 하여 기사를 데리고 들어오도록 하였다. 그들은 다음에 이승만을 데리고 오겠다고 하였다.

8·15광복 후, 10월에 미국에서 귀국한 이승만이 거처할 곳이 적당하지 않아 돈암장과 마포장을 전전하다 황정신행의 집인 이화장을 마음에 들어 해 원기31년(1946)에 이승만에게 양도하였다. 여러 가지 인연으로 황정신행은 이승만을 만나면 "도인이 계시니 도인 뵈러가자."고 하였던 것이 계기가 되어 이승만, 조병옥, 장덕수, 김병노씨 등 정계인사 20~30여 명이 찾아왔다. 서울출장소에서는 조그마한 투가리 찻잔 50여 개를 준비하여 미삼차를 대접하였다. 김대거는 이승만에게 "익산 중앙총부에 가시면 윗 스승님이 계시고 의자도 있어 편히 모실 수 있는데 여기는 아직 준비가 안 되어 미안합니다."고 하였다. 그리고 프란체스카여사에게는 일본인들이 아무렇게나 놓고 간 관세음보살상 하나를 선물하였다.

관세음보살상을 본 이승만이 부인인 프란체스카여사에게 "이 어른을 모시면 내가 수(壽)한다."고 설명하니 부인은 "오케이, 오케이"를 연발하였다. 그런 인연이었던지 현재 이화장에는 관세음보살 입상을 정원에 모시고 있어 옛 인연을 생각하게 한다.

서울출장소장 김대거와 백범 김구 주석의 첫 만남은 박장식과 함께 이화장에서 이승만의 주선으로 이뤄졌다. 그러나 황정신행의 부군인 강익하가 김구

에게 불법연구회에 대하여 많은 이야기를 하였던 것이 계기가 되었다. 김구와 강익하는 사제지간이다.

김구가 재령 보강학교 교장으로 있을 때 강익하가 한문을 배웠다. 이러한 인연관계로 김구가 상해에서 돌아와 경교장에 자리 잡자 부자지간과 같은 친밀한 인연이었다. 청년 실업가로 오성물산과 오성산업을 경영하였고, 대한생명보험회사를 창립하여 사장을 맡고 있던 강익하가 김구의 활동자금을 지원하게 되었다.

김구가 생활하던 경교장

그러한 교류 속에 강익하는 김구에게 간간히 말하였다. "전북 이리에 총본부를 두고 있는 불법연구회에 종사님이라고 하는 큰 도인이 계신답니다. 거기에 다니는 신도들은 모두 방짜입니다. 제 안사람도 거기 다닙니다. 그 곳 사람들은 속세인과 다릅니다. 시기, 질투, 중상, 모략이 없고 과욕도 부리지 않는데, 그 위대한 스승의 상수제자가 서울에 와 있답니다. 언제 한 번 만나 보시지요."

김구

김구는 이화장에서 김대거와 만난 후 한남동 서울출장소(정각사)를 자주 찾아왔다. 김구가 한남동에 찾아오면 일인들이 쓰다 남은 의자가 하나밖에 없어, 그 자리에 앉길 권했지만 자신은 청법자라며 사양하였다. 그리고 꼭 존대어를 썼다. 김대거 소장은 민망하여 "아버지 같으시니 말씀을 낮추시지요."하면, "종교인은 어디까지나 정신의 지도자인데, 그렇게 세속인들처럼 함부로 말을 낮출 수 없다"고 하였다.

불법연구회 서울출장소를 방문한 백범 김구와 정산종사, 서울교당 교무진과 교도들
(좌로부터) 1열 : 이운권, 김대거, 한 사람 건너 정산종사, 김구, 이공주, 황정신행

김구는 머리 아픈 일이나, 여유가 있으면 서울출장소를 찾아와 상해임시정부 시절의 이야기를 하였고 붓글씨도 써 주었다. 그러던 어느 날 오전, 예고 없이 비서 한 사람만 데리고 서울출장소로 왔다. 김대거 출장소장은 외출하여 서기인 송영봉이 맞이했다. 송영봉은 대접할 것이 없어 딱딱하게 굳은 우유를 녹여서 대접했다. 김구는 어찌된 일인지 오후가 되어도 가지 않았다.

'위국감사' 백범 김구 글씨(원불교 역사박물관 소장)

김대거가 돌아오자 그날이 당신의 생일이었다는 것과, 혼자된 며느리가 시아버지 생신상을 차려주려고 와서 피해왔다고 털어놓았다. 그러면서 상해시절 주위의 동지들이 어머님 생신을 맞아 돈을 주면 어머님은 그것을 모아 독립자금에 보태라고 내놓으셨다고 하며, 내가 어찌 생일상을 받을 수 있겠느냐 하였다. 더구나, 우리나라 형편이 안정이 안되고 남북문제도 해결이 안되고 건국도 못한 주제에 생일상을 받을 수는 없다고 하였다.

그리고 밭에 있는 콩잎을 쪄 된장과 함께 주면 좋겠다고 하며, "만일 시장에 반찬을 사러 가는 일이 있으면 나는 그대로 일어날 것이오."라고 하여, 그대로 대접을 하였다. 어느 때는 맹장염을 수술한 지 일주일 된 며느리를 데리고 와서 "이 사람 누울 자리 좀 마련해 주시오."하고 한동안 요양하게도 하였다.

그런가 하면 한 때는 수양딸이라는 젊은 여자 한 사람을 데리고 왔다. 그 여자는 전쟁통에 남편이 전사하자 자살하려던 충청도 사람으로, 처음에는 이승만을 찾아갔다가 밑에 있는 사람들이 면회를 시켜주지 않아 다시 김구를 찾았다고 한다. 김구는 그 딱한 사정을 듣고 어디로 인도할까 하다가 한남동

으로 데리고 왔다는 것이다. 이 미망인은 서울출장소에서 약 2년 정도 머무르며 매주 일요일이면 김구가 생활하는 경교장에 가서 조력하고 돌아왔다. 김대거 소장은 한남동 서울출장소장으로 3년 간 있으면서 김구, 이승만을 비롯하여 이시영, 조병옥, 장택상, 조소앙, 김성수, 김창숙 등 수많은 정치지도자들과 교류하였다.

당시, 서울보화원 서기로 2년 간 근무했던 송영봉과 필자가 중앙수도원에서 인터뷰(원기91년 2월)한 내용을 정리했다.

"광복 후 우리나라 정객들이 정각사를 모임장소로 사용하기도 하였다. 어느 때는 박헌영이 다른 사람과 언성을 높여 다투는 소리가 밖에까지 들렸다. 나는 그 당시, 나라가 해방이 되어서 좋은데 왜 싸우는지 알지 못했다. 그 후 박헌영이 누구인지를 알고부터 사상이 다르기 때문에 그랬던 것을 알았다.

정각사 법당은 일본인들이 짓을 때 고급나무를 써서 법당에서는 향내가 났다. 나는 정각사 법당 앞마당에서 자전거를 배우기도 했다. 시대가 어려운 형편이라 정각사에 도둑이 자주 들었다. 도둑이 들면 보화원, 숙소, 사무소 등에서 세숫대야, 양푼(그릇) 등을 먼저 발견한 곳에서 두들기면 사방에서 두들기기 시작하였다. 그러면 도둑들이 도망갔다.

어느 날 팔타원 황정신행 선생의 모친 49종재 때의 일이다. 그때 춘원 이광수도 참석하여 정각사 마당을 왔다갔다 하던 것이 눈에 선하다. 육타원 이동진화님이 평소에 황정신행님을 많이 챙겼다. 종재 전날 육타원님은 나에게

종재에 쓸 떡은 시루떡으로 하라고 하며, 설탕을 많이 넣어 맛있게 하라고 당부를 했다. 나는 법당 다락에서 설탕 포대를 찾아 설탕을 많이 넣고 떡을 했다. 저녁에 만든 떡을 아침에 먹어보니 짜서 먹을 수가 없었다. 보화원 생필품이 미군의 원조품이라 영어로 글씨가 써 있고, 밤이라 다락이 어두워 소금과 설탕이 비슷하게 생겨 설탕을 넣는다는 것이 소금을 넣고 만 것이다. 다행이 다른 사람이 떡을 해 와서 그 떡으로 대중공양을 하였다.

현재 예술인교당 생활관은 예전에 구타원 이공주님이 수도원으로 사용했던 건물이며 그 이전에는 보화원이 있었던 자리다. 정각사 법당에는 숙소와 식사를 할 수 있을 정도의 건물이 딸려 있었다. 서울출장소는 법당 건물을 사용했다. 당시 건물은 법당, 보화원, 직원숙소, 사무소 건물이 있었다. 국가에서 보화원에 주는 배급은 대부분 통조림이었다. 고춧가루가 부족해 통조림 음식만 계속 먹다보니 고아들은 통조림을 지겨워하였다.

지원 나온 물품들 중에 남은 것을 처분하여 사산 오창건님 감역 하에 보화원 건물을 지었다. 그 당시 복지기관들이 지원물품을 착복하는 경우가 많아 관계기관에서 복지기관 감사를 하였다. 한남동 서울보화원에도 감사가 나왔다. 담당 공무원은 차 한 잔 마시지 않았다. 지원물품을 처분하여 집을 지은 것이 문제가 되기도 하였다. 그러나 다른 시설에서 1주일 정도 감사하였으나 서울보화원에서는 3일에 마쳤다. 감사를 마친 후 담당 공무원은 김대거 출장소장에게 "제가 너무했다"며 그러나 "어쩔 수 없었다."며 사과했다. 담당 공무원은 감사가 끝나고 돌아간 후 스스로 원불교에 입교했다."

김대거 출장소장은 건강이 다시 악화되어 더 이상 근무를 못하고 요양을 떠났다.

정각사에 있는 서울보화원 황정신행 원장이 UN유니세프 장학금으로 영국 유학을 떠나자 후임으로 조일관 교무가 원장에 부임하였다.

정각사는 한국전쟁 당시, 인천상륙이 개시된 후 9월 22일 보화원의 주 건물로 사용하고 있던 법당이 폭격 당했다. 미군 군목부대가 폭격을 당한 법당을 중심으로 천막을 치고 주둔하였다. 이듬해(1952) 10월, 국방부가 일방적으로 3,840평과 와가 1동에 대하여 징발조치를 하여 현재까지 미군이 주둔하고 정각사 법당 자리에는 미군 군목교회가 들어서 있다.

정각사 서울보화원 원아들

한국전쟁 중에 맥아더 사령부 고문으로 있는 천주교 신부가 한국에 와서 사회사업 실태를 파악하겠다고 나섰다. 당국에서 주선하여 서울보화원에 예고없이 방문했다. 아이들은 갑자기 나타난 낯선 외국인들을 보고 놀라 "오마니, 오마니"하고 스스럼없이 조일관 원장의 치맛자락을 잡고 모여드는 것을 보고 외국인 신부는 감복하였다. "진짜, 진짜 보육원을 보았습니다. 한국의 다른 보육원은 더 볼 것이 없습니다."며 물러갔다.

정각사 서울보화원 입구

 한남동 정각사는 적산가옥으로, 법적으로 따지면 임시 소유하여 사용하고 있는 것이었다. 원기39년부터 정각사 건물과 대지 그리고 임야를 교단에서 불하를 받기 위해 시도하였으나 뜻대로 되지를 않았다. 이공주 감찰원장은 불하운동이 어려움을 겪자 불하운동에 참여하였다. 정각사가 불하되면 그 곳에 수도원을 건립하기로 재단법인 원불교 이사회에서 결정하였다.

 이공주는 원기43년에 가옥과 대지, 임야 12,000평에 대하여 1·2차에 걸쳐 불하 보증금을 지불하고 측량까지 마쳤다. 그러나 원기44년 3월 한남동

정각사 임야를 공원(남산) 용지로 편입하여 공유화하기로 결정했다는 서울시장으로부터 통보를 받고, 즉시 보류 신청서를 제출하였으나 공원용지로 편입되었다.

토지에 대한 진정서를 전국 교도 1만여 명의 연서를 날인한 연판장을 첨부하여 경무대, 내무부, 국방부 등에 제출하고 각계 인사를 통해 불하운동을 전개하였으나 비용만 날렸다. 다시 불하받기 위하여 미 8군사령부에 강제 징발된 토지에 대하여 "귀부대가 철수할 때에는 철수 불가능한 지상건물과 시설은 토지 소유자인 본교에 인계해 달라."는 서한을 발송하는 등 끈질긴 노력을 하여, 원기46년 1, 2차에 걸쳐 가옥과 대지, 임야 12,000평을 4년 동안 불하대금을 완납하고 6년의 각고 끝에 결국 불하를 받았다.

정각사 불하운동에 공이 큰 이공주

이로써 일본국 재단법인 약초관음회에서 재단법인 원불교로 완전히 이전등기가 되어 불하건은 일단락되었다.

한남동 정각사를 불하받는 데에는 이공주가 필생사업으로 여기고 불하대금 등 경비를 사재로 감당하였다. 원기47년에 이공주는 서울수도원장에 임명되어 서울의 중심인 남산 정각사에 수도원을 건립하고자 하였다. 일찍이 소태산 대종사로부터 수도원 건립문제를 부촉 받았기에 많은 노력을 하였으나 군용지 징발과 공원용지 편입이라는 장애로 뜻을 이루지 못하였다.

일본인 사찰 약초관음사에는 기미년 3·1 만세운동 이후 이른바 문화정치를 표방하며 조선을 통치한 재등실(齋藤實 사이토 마코토) 총독의 업적을 기리는 송덕비를 세웠다. 8·15광복 후 불법연구회에서 약초관음사를 인수하여 정각사로 이름을 바꾸고 사용하면서 송덕비는 쓸모가 없어진 채 땅바닥에 묻혀 있었다.

원기56년, 원불교 개교 반백년을 기념하여 소태산 대종사가 깨달음을 얻은 영산 노루목에 대각기념비를 세우기 위하여 한남동 서울수도원에 버려진 그 비석을 다듬어서 영산으로 옮기어 원기56년에 소태산 대종사의 대각을 기념하는 '만고일월(萬古日月)' 비를 완공하여 개막식을 가졌다.

서울수도원(정각사)에 버려진 비석을 소태산 대종사 대각기념비로 만들기 위해 작업하는 모습

이공주가 한남동 서울수도원에 있던 어느 4월 봄, 낯모르는 남녀가 수도원을 찾아왔다. 방문한 부부는 8·15광복 후에 약초관음사를 남기고 일본으로

간 약초관음사 주지 부부의 아들 내외였다. 이들 부부는 한국을 방문할 기회가 있어 아버지로부터 듣고, 아버지가 생활하였던 곳을 찾아보리라는 마음을 먹고 찾아 왔다는 것이었다. 40년이란 세월이 흐르도록 남아있을까 하고 찾아 왔다는데, 의외로 잘 정리되어 있는 것을 보고는 감동을 받고 돌아갔다고 한다.

한남동 서울수도원은 원광중·고등학교와 흑석동 서울회관 건축이 경제적 위기에 닥쳤을 때 3,500평을 매각하여 위기를 넘기게 하였다. 오늘 날 정각사 옛터는 원불교 예술인교당으로 변화하여 남산 예술원을 운영하고 있다.

※ 한남동 정각사에 대하여는 청하문총《한 마음 한 길로》, 박용덕《원불교 초기교단사》, 원불교신보신서《구도역정기》, 조선총독부 관보 불교 관련 자료집《일제시대 불교 정책과 현황》, 황온순문집간행위원회《황온순천성을받들어90년》,《원불교72년총람》,《대산상사수필법문집》, 승타원 송영봉 원로교무 구술 등을 참조하였다.

3. 박문사

경희궁은 일제의 강점으로 뜯겨나가고 헐렸다. 1909년 경희궁 서쪽 대부분을 일제 통감부 중학으로 사용하면서 훼손하기 시작하였다. 현재 남아있는 건물은 경희궁에 홀로 남아있는 흥화문과 동국대학교 정각원으로 사용하고 있는 숭정전과 황학정 뿐이다

1910년 일제는 경희궁을 국유로 편입시키고 1915년에는 경성부 중학교로 바꾼 후 1926년 숭정전과 회상전은 지금의 필동에 있던 일본인 절 조계사에 팔고, 1928년 흥정당이 일본인 절 광운사로, 경희궁 문인 홍화문이 이등박문의 사당을 모신 원찰 박문사를 짓는데 팔려나갔다.

박문사의 정문으로 뜯겨 갔었던 경희궁 홍화문

장충단의 옛 모습

일제에 의해 국모인 명성황후가 시해된 을미사변 때, 순국한 훈련대 연대장 홍계훈과 궁내부대신 이경직 이하 장병을 제사하기 위하여 고종황제의 조칙에 의하여 초혼단을 창건하였다. 이것이 바로 장충단이다. 장충단에 임오군란과 갑신정변 등 순국한 장병들을 합사하였다. 장충단에 제향된 사람 모두가 일제 침략에 항거했던 인물이며 고종황제를 호위하던 주변 인물들이었다. 그러나 1908년, 일제가 반일감정 악화를 구실로 제사를 금지시키도록 압력을 넣어 폐사당했다.

그런 후에 일제는 1919년 장충단 일대를 경성부에서 관할하는 공원으로 만들고 벚꽃 수 천 그루를 심었다. 그리고 일본인의 송덕비를 세우고 그들의 우상인 육탄삼용사의 동상을 세웠다.

일제 말에는 조선에 있는 단체들을 강제 해산시키거나 책임자를 구속하기

시작하였다.

불법연구회도 존폐위기에 달하고 있었다. 일경은 불법연구회에 '불교냐 아니냐'를 가지고 사사건건 트집을 잡기 시작하였다. 1942년에는 이리 불교연맹에 강제로 가입시켜 전승기원법요, 읍민장(邑民葬), 국방성금, 근로봉사 등 시국행사에 동원시켰다.

일본불교 조동종에서는 영목천산(鈴木天山) 주지가 조선 총독부로부터 1932년 8월에 허가를 받아 경성부 서사헌정 산 4-52번지인 장충단 위에 대한제국의 국적인 이등방문을 제사지내는 원찰인 박문사(博文寺)를 짓기 시작하였다.

경복궁에 있는 선원전도 헐어서 박문사를 짓는데 옮겨갔고, 또한 일제의 계획적 의도에 의해 경희궁의 흥화문을 옮겨 박문사 정문을 만들었다.

원기20년(1935) 상경한 소태산 대종사는 경성지부 임원인 김삼매화와 차남 박광령, 경성회원 박해산 등과 함께 박문사를 구경하고 기념촬영을 하였다. 일제는 불법연구회가 불교 아닌 유사단체라며 박멸시키려 하였다. 소태산 대종사는 총무부장 박장식에게 불법연구회에 호감을 가지고 있던 불교시보사 사장인 김태흡 스님과 상의하라고 하였다.

김태흡은 박장식과 불법연구회를 해체하

박문사 주지 상야 스님(총부 조실앞에서)

소태산 대종사 원기20년 박문사에서
(좌로부터) 1열 : 김삼매화, 미상, 소태산 대종사 차남 박광령
2열 : 미상, 소태산 대종사, 박해산

려는 일제의 동향에 대하여 그 방도를 강구하다가 조동종의 박문사 생각이나 박장식과 전차를 타고 박문사 주지 상야(上野 : 우에노)스님을 찾아갔다. 박문사의 신도단체인 복취회 간판을 이용하여 당장의 위기를 모면해 보자는 생각이었다.

박문사는 이등박문을 위해 일제가 세운 절로 상야는 일본에 번성한 조동종의 원로이면서 박문사 주지로 조선총독부 고문을 맡고 있어 함부로 할 수 없는 인물이었다. 상야를 만난 김태흡은 호남 순회 강연시 만난 불법연구회 소태산 대종사 이야기를 소개하며 복취회 문제를 이야기하고, 박장식은 익산총부 예방을 간곡히 부탁하였다.

박문사 주지 상야는 반신불수의 몸임에도 시자에게 의지하여 김태흡의 안내로 이리에 내려와 소태산 대종사가 권하는 법좌에 올라 법을 설했다. 이때 일본 중한테 절할 수 없다며 유허일·박대완 등이 반발을 하기도 하였다 그러나 소태산 대종사가 입석하니 모두들 순종할 수밖에 없었다.

상야의 총부 방문은 공식적으로 총독부 고문 자격으로 경무국의 교리 사찰이란 명목을 띠었다. 상야는 시자와 함께 송대에서 1주일 동안 있으면서 불법연구회에서 발행된 교과서 일체를 검열하였다. 통역은 이리경찰서 보안주임으로 있는 조선인 경부 육무철이 담당하였는데, 그는 소태산 대종사를 극진히 존중하는 사람이었다.

송대에 1주일 머물면서 불법연구회 교과서와 교리 전반을 검토한 상야는 소태산 대종사의 경륜에 감복하였다. 그리하여 자신이 몸담고 있는 조동종 종조(宗祖)인 도겐(道元)선사보다 위대한 스승이라 극찬했다. 그 후 상야는

불법연구회가 해체될 위기를 번번이 막아 주었다.

일제는 불법연구회를 유사종교로 분류하여 탄압을 계속하기 시작하였다. 김태흡 불교시보사 사장은 불교 관련의식을 하지 않으면 불교로 간주하지 않아 탄압을 받는다고 사제 김유신을 보내 알려주어 '삼귀의' '사홍서원' 등을 예회 등 의식 식순에 편입시키는 조치를 취하였으나, 일제의 탄압을 막을 수는 없었다.

소태산 대종사는 교무부장이며 자신의 장남인 박광전을 원기28년 4월부터 3개월간 박문사로 보내어, 상야와 가까이 하고 박문사 스님들과 같이 생활하며 불경을 배우고 선종 의식을 연구하도록 하였다.

총독부는 불법연구회의 위장책에 넘어가지 않고 총독부 사무관을 파견하여 박광전을 시험하려 들었다. 그가 박광전을 불러 미소기(신사 앞에서 행하는 의식)를 시켰다. 이를 본 상야가 말려 모면하였다.

3개월간 박문사에서 생활한 소태산 대종사의 장남 박광전

다음은 박광전의 구술이다.

"내가 박문사에 가게된 것은 일경이 불연(불법연구회)이 불교냐 아니냐를 가지고 자꾸 까탈을 잡았다. 그래서 나를 박문사로 보내 상야와 친하게 했어. 그래서 박문사 신도단체인 복취회라는 위장 간판을 붙여 일제 말기의 위태한 고비를 겨우 유지한 거지.

박문사는 일본 조동종 사찰로서 부처님보다 개산 종법사 법당이 더 커. 이

등박문을 기려서 지은 절인데, 일본 대교사 스님으로 있던 상야를 주지로 파견했어. 박문사는 현재 신라호텔 자리에 있었는데, 이 절 하나 때문에 절 밑에까지 전차가 들어와 있어. 그만큼 조선총독부에서 비중을 두는 절이여.

나는 아침 일찍 일어나 의식을 하고 불경을 배우고 하였으나 속이 찰 수가 없지. 혼자 산에 올라가 빠락빠락 고함지르고 울분을 터뜨려. 나는 더 배울 것 없다고 판단하고 몇 가지 의식만 익히고 총부로 내려왔어. 그리고 얼마 뒤 아버님(소태산 대종사)이 돌아가셨어."

소태산 대종사가 원기28년 6월 1일 열반한 후 49재 때 상야는 익산총부로 와서 추모법회를 보았다.

소태산 대종사가 열반한 후에도 일제의 탄압은 계속되었다. 원기28년 7월 1일 익산총부정문에 '박문사 복취회 익산지부'란 간판을 걸고, 박문사 신도 단체로 가장하여 일제 말기 위난의 순간을 대처해 나갔다.

소태산 대종사 열반 뒤 목탁을 치기 시작하였고, 좌종은 소태산 대종사가 열반에 앞서 경성에서 사가지고 왔으나 8·15광복 뒤부터 치기 시작하였다. 불교의식이 원불교에 본격적으로 도입된 것은 1945년 광복 이후이다.

소태산 대종사 열반 후에도 일제는 끊임없이 친일단체로 만들든지 아니면 박멸하려고 하였다. 불교신문사 사장으로 일본불교 유지였던 중촌 권태랑과 전라북도 병사부 사령관인 육군소장 목소령이 불법연구회를 칭찬하면서 황도불교화에 대한 구체적인 방안을 제시하며 회유하기도 하였다. 그러나 정산 종사는 어려운 여건 속에서도 슬기롭게 극복하여 8·15광복을 맞이하였다.

　1945년 8·15광복이 되면서 일본인들이 떠나자 일부에서는 박문사를 불하받을 생각으로 조일관 교무가 서울보화원 원아 40명을 데리고 잠시 들어가 있었다. 당시 전재동포구호사업 일환으로 정각사 외에 박문사도 인수하려고 하자 정산종사가 "정각사(약초관음사)만으로 만족하다. 구호사업을 잘하는 것은 좋은 일이나 땅이나 건물을 소유할 욕심을 내는 것은 어리석은 짓이다."라고 하여 포기하였다.

　박문사 터에는 이승만 대통령의 발의로 국빈을 위한 영빈관 건물을 짓기 시작해 박정희 대통령 때에 완공하여 한국을 방문하는 국빈급 인사가 유숙하게 하였다. 박문사 정문으로 사용하던 경희궁 흥화문은 영빈관이란 현판을 붙었다.
　1973년, 신라호텔이 이 건물을 인수하여 호텔 정문으로 사용되었다가 서울시가 경희궁 복원공사를 실시하면서 경희궁으로 다시 옮겨왔다. 그러나 선원전은 사라지고 말았다.

　※ 박문사에 대하여는《원불교 초기교단사》,《교화현장》제33호,〈원기28년도 사업보고서〉-시국상황-,《서울정도 육백년사》,《구도역정기》-숭산 박광전 법사편-,《서울문화유적》, 대원사 빛깔있는 책《경복궁》, 조선총독부 관보 불교관련 자료집〈일제시대 불교정책과 현황〉등을 참조하였다.

IV. 소태산 대종사의 황정신행 인연지

1. 낙산 이화장

　종로구 이화동 1번지의 이화장은 1947년부터 대한민국 초대 대통령 이승만 박사가 거주하던 곳으로, 이승만 박사의 유품을 소장 전시해놓은 서울시 기념물 제6호이다.

　1931년 황정신행은 낙산 기슭에 있는 이화동 야산 1, 2번지를 유응열, 유근홍, 고의익으로 부터 3,000여 평을 매입하였다.(이전등기 1936년) 매입 후 음력 정월부터 목수, 석공, 미장을 손수 지휘하며 양주 자신의 산에서 나무를

이화장 모습(우남 이승만 박사 기념관)

옮겨 심고 돌을 옮겨오고 공사 도중 만주사변이 일어나 경제가 어렵고 시국이 불안한 가운데도 10월에 완공하여 도배도 하지 않은 채 추석 전에 입주하였다. 황정신행은 정성 들여 집을 짓고 이화장(梨花莊)이라 이름하였다.

  이화장, 이화동의 이름은 이화동 2번지에 조선조 중종 이전부터 정자 주위에 이화(梨花)가 쌓여있어 정자를 이화정이라 부르게 된 데서부터 유래된다. 이화장 뒷산인 낙산은 유명한 약수에 수목과 암석으로 맑은 시냇물까지 흘러 옛적에는 도성 내 5대 명승지 중 삼청, 인왕 다음으로 세 번째로 꼽혔다.

조각당에서 바라 본 이화장

  이화장 뒷문턱 바위에 표암 강세황이 홍천취벽(紅泉翠壁)이란 글씨를 새겨 낙산의 경치를 표현했으나, 1960년 4·19혁명 이후에 하천을 메우고 집을 지었기 때문에 바위가 묻혀 버리고 말았다.

황정신행은 이화장에 살면서 1935년 금강산 여행을 갔다가 개성에 살고 있는 불법연구회 이천륜 회원을 만났다. 그 후 그의 보살행에 감동이 되어 이천륜의 소개로 돈암동에 있는 불법연구회 경성지부를 찾아가서 이완철 교무와 이동진화 교무를 만난 후 불법연구회에 다니기 시작하였다.

이화장을 지은 황정신행

원기22년(1937) 돈암동 경성지부에서 소태산 대종사를 뵙고 정신행(淨信行)이란 법명을 받고 소태산 대종사의 말씀에 따라 매일 새벽 4시에 일어나 낙산을 넘어 돈암동 경성지부로 가서 이완철 교무에게 금강경을 한 시간씩 배웠다. 진리에 대한 뜨거운 열기가 일기 시작하여 그때부터 불법연구회의 수달장자로서 역할을 하기 시작하였다.

황정신행은 소태산 대종사를 이화장으로 초청했다. 이화장을 방문한 소태산 대종사가 물었다.

"왜 남향으로 짓지 않았는가?"

"서향으로 앉아야 길택이라 해서 이렇게 지었습니다."

"사람들이 다 좋다는 쪽이 명당인 것이다."라고 하며, 소태산 대종사는 여름이면 나쁠 거라고 말했다. 황정신행은 여름이면 송진 때문에 고생을 많이 했다. 8·15광복 후 이화장을 이승만 박사에게 넘겨줬는데, 이후 이승만 대

통령이 4·19 혁명으로 대통령직에서 물러날 때에 황정신행은 소태산 대종사의 말씀이 다시금 떠올랐다고 했다.

황정신행은 원기22년 이화장을 친척에게 맡기고 잠시 돈암동회관으로 와서 살았다. 종로 화신백화점 맞은편 종각 옆에 주단 포목점 순천상회를 하면서 부군 강익하가 동대문 부인병원을 인수하자 병원 사택으로 옮겨 생활하였다.

1945년 10월, 미국에서 돌아온 이승만 박사는 기거할 집이 없어 돈암장과 마포장을 왕래하면서 안정된 거처를 마련하지 못해 불편한 생활을 하고 있었다. 이승만은 이화장을 보고 마음에 두었다. 이승만을 따르는 권녕일씨를 비롯한 유지 33인이 돈을 모으자 황정신행은 이승만에게 넘길 수밖에 없었다. 그리하여 1947년 10월 이승만 박사는 이화장으로 이사하였다.

구 토지대장과 구 등기부등본에 의하면 이화장은 1942년에 어떠한 연유에 의해서인지 황온순(황정신행의 속명)에서 전북 정읍 이평에 사는 김상훈에게 이전되었고, 그 후 그의 아들 김화섭이 상속하여 1947년 11월에 이승만에게 이전등기 되었다.

한남동 남산 정각사의 원불교 서울출장소를 찾은 이승만에게 김대거는 여러 가지 이야기 도중 "이 박사님을 만나러 가려 해도 너무 어려워, 새가 되어 날아가면 몰라도 들어갈 수 없는 곳"이라 말했다. 이승만은 이 이야기를 듣고 이기붕에게 사인을 해주라고 하였다. 그리하여 김대거 출장소장은 이승만을 돈암장과 마포장에서 자유스럽게 만날 수 있었다.

김대거 소장은 이승만에게 "나의 스승님은 이리 총부에 계신다."는 말씀을 여러번 드리며 언제든지 총부를 방문해 줄 것을 요청했다.

원기31년(1946) 6월 5일, 이승만은 전국을 순회하는 중 이리에 왔다가 이리교당에 들렀다. 이때, 김대거 소장의 요청으로 총부에 들러 정산종법사를 만나 대담하였다. 이승만은 이날 붓을 들어 '경천애인(敬天愛人)'이란 글귀를 써주었다. 그 글은 원광대학교 총장실에 걸어 놓았다가 원기91년 말 원불교역사박물관으로 이관되어 소장되고 있다. 이승만의 총부 방문은 정계 원로 지도자로서 첫 방문이었다.

이승만이 이화장으로 거처를 옮기자, 김대거 소장과 유일학림장이었던 박장식이 이화장으로 이승만을 만나러 갔다. 이곳에서 이승만은 김대거, 박장식을 백범 김구에게 소개하며 불교혁명 운동을 하는 사람들이라 소개하고 원

우남 이승만(좌) · 백범 김구(우)

불교 교단에 대하여 말했다.

김구는 이승만의 말을 들은 후 "내가 중국에 있을 때 국민의 정신을 하나로 모을 수 있는 핵심 불교가 있었으면 하고 바랐는데 원불교가 바로 그 동안 내가 생각했던 종교인 것 같습니다."라고 하였다.

이화장에서 이시영(부통령 역임)도 함께 만났다. 이시영은 이때 인연으로 그 후 여러 번 만나 대화를 나누었다. 김대거, 박장식이 이화장을 나올 때 김구는 《백범일지》를 한 권씩 선물하였다.

김구와의 만남은 이승만의 소개도 있었지만, 이화장의 옛 주인 황정신행의 부군인 강익하가 김구와 사제지간으로 자주 원불교를 소개했던 것이 큰 인연이 되어 정계 인사로는 자주 한남동 서울출장소를 찾아와 휴식도 취하고 교류도 하였다.

김대거 소장은 후에 종법사 재임 중에 이승만과 이화장에서 만나 나눈 대화를 회고하였다.

1948년 4월 19일 김구와 김규식 등이 통일정부를 세우기 위해 평양을 방문하여 김일성, 김두봉과 남북협상 4자회담을 하였다. 어느 날, 이화장을 방문한 나에게 이승만이 "김 소장도 나를 비애국자라고 때리러 왔소?"라고 하였다. 남북협상 차 김구와 김규식이 평양에 갔는데, 그때 이승만은 참가하지 않았다. 그래서 각 신문에서는 크게 보도를 하며 비판했다. 이승만의 입장이 난처하게 되었다.

나는 잠시 생각해 보았다. 우리나라에서 세 분은 모두 소중한 분이었다. 그

런데 만일 세 분이 모두 다 이북에 가셨다 잘못되어 돌아오지 못하게 된다면 큰 일이라는 생각이 들었다.

"이번에 이북에 안 가신 일은 잘하신 것입니다."

이승만 박사는 의외라는 듯이 왜 그렇게 생각하느냐고 물었다.

"세 분이 함께 가셨다가 혹 사고를 당하면 어떻게 되겠습니까? 이번에 가시지 않은 것은 지혜있는 일이었습니다."

내 손을 꼭 잡은 이승만은 "서울에서도 나를 좋아하는 사람이 하나 있네. 나도 내 목숨이 아까워서 안 간 것이 아니요. 꼭 가야할 일이면 갔지요." 했다.

1948년 5월 10일 남한만 총선을 치르고 이승만이 초대 대통령에 당선되자 이화장은 국무위원을 인선하는 조각본부가 되었다. 이화장은 본채 옆에 작은 마루가 딸린 한 평 반 정도 되는 작은 방이 있다. 여기서 대한민국 초대대통

이화장 조각당

령 이승만이 초대 내각을 조각하였다. 후에 이 집을 조각당이라 일컬었다. 현판은 이승만의 휘호 중 집자한 것이다. 조각 당시 쓰던 낡은 돗자리 한 장이 온돌방에 깔려있고 마루에는 그 당시 쓰던 나무의자가 지금도 놓여 있다.

    1948년 8월, 정부수립과 함께 이승만은 경무대로 옮겼갔다. 경무대로 입주한 후에도 가끔 이화장에 들러 정원과 뒷산을 산책하였다. 1960년 4·19혁명으로 12년간 살던 경무대에서 이화장으로 돌아왔다가 하와이로 망명을 떠났다. 1965년, 하와이에서 사망하자 유해를 이화장에 안치하였다가 국립묘지에 안장하였다.

    이화장은 이승만 박사의 양자인 이인수 내외가 이승만 박사의 미망인 프란체스카 여사를 모시고 살다가 생활관을 신축하여 옮기고, 이화장에는 1988년부터 이승만 박사와 프란체스카 여사의 유품을 전시하여 일반인에게 공개하고 있다.

※ 낙산 이화장에 대하여는 수문출판사 《서울문화유적》, 원불교신문신서 《구도역정기》 －대산 김대거 종법사편－, 《대산상사 수필법문집》 등을 참조하였다

2. 동대문부인병원

한국에서는 여성이 남자병원에 가는 것을 꺼려하므로 여성들만을 위한 병원을 짓기 위해 감리교 의료선교 담당자인 스크랜튼 목사가 1887년 미국 감리교 여성 해외선교부에 병원설립기금 요청서를 제출하였다. 같은 해 10월, 미국 여의사가 내한하여 이화학당 구내에서 여성 환자를 치료하기 시작하였다. 명성황후는 의료사업을 치하하고 격려하는 뜻으로 이 병원에 보구여관(保救女館)이라는 이름을 하사했다

보구여관에서는 여성들을 치료하는 한편 '여성을 위한 의료사업은 여성의 손으로' 라는 구호 아래 이화학당 학생 4명과 일본 여인 1명으로 의학훈련반을 조직하여 교육하였다. 보구여관은 1892년 동대문쪽에 있는 동대문분원을 설치하여 그 이름을 '볼드윈시약소' 라 불렀다. 이 이름은 미국 볼드윈 여사가 한국 여성운동과 한국 여성의료사업을 위해 기부한 돈으로 동대문 근교에 토지와 가옥을 구입하여 약국을 개설하고 동대문교회를 시작하였기 때문이다. 감리교 의료선교의 동대문 진출은 당시 미국공사관을 비롯한 외국 공사관들이 외국인 지대로 알려졌던 정동에 한국인들의 접근이 어렵다는 판단이 있었기 때문이다.

정동 보구여관은 1903년 간호양성소를 설치하여 간호원을 양성을 했는데 한때 동대문병원으로 이전하였다가 1906년에 남대문(경성역 앞) 세브란스병원 간호원양성소와 통합하였다. 볼드윈시약소는 1909년 그 자리에 현대식 최대 규모의 병원(해리스기념병원)을 착공하여 4층 병원 1동과 2층 주택 1동

을 1912년 완공하여 장안의 명물이 되었다.

그 후 정동에 있던 보구여관이 동대문으로 이전되어 이 병원과 통합되면서 1930년부터 '동대문부인병원'으로 불리게 되었다.

황정신행은 종로 화신상회 맞은편에 주단 포목점인 순천상회를 하며 많은 돈을 벌었다. 또한 부군인 강익하는 청년실업가로서 활발한 활동을 하였다. 황정신행은 부인선교사유지재단으로부터 재단에서 운영하던 종로 6정목 70번지, 3,600평의 대지에 4층 병원 건물 1동과 2층 주택건물로 되어있는 동대문부인병원을 38만원에 인수하고 병원주택으로 이사하였다. 황정신행은 소태산 대종사를 수 차례 병원으로 초빙하여 식사를 대접하였다.

동대문부인병원에 관련된 몇 가지 일화가 전해진다.

어느 날 황정신행은 동대문부인병원인 자신의 집으로 소태산 대종사를 초빙해 식사를 대접하였다. 식사 전에 황정신행의 남편 강익하가 소태산 대종사에게 물었다.

"반야심경을 외울 때도 잡념이 나는데 천천히 외우는 게 좋습니까? 빨리 외우는 게 좋습니까?"

"빨리 외우는 것이 잡념이 덜하지요."

식사를 하면서 강익하가 소태산 대종사께 이야기를 하였다.

"제가 도인을 보았습니다."

"도인이 어떻게 생겼던가요?"

"춘원 이광수선생하고 산에 갔는데 굴속에서 도인이 깡통에 든 밥을 먹다

가 우리가 갔더니 숟가락을 그 위에 걸쳐놓고 남겨 놓았습니다. 그리고 옷은 다 떨어져 누더기인데 이가 스멀스멀 기어가도 그 사람은 초연하던데요. 도인 같아요."

"그런 도인도 있고 이런 도인도 있겠지요. 그러나 꼭 그런 괴벽한 모양만 가지고 도인이라고 할 수 없겠지요."

강익하는 1897년 황해도에서 태어나 경성법학전문학교를 졸업하고 황정신행과 결혼하였다. 그는 경영에 탁월한 감각으로 대한생명보험회사 초대사장, 기미증권회사 사장등을 역임하였다. 강익하는 소태산 대종사를 친견하고 불법연구회를 좋아했으나 입교는 하지 않은 채, 부인인 황정신행이 새 회상 수달장자로서 사업을 할 수 있도록 후원하는 한편 불법연구회를 백범 김구에게 소개하기도 하였다.

강익하

소태산 대종사가 일제의 강압으로 원기25년 10월 일본에 가기 위해 부산에 갔다가 총독부가 여권을 발행하지 않고 일본을 안가도 된다 하여 취소하고, 익산총부에 잠시 들른 후 상경하였다.

황정신행의 안내로 경기도 고양군 숭인면 우이리 인근에 새 회관 장소를 물색하러 다닌 후 경성지부에 머물렀다. 어느 날 황정신행은 자신의 모교인

김활란

이화여전 교장 김활란 박사와 함께 소태산 대종사께 점심식사를 대접하였다. 황정신행이 몇 번 김활란 교장을 만날 것을 요청했으나 거절하여 오다가 처음 만난 것이다.

소태산 대종사 경성에서 익산총부로 귀관하여 12월 16일 경진동선 중 예회 설법시간에 김활란 박사에 대하여 이야기하였다.

"내가 안질 치료차 부산, 경성을 순회하여 이제야 돌아오니 오랫동안 이 자리를 비웠는지라 순회 중 법설 자료를 많이 가져왔으나, 의사가 아직도 말하는 것을 금지하므로 오늘은 경성에서 김활란 박사를 만나고 온 이야기나 잠깐 전하려 한다. 그는 독신 여자로 철학박사가 되고 이화전문학교 교장이 되어 지금 조선 여자로서는 큰 일을 하고 있는데, 만나서 같이 점심 식사를 하며 이모저모로 살펴본즉 퍽 유순하고 얌전한 태도와 묵중한 성질이 사기 없는 진인으로 보였다. 처녀로서 40세에 이르렀고 미국인이 학교의 전 책임을 미뤄주고 갔건마는 아직도 수수한 의복에 처녀의 조신을 잘하고 있었다. 그대들 가운데 혹 학사, 박사가 되고 싶은 사람이 있으면 학교로 가볼 것이요. 도학만을 배워서 도인 될 목적으로 입선한 사람은 이 공부에 신심이 전일하여 시종이 여일하게 공부하여야 할 것이다."

　소태산 대종사는 간혹 도학에 뜻을 둔 제자들에게 학문으로 사회적 명성을 얻은 김활란 박사를 비교하며 희망과 용기를 심어주었다.

　"너희들 나한테 둘렸다 하고, 한 세상 안 난 폭 잡고 살아라. 이 회상에는 아무나 오는 곳이 아니다. 한쪽 볼때기가 푹 패이고 눈알이 하나 곯았어도 나는 너희들을 김활란이와 안 바꾼다."

　황정신행이 운영하는 동대문부인병원을 1941년(원기26) 3월 이화여전교장 김활란 박사가 '이화여전에 빌려달라'고 하여 황정신행은 자신의 모교이기도 하여 3년 동안 위탁경영을 맡겼다.

　소태산 대종사가 열반하고 정산종사가 종법사에 취임한 후, 당면한 난관은

일제말기 정신대를 모면하기위해 황정신행의 동대문부인병원에 취업한 총부 여학원생들과 병원관계자들
(좌로부터) 1열 : 성의철, 정자영, 이공주, 황정실행
2열: 취업 여학원 송자명, 이용진, 송영봉, 김서업, 박은섭

동대문부인병원에서 (좌로부터) 황정신행, 이공주, 정자영(병원장), 성의철(앉아있은 분)

일제의 탄압과 수탈이었다. 남자는 징병으로 최정균·양태설이 끌려갔고, 이은석·전태수 등이 대기하고 정광훈, 이건춘, 이병은 등은 피신하였다.

여자들은 정신대를 면하기 위하여 동대문부인병원에 박은섭, 이용진, 송자명, 송영봉, 정양진, 김서업 등이 취업하였다. 이들이 정신대를 모면하기 위하여 동대문부인병원에 취업했을 당시 병원은 이화여전이 경영하

동대문부인병원터에 새롭게 들어선 이화여자대학교 동대문부속병원

고, 황정신행 가족은 2층 주택건물에서 생활하며 김제 용신지부에서 올라온 이세준·최선주 부부가 집 관리를 해주며 살고 있었다.

여자청년들은 동대문부인병원에서 2년가량 많은 고생을 하며 근무하였다. 쉬는 날은 교대로 돈암동 경성지부에 가서 지냈다. 걸어서 경성지부를 가기도 하고 때로는 전차를 동대문에서 타고 종로 4가에서 내려 돈암동행으로 갈아타고 다니기도 하였다. 김대거가 폐병으로 원기29년 경성지부에서 요양할 때는 송영봉 등이 경성지부에 가서 주사를 놓아 주었다고도 한다.

동대문부인병원에서 근무하는 여자청년들은 어려운 여건 속에서도 월급을 받으면 총부로 보내 자신들의 공부 비용을 스스로 만들고 야간 수당으로 생

ⓐ송자명 ⓑ이용진 ⓒ송영봉
ⓓ정양진 ⓔ박은섭 ⓕ김서업

활해 나갔다.

　1945년 8·15광복으로 경성역 앞에서 전재동포구호사업을 하면서 전염병 등으로 죽은 사람의 아이들을 임시로 세브란스병원에서 돌보다 동대문부인병원으로 데리고 갔다. 그 후 한남동 남산에 있는 정각사를 인수하여 그곳으로 원아들을 데리고 가 서울보화원을 설립하였다.

　황정신행은 유엔 장학금으로 1950년 4월에 영국 런던으로 유학을 떠났다. 서울보화원은 조일관 교무가 원장을 맡았고, 1950년 한국전쟁이 일어난 후 11월 1일에 황정신행은 귀국하였다. 이듬해 중공군이 한국전쟁에 개입하면서 1·4후퇴 때 원생들의 피난이 불가피하였다. 김은숙이 17명의 원생들을 데리고 수원역에서 열차 지붕에 자리를 잡아 총부로 내려오고, 조일관은 380명을 데리고 수원 용주사로 임시 대피하였다.

　정부는 3월에 임시수도 부산에서 서울로 복귀하고 이승만 대통령은 전재고아들의 처리 문제를 황정신행에게 맡겼다. 황정신행은 제주도에 내려가 한국보육원을 설립하여 원장에 취임하고, 서울보화원의 아이들은 동대문부인병원으로 옮기도록 조치하였다. 용주사의 원생들도 동대문부인병원으로 옮기는 한편, 서울시립아동보호소 위탁 전재고아 500명도 아울러 수용하게 되었다.

　그런데 문제가 생겼다. 부산으로 피난 갔던 이화여전 학장 김활란이 기독교의 막강한 정치적 배경을 이용하여 동대문부인병원을 비워달라는 소송을 서울지방법원에 제기하여 1심에서 승소하고, 이어 기세를 입어 450명의 경찰과 지게꾼을 동원하여 고아들을 하나하나 길바닥으로 끌어낸 것이다. 그래

서 보화원 식구들은 황정신행의 가족들이 살고 있는 부속건물(사택)에 들어가 살며 400명의 고아들을 전국에 있는 고아원으로 배치하였다.

보화원 임원들은 10월 24일, 유치부 고아들 100여 명만 데리고 한남동 정각사로 돌아왔다. 황정신행은 동대문부인병원 소식을 제주도에서 전보를 받고 알았다.

황정신행은 즉각 공소하여 고법에서 승소하였으나, 이화여전(김활란)측은 대법원에 상소하였다. 대법원은 원심을 파기하고 사건을 서울고법으로 환송하여 오랜 시간 동안 법정싸움을 벌였지만 끝내 이화여전에 빼앗기고 말았다.

이 사건을 두고 언론인·문인 등 많은 식자들이 권력을 업고 억압 승소하는 처사에 크게 분개하였다. 어떻든 동대문부인병원은 현재 이화여자대학교 부속병원이 되었다. 현재 병원에는 옛 모습은 찾을 길 없으나 회나무 한 그루만이 옛일을 간직한 채 오늘도 외롭게 서있다.

※ 동대문 부인병원에 대하여는 《한국민족문화대백과사전》, 《황온순 천성을 받들어 90년》, 《원불교초기교단사》, 《대종경선의록》, 《원불교 72년 총람》 등을 참조하였다

3. 순천상회와 화신백화점

보신각 앞 전차

　원기22년(1937) 8월 황정신행은 보신각 옆에 있는 주단포목점을 인수하였다. 장사에 실패한 가게여서 8천5백원에 물건까지 인수할 수 있었다.

　경성의 주단포목상의 본거지는 한말에는 서대문밖 영천이었다. 인천을 통해서 청나라 비단이 들어와 마포를 거쳐 서대문밖에 정착했기 때문이다. 그러던 것이 1920년대부터 영천에서 종로로 옮겨왔다. 1890년 화신상회가 설립되어 1920년대부터 백화점 형태를 갖추고 상품의 유통구조를 단순화시켰다.

　1935년 화재로 소실되어 1937년에 지하 1층 지상 6층의 화신백화점을 신축하였다. 조선인에 의한 최대의 건물로 엘리베이터와 에스컬레이터 시설이 구비되어 장안의 최고 명물로 등장하면서 종각일대가 조선인 상가의 중심지가 되었다.

보신각 주변 옛 모습 (1945년)

화신백화점 내부 모습

당시 본정(충무로)을 중심으로 삼월백화점, 삼중정백화점 등 일본인이 경

영하는 상가는 남촌 손님들을 주 고객으로 하고 종로를 중심으로 경영하는 상가는 계동, 가회동, 혜화동 등의 북촌 손님들을 끌어들여 일본인들과 한국인들이 서로 상권을 경쟁하고 있었다.

조선 선조 때 남대문 옆에 버려져있던 원각사 종을 남대문 문루에 걸었다. 이 종이 종로 네거리로 온 것은 광해군 때의 일이다. 종각에 보신각이란 이름이 붙여진 것은 고종 때로, 이때부터 원각사 종을 보신각 종이라 불렀다. 현 보신각은 1979년에 완성된 건물이다. 보신각 종은 5백 년 동안의 타종에 못이겨 균열로 수명을 다했고 새 보신각 종이 1985년 주조되어 오늘에 이르고 있다.

황정신행은 매입한 포목점을 순천상회(順泉常會)라 이름하였다. 3층 건물에 대지는 25평 건평은 66평이었다. 건물을 단장하고 나니 문을 열기도 전에 2만원을 줄 테니 팔라는 사람이 나서기도 했다. 이 무렵 종로에는 백상회, 구정상회, 화신상회, 창신상회, 순천상회 등 주단 포목상이 5개뿐이었다.

시집가는 딸의 혼수감을 끊으러 오는 손님이 가장 큰 고객이었다. 황정신행은 1927년 불교재단인 정토종 화광학원에서 신설한 화광유치원의 원장 겸 교사로 10여 년 간 근무하였기에 그 부모들이 순천상회를 찾아오고, 덤도 후하여 종로 5개 주단 포목상 중 매상고가 으뜸이었다.

황정신행은 원기22년 경성지부에서 동선을 시작하였으나 소태산 대종사가 있는 익산총부에서 선을 나고 싶어 제25회 총부 정축동선(음 11월6일~원기23년 2월 6일)에 입선하였다.

원기23년 정초, 선방에서 선을 나고 있는 황정신행을 소태산 대종사가 조

실로 불렀다.

"기차표 사놨으니 정신행은 경성으로 올라가거라."

"재미있게 공부하고 있는데 웬 일로 그러세요?"

"허허. 가보면 안다."

밤차로 올라가 새벽에 경성역에 내렸다. 45전을 주고 택시로 이화장으로 가다가 종각 앞에 불이 난 것이 보였다. 시커먼 연기가 나고 뻘건 불길이 치솟는 곳이 필시 순천상회가 분명했다.

"아저씨. 차 좀 대세요."

"이화장은 아직 멀었습니다."

황정신행은 다급하게 외쳤다.

"내려줘요. 저기 불 난 곳이 우리 가게예요."

불길은 3층까지 널름거리고 있었다.

가게문을 열어달라고 해도 사람들이 들어주지 않았다. 우리 집이라고 해도 소용이 없었다.

"이 집주인은 전라도 불교당에 공들이러 갔데요."

"내가 그 주인이요."

포목은 거의 건질 수 있었다. 화재는 오히려 전화위복의 결과를 가져왔다. 불 난 집 혼수를 사가면 딸이 잘 살게 되고 액운을 미리 막을 수 있다는 미신 덕분에 상품은 날개 돋듯 팔려 나갔다. 부자들은 인력거를 타고 와서 바리바리 실어갔다. 점원 9명이 미처 돈을 셀 틈이 없었다. 화재 피해액은 5만원 정도였는데 보험회사에서 나온 돈이 또 그만큼 나와서 방안에는 돈이 수북이

쌓였다.

그래서 정신행이 소태산 대종사께 시봉금을 올리며 여쭈었다.

"종사님. 불 난 거 어떻게 보셨어요?"

소태산 대종사는 막 웃으며 "어여. 그런 소리 마라."할 뿐 더 이상 다른 말이 없었다.

소태산 대종사가 황정신행의 순천상회에 언제 다녀왔는지는 기록에 뚜렷이 전하지 않는다. 그러나 종로에 볼 일이 있을 때 몇 번을 다녀오셨다고 소태산 대종사 당대 제자들은 말한다. 순천상회 앞에는 전차가 섰다. 경성지부 돈암동에서 전차를 타고 오려면 종로4가에서 갈아타고 종각에서 내렸다. 이때 당시(1930년대) 전차요금은 5전이었다.

1940년대에 접어들면서 일제의 탄압은 날로 심해갔다.

소태산 대종사와 불법연구회에도 마찬가지였다. 결국 소태산 대종사에게 일본으로 가서 일왕을 만나는 충성을 보이라고 강요하였다. 몇 번 연기를 하다 어쩔 수 없이 일본을 가기 위해 준비를 하였다. 박창기와 상경하여 순천상회 앞에 있는 화신백화점에서 국민복과 군모를 샀다. 그리고 박창기와 국민복을 입고 사진까지 찍었다.

소태산 대종사가 부산으로 가서 안질 치료를 하며 시간을 미루는 동안, 총독부에서 여권을 내주지 않아 가지 않아도 되었다.

순천상회가 있었던 종각 주변에는 옛 모습을 찾을 수 있는 부분은 조금도 없다. 보신각도 새로 지어졌으며 종도 바뀌었다. 화신백화점도 옛 모습은 사

라지고 새로운 빌딩이 들어섰다. 순천상회는 1950년 한국전쟁 전까지 운영되었으나, 종로의 도로를 확장하면서 편입되어 사라져버렸다. 현재 종각 인근에는 포목주단점이 4,5군데 있어 옛일을 말해주고 있을 뿐이다.

보신각 옆 순천상회터 추정지

보신각 옆 포목점 골목

※ 화신상회와 화신백화점에 대하여는 《황온순 천성을 받들어 90년》, 《서울정도 육백년》, 《한국민족문화 대백과사전》, 서울시사편찬위원회 《사진으로 보는 서울》제2권-일제침략아래서의 서울- 등을 참조하였다.

4. 송추 한국보육원

1913년, 황정신행이 이화동 야산을 사서 훌륭한 저택을 꾸민다는 소문이 퍼졌다. 이 소문을 들은 거간꾼 이소해는 이화장을 짓고 있는 황정신행을 찾아와 경기도 양주에 있는 야산을 사라고 하였다.

황정신행의 부군 강익하는 35세의 나이로 증권계에서 큰돈을 벌어 오성물산·오성산업 등을 창립하여 경영하는 청년사업가로 이름을 날렸다.

황정신행은 양주 쪽 산을 사기 시작하였다. 여러 해 동안 구파발에서 송추 너머 효자리까지 웬만한 야산은 다 사들이는 가운데 현 한국보육원이 있는 양주군 장흥면 삼상리 땅은 1934년에 사들였다. 송추계곡에 있는 그곳은 맑은 시냇물이 넘쳐흐르고 수풀이 우거져 경치가 사시사철 아름다운 곳으로 유명하였다. 그리하여 봄이면 진달래가 만발하는 송추에 자신의 별장을 만들었다. 송추라는 말은 송추역이 생긴 후에 붙여진 이름이고 이전에는 가마골이라 했다.

한국보육원

　황정신행의《황온순 천성을 받들어 90년》에 의하면 소태산 대종사가 원기 23년에 양주 송추에 있는 자신의 별장(현 한국보육원)에 다녀온 것으로 기록하였다. 원기23년 소태산 대종사 동정에 대하여, 당시 〈회보〉 인사 동정란과 예회록에 상세히 기록되지 않았다. 그러나 〈회보〉 인사 동정란에는 소태산 대종사가 원기23년 음 3월 23일 상경하여 음 4월 7일 총부로 귀관하였던 한 차례 상경만이 기록되었다. 이때 송추에 다녀왔는지는 확실치 않으나 짐작할 수 있다. 소태산 대종사가 원기25년 송추를 박장식, 황정신행 등과 가는 도중 우이동에 들렀다는 우이동사적비는 오류인 것으로 박장식은 필자와의 인터뷰에서 수차례 밝혔고 〈원각성존 소태산 대종사 성적비〉 봉고식에서도 밝혔다. 원기92년 5월초 성적비 비문을 바로잡았다.

　원기23년 황정신행은 소태산 대종사가 상경하여 돈암동 불법연구회 회관에 계실 때 경성지부 교무 이완철 등 6인과 함께 자신의 별장인 양주 송추를 갔다. 당시 상황을 황정신행은 원기80년 3월 23일 원불교 서울교당 일요법회에서 설법하였다. 그 내용을 〈한울안신문〉 제3호 현장설법란에 연재 되었다.

　불법연구회를 2, 3년인가 다니기 시작한 어느때 종사님이 오셨는데 응산 이완철 선생님보고 하시는 말씀이 "저 사람 정신행이 좋은 땅이 있다는데 구경 한 번 갈 수 있냐?"고 그러셔. 그래서 내가 옆에 있다가 "구경 가신다면 제가 안내를 해드리죠" 하였더니 그럼 내일 가자고 그려셔. 그 이튿날, 주먹밥을 해가지고 같이 갔었지요. 그때는 식당에 김삼매화라는 이가 있어. 가시자고 해서 종사님, 완철 선생님, 나, 삼매화씨, 최명부씨라는 거문고 타는 노

인-그분은 종사님 오시면 거문고를 켜드리곤 했었죠. 또 박재봉 선생님이라고 내가 기억해. 내가 안내해서 소달구지를 타고 오는데 보니까 음식 장만도 하지 않고 오는 것이 안 되었다 하는 생각이 들었어요. 그런 생각으로 길을 가다가 솔잎을 뚝뚝 뜯었어, 괜히 민망하니까. 그런데 갑자기 종사님이 "엑! 어째서 솔잎을 그렇게 뜯소?" 하시니 옆에 있던 완철 선생님이 "뜯으면 어떻습니까? 저희들도 산에 갈라치면 나무를 꺾게 되고 솔잎을 뜯게 되는데요." 그래요. 저 분도 그러는구나 하니 내가 조금 안심돼요. 그런데 종사님이 "다음에 이 과보를 받는 수가 있다."고 그러셔요. 종사님 말씀에 부끄럽고, 땀이 나서 개천가로 가서 물을 퍼내듯이 얼른 세수를 하면서 모두들 손들을 씻자고 했죠. 그러니까 "정신행이 얼굴이 크다." 그러셔. 그래서 "더운데 세수하세요." 하고 말씀드렸더니 "그렇게 해서야 쓰간디." 하셔. "그러면 어떻게 해요." 했더니, "세수를 하는데 요렇게 떠서 여기서 이렇게 씻는 거야." 하시면서 두 손으로 물을 떠 돌아서서 씻으시는거야. 내가 부끄러워 어쩔 줄 몰라 하는데, "내 가르쳐줄 것이요. 이 물이 이 아래로 흘러가서 논 부치는 사람들이 모두 이 물을 먹고 살고, 모든 움직이는 것들도 이 물을 먹고 사는데 아껴야지. 어찌 거기다 세수를 할 것이야." 그래요. 말씀을 다 듣고 나니까 '많이 아시는 어른이시다.' 속으로 놀라면서 그 말씀을 잊어버릴 수가 없어요.

돈암동에서 양주 송추를 갈 때 어디로 해서 갔으며 돌아올 때 어떤 코스였는지 알 수 없다. 그러나 우이동과 송추의 토박이 촌로들에 의하면 송추와 우이동과는 그리 먼 거리가 아니라고 한다. 가을 김장때가 되면 송추 사람들이

배추와 무를 머리에 이고, 또는 지게에 지고 우이령을 넘어와서 팔고 돌아갔다고 하며, 당연히 송추를 가려면 우이령을 넘었다고 한다. 현재는 군사보호구역으로 지정되어 우이령을 넘을 수 없다. 소태산 대종사가 양주 송추에는 한 차례 다녀온 것으로 여겨진다.

원기29년 김대거는 폐결핵으로 돈암동 서울지부에서 5~6개월 동안 요양을 하여 조금 생기를 찾았으나 회복은 요원하였다. 이때 황정신행이 양주 자신의 별장에 가서 요양을 해보면 어떻겠느냐고 권유하였다. 그렇지만 일부에서는 이왕이면 총부로 가지 왜 양주 산속으로 가느냐는 반문을 하기도 하였다.

김대거는 양주로 가기로 결정하고, 황정신행이 준 쌀 7가마를 가지고 양주로 갔다. 김대거가 양주에 처음 갔을 때는 10m도 못 걸었으나 점점 기운이 회복되어 산에 갈 수 있게 되자, 산에서 기도도하고 선(禪)도 하며 약초 캐는 것을 일과로 삼았다. 김대거는 건강이 점점 회복되어, 씩씩하게 활동할 수는 없지만 자신의 몸을 유지할 수 있을 정도가 되었을 때, 8·15광복을 맞이하였다.

불법연구회에서는 서울역 앞에서 전재동포구호사업을 하면서 남산에 위치한 한남동 약초관음사를 인수하여 정각사라 일컬었다. 구호소 송도성 부소장이 김대거에게 정각사로 와서 지키라고 하여 정각사로 왔다. 김대거는 서울출장소 소장으로 근무하며 이승만, 김구 등 수많은 사람들과 교류하였다.

황정신행은 정각사에 있는 서울보화원의 원장직을 조일관 교무에게 물려주고 유엔 유니세프에서 세계적으로 청소년을 위한 사회복지 분야의 지도자

를 양성하는 프로그램의 장학생이 되어 김학묵(훗날 보사부차관)과 함께 1950년 4월에 영국 런던으로 떠났다.

　박창기 교무는 총부의 젊은 인재들을 서울에 있는 서울대, 숙명여대, 이화여대, 동국대등에 진학케 하여 후원하는 한편, 자신도 동국대를 1950년에 졸업을 하였다. 졸업 후, 동국대대학원에 진학해 미국 교화의 뜻을 품고 영어공부를 하던 중 6월 25일 한국전쟁을 맞이했다.

박창기와 서울유학 1기

　서울에서 공부하고 있던 학생들을 총부로 피난을 보내고, 마지막으로 피난 길을 재촉했다. 이에 박창기는 "황정신행 선생은 우리 교단의 큰 유공자이시다. 유공자의 자제분을 동란 중에 혼자 남겨둔 채 어찌 피난을 갈 수 있겠는가. 어머니가 귀국하면 먼저 자신을 찾으실 거라며 강필국군이 총부로 피난

을 가지 않겠다고 하니, 내가 양주로 데리고 가서 피난시키겠다. 그대들은 먼저 총부로 가라."고 했다. 이어 자신의 졸업사진과 서신을 어머니 이공주에게 가져다 드리라고 한 후, 서울대학교 문리대 1학년에 재학 중인 강필국을 데리고 황정신행의 양주 별장으로 피난을 갔다. 양주 별장에는 김구(백범)의 손자들도 잠시 피난하였다.

현재 양주 한국보육원 인근에서 살고 있는 85세의 최선주 교도는 필자와의 인터뷰에서 한국전쟁 당시의 상황을 생생하게 이야기했다.

최선주 교도는 원기22년 15세에 10살 위인 이세준과 결혼하여 김제 용신지부에서 입교하고 남편과 함께 박대완 교무를 따라 마령, 용신지부에서 살았다. 그 후 박대완 교무가 황정신행이 운영하는 동대문부인병원에 가서 살도록 하여 병원관리를 했고, 8·15광복 후에는 양주 별장에 와서 별장관리를 하다가 지금까지 송추를 떠나지 않고 살고 있다.

그가 용신을 떠나온 지 63년이 되었다. 최선주는 마령교당에 살 당시에 큰

황정신행의 양주 별장(한국보육원)을 오랜기간 관리했던 이세준·최선주 부부

아들을 업고 총부로 가서 소태산 대종사를 만났다고 한다. 소태산 대종사는 그가 업고 있던 아이를 보고 "아따. 그 놈 참 잘 생겼다."고 말했다며 당시의 상황을 회상했다.

한국전쟁 때도 양주 별장을 남편과 함께 관리를 하며 피난 온 박창기, 강필국등의 밥을 해주었다. 양주 별장이 산으로 둘러싸여 피난하기 좋은 곳이라 생각되어 찾아왔다고 했다 한다. 박창기, 강필국은 낮에는 개울 건너 바위 밑에 돌을 쌓아 피난하고 밤에는 별장으로 돌아와 지냈다.

어느 날 내무서원이 별장을 다녀가자 다른 곳으로 피신하기 위해 산 너머 황정신행의 토지를 관리해주는 이삼만씨를 찾아갔다가 만나지 못하고 돌아오는 길에 내무서원에게 발각되어 주재소로 잡혀갔다. 인민군들이 서울이 수복(9월 28일)되기 직전 퇴각할 때 박창기, 강필국은 인민군에게 참살당했다.

한국보육원 박창기 · 강필국 비 앞면

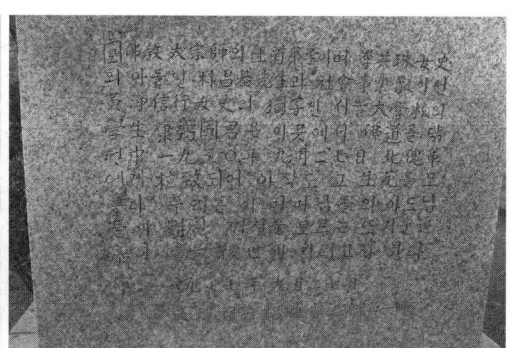
한국보육원 박창기 · 강필국 비 후면

그 상황을 목격한 사람이 이삼만과 이세준에게 알려주어 피살된 지 1주일 만에 찾아가서 의정부 용무골(현 상수원)에 가묘를 만들었다. 후에 황정신행이 영국에서 귀국하자 연락하여 용산 서울교당으로 모시었다가 다시 한국보육원으로 이장하였다.

서울교당 지장보살상 앞에 묻혔던 박창기·강필국 유골을 양주 묵산당(한국보육원)으로 이장하는 모습

    황정신행은 영국에서 1950년 11월에 귀국하였다. 자신의 외아들을 잃은 아픔 속에서도 이승만 대통령의 부탁에 의하여 1951년 2월 제주도에 내려가 전재아동 900여 명을 데리고 한국보육원을 설립하였다. 1955년 제주도에서 서울 휘경동(현 휘경여중 자리)으로 이전하였다가 1970년 양주 송추(현 위치)로 시설을 이전하였다.

    서울 한남동 정각사를 이공주가 개인 사재로 불하를 받아 수도원을 건립하고자 하였기 때문에, 원기49년 서울보화원을 폐쇄하기로 하고 원아들은 서울시립아동보호소·홍제고아원·한국보육원으로 분산시켰다.

    황정신행은 한국보육원을 운영하면서 소태산 대종사가 자신에게 자주하였

던 말씀을 떠올렸다고 한다. "공도에 헌신하는 사람을 친부모처럼 잘 섬겨라. 시골 농가의 아이들을 데려다가 탁아소를 만들고, 일손 바쁜 부모들을 도와서 농사일을 더 잘하게 해야 한다."

황정신행은 한국보육원에 박창기, 강필국을 기리는 '창필재단'을 설립하여 원불교에 희사하였다. 황정신행은 소태산 대종사께서 다녀가신 곳에 보육원을 마련한 것은 우연이 아니라고 생각하였다.

※ 송추한국보육원에 대하여 《황온순 천성을 받들어 90년》, 《원불교 제1대 창립 유공인 역사》 제13권, 《원불교 72년 총람》, 원불교신보신서 《구도역정기》 —팔타원 황정진행 법사편, 대산 김대거 종법사편—, 최선주와 그의 아들 김선국의 인터뷰 등을 참조하였다.

5. 우이동 봉도청소년수련원

우이동은 북한산의 동쪽 기슭에 위치하며 쇠귀같이 보이는 봉우리 즉 우이봉(牛耳峯) 아래 있다하여 '우이'라 이름 붙여졌다.

조선조 영조 때 한성 부윤을 지낸 이계 홍양호는 우이동을 사랑하여 3대째 우이리에 살았다. 그는 영조 40년(1794) 통신사편으로 입수한 일본 요시노 사쿠라 묘목을 우이동 산기슭에 심어 꽃으로도 보고 활 재료로도 썼다.

우이리 계곡은 아름답기로 소문나 우이구곡으로 널리 알려지고 시인묵객들이 즐겨 찾았다. 우이리 계곡에는 의암 손병희가 살면서 수도하던 봉황각이 있다. 일제시대 동대문 밖의 상춘원과 함께 사들인 천도교 포교와 독립운동의 산실이다.

우이리 계곡과 인근 수유리에는 최남선, 이시영, 김창숙, 신익희, 조병옥, 이준열사의 묘소가 있다. 우이동을 포함한 북한산 일대는 1983년 국립공원으로 지정되어 오늘에 이르고 있다.

일제는 소태산 대종사가 일본으로 가서 신사참배도 하고 일본왕을 만나 충성을 표시해야 한다고 강요하였다. 계속 연기를 하다 원기25년 10월에 부득이 일본으로 건너가기 위해 부산으로 가서 준비하던 중 총독부에서 여권을 발급하여 주지 않고 갑자기 안 가도 된다 하여 익산총부로 돌아왔다.

소태산 대종사는 익산총부로 돌아와 부산에서 같이 올라온 박장식을 대동하고 상경하여 돈암동 경성지부 회관에 있었다. 소태산 대종사가 상경하자 황정신행이 회관으로 찾아와 뵈었다. 소태산 대종사와 황정신행 그리고 제자

들이 이야기 도중 황정신행이 "지금 회관 장소가 너무 협소하니까, 장소가 넓고 경치가 좋은 곳에 설치하면 좋지 않겠습니까?" 하였다.

봉도청소년수련원 전경

소태산 대종사는 이 말을 듣고, "백 번 그러고 싶지만 교단 사정도 있고 가장 중요한 금전 문제가 있는데 어떻게 그렇게 할 수 있겠나?"고 하였다. 그러자 황정신행이 "그러시면 한 번 가서 보시지요."라고 하였다. 그리하여 황정신행이 소태산 대종사와 박장식, 경성교무 이완철과 이동진화를 차로 모시고 경성에서 경치와 산세가 좋아 별장지로 이름이 있던 우이리로 갔다.

황정신행은 우이리 계곡을 따라 우이령을 넘어 양주에 있는 산을 사기 위해 다니고 송추에 별장이 있어 다녔기 때문에 우이리를 잘 알고 있었다. 소태산 대종사 일행은 우이리 2~3곳의 땅을 알아보기 위해 고개를 넘어 다니며 답사를 했다. 점심을 먹고 적당한 장소를 찾았다. 장소가 적당한 곳을 알아보니 사찰 소유였다. 또 한 곳을 알아보니 경성부 시장 소유라 어려웠다.

소태산 대종사 일행은 우이리 계곡을 따라 현 우이동 봉도청소년수련원〈원각성존 소태산 대종사 성적비〉조금 위쪽에서 잠시 쉬며 전망을 보았다. 소태산 대종사는 "이 땅이 전망도 좋고 좌청룡 우백호로 뻗은 것이 이만한 터도 드물겠다. 이 터는 장차 수도도량이 될 것이다."라고 하였다. 그리고 "우이리는 앞으로 교화의 서광이 비칠 터전이다."라고 전망하였다.

소태산 대종사가 땅을 점지하자 황정신행이 급히 사방팔방으로 알아보니 그 곳은 당시 일본인 별장지 부지로 경영합자회사 원흥준의 소유였다. 그리하여 아쉽게 포기할 수밖에 없었다.

현 봉도청소년수련원에 있는〈원각성존 소태산 대종사 성적비〉와 신원

우이동 동산에〈원각성존 소태산 대종사 성적비〉를 세우고 봉고식 후 (좌로부터) 박장식, 황정신행, 전은덕

관·전은덕 대호법의 묘역 안내문에는 '소태산 대종사께서 원기25년에 제자 박장식, 황정신행 등과 함께 송추 유람차 가시던 도중 이 동산에 들러 잠시 쉬시며 "이 터는 장차 수도도량이 된다"고 점지하였다.'라고 밝히고 있다.

원기87년 6월, 소태산 대종사 성적비 봉고식은 상산 박장식 종사와 팔타원 황정신행 종사가 참석한 가운데 이루어졌다. 봉고식 후 봉도수련원장인 박순정 교무의 사회로 상산 박장식 종사와 팔타원 황정신행 종사에게 궁금한 점에 대하여 질문하는 시간을 가졌다.

여기서 박장식은 소태산 대종사께서 송추에 가시던 길에 이곳에 들른 것은 전혀 아니었다고 했다. 원기89년 필자가 두 차례 찾아가 확인할 때도 경성을 가게 된 배경에서부터 상세히 설명하며 송추 가는 길이 아니었음을 밝혔다..

우이동 봉도 청소년 수련원 전경

박장식은 필자에게 소태산 대종사가 일제의 강압에 의해 일본을 가기위해 부산에 갔지만 일본 가는 것이 취소되어 총부로 돌아왔다. 그리고 곧바로 경성에 갔었다. 소태산 대종사는 우이리뿐만이 아니라 성북동쪽에도 알아보았으나 적당한 장소를 물색하지 못했다고 했다.

봉도청소년수련원에서는 원기 92년 5월초 상산 박장식 종사의

고증을 바탕하여 〈원각성존 소태산 대종사 성적비〉 후면의 비문을 아래와 같이 바로 잡았다.

'원각성존 소태산 대종사 박중빈(朴重彬)께서 원기 25년 박장식·황정신행 등과 함께 서울교화 적지를 물식하던 중 이 동산에 들러 잠시 쉬시며 "이 터는 장차 수도도량이 된다"고 점지하였다.'

일본 황실의 문장은 국화이고 조선총독부의 문장은 오동나무의 잎사귀와 꽃이다. 일제는 고의적으로 임진왜란의 침략 주범인 풍신수길 가문의 오동문장을 본떠서 총독부 문장을 삼았는지도 모른다. 일본인이 가장 좋아하는 꽃은 벚꽃이다. 창경원의 벚꽃놀이, 우이리의 벚꽃야유회, 진해의 벚꽃축제가 바로 그들의 취양을 드러낸 것이다.

우이리에는 조선 영조 때 홍양호가 부국강병을 생각하며 벗나무를 심기도 하였지만, 일본인들이 많이 심어 시민들이 벚꽃놀이를 즐기고 학생들이 소풍가는 장소가 되었다.

박장식이 서울출장소장으로 근무를 할 때 종로교당 교무 김이현의 초청으로 종로교당 법회에서 설교를 하였다. 이 법회에서 뜻밖에 경성법학전문학교 1년 선배인 신원관 교도를 만났다. 박장식 교무와 신원관은 오랜만에 그것도 같은 회상에서 만나니 감회가 깊은 가운데 서로 지난 이야기들을 하게 되었다.

이야기 도중 박장식이 "옛날 응산종사(이완철)가 서울지부 교무 재직 시에 내가 대종사님을 모시고 서울에 왔는데, 대종사님께서는 서울교화의 적지를

찾기 위하여 몇 군데 둘러보셨어요. 그 중에도 '우이동은 앞으로 교화에 서광이 비칠 터전이다.'라고 밝게 전망해 주셨습니다."라고 하자, 신원관은 "그러하셨습니까? 마침 제가 우이동에 좋은 터를 불하받아 놓은 것이 있으니 보시고 필요하다면 교단에 희사하겠습니다."라고 하였다.

그리하여 우이동으로 함께 가서 신원관이 불하받은 땅을 보니 그 땅이 바로 소태산 대종사가 점지하고 황정신행이 땅을 살려고 알아봤던 바로 그 일본인 소유 땅이었다.

우이동 봉도청소년 수련원 부지를 희사한 신원관·전은덕 부부 묘지 옆에 있는 흉상

신원관은 부처님의 성적지인 귀한 땅을 자신이 가지고 있는 것보다 교단에 희사하여 불사에 사용하는 것이 훨씬 보람 있는 일이라고 생각하였다. 땅을 불하받아 부인인 전은덕 앞으로 이전등기를 하였기에 부인과 상의한 후 자녀

들에게 의논하여 3,000여 평을 원불교에 희사하였다.

그러나 그린벨트 지역으로 묶이어 목적사업으로 활용하지 못하고 있다가 원기83년 봉도청소년수련의 집으로 건축허가가 나와 280평을 건축하고, 원기84년 6월 14일에 개원봉불식을 가졌다

※ 우이동 봉도청소년수련원에 대하여는 서울신문사 《서울정도 육백년사》, 박장식 《평화의 염원》, 봉도청소년수련원 기공 봉고식과 개원 봉불식 경과보고, 봉도청소년수련원 연혁, 상산 박장식 원로교무 구술 등을 참조하였다.

V. 소태산 대종사의 기타 인연지

1. 청계천 일대

　불법연구회 서울출장소 창신동회관은 동대문시장과는 가까운 거리에 있었다.

　상업을 천시하는 봉건사회의 영향으로 근대적인 시장은 1904년 7월 동대문 쪽에 자리 잡았다. 동대문종합시장 앞으로 흐르는 청계천 건너 현 평화시장에는 가축 도축장이 있었는데, 경성출장소 회원 한 사람이 잘 아는 도살장에 소태산 대종사를 모시고 갔다.

청계천의 옛 모습

마침 그때 소를 갓 잡아 더운 김이 나는 피를 받아서 구경꾼들에게 한 사발씩 돌렸다.

이를 본 소태산 대종사는 밖으로 앞장서 나가면서 "에이. 증상스러운 놈"이라고 되풀이하였다.

동대문과 동대문 앞 전차종점, 그리고 동대문종합시장 청계천 부근은 창신동회관 인근이어서 같은 생활권이었다. 그러나 어떤 이유로 소태산 대종사를 도살장이 있는 곳으로 모시고 갔는지는 알 수 없다. 또 모시고 간 회원이 누구인지도 알 수 없다.

어느 날 소태산 대종사 일행이 동대문 밖 병목정(중구 쌍림동)에 있는 유곽(遊廓 : 많은 창녀를 두고 영업하는 집) 앞을 지나갔다. 한 회원이 유곽을 운영하는 사람을 비난하자, "남의 직업을 그렇게 함부로 말하는 것이 아니다."라고 하였다.

남한산성 남문

소태산 대종사는 경성 회원들과 경성 시내나 그 인근을 가보지 않은 곳이 없을 정도로 나들이를 자주 하였다. 황정신행이 입회한 후로는 그가 주축이 되어 몇몇 회원들과 다녔다. 다만, 오늘날 상세하게 전해지지 않을 뿐이다. 경성에 수많은 발자취의 만분의 일도 알수 없어 때늦은 아쉬움뿐이다.

소태산 대종사가 상경하자 황정신행은 이완철 교무와 최명부 그리고 자신의 양주에 있는 산을 사는데 거간꾼 노릇을 한 이소해와 남한산성으로 소창을 갔다. 이소해가 물병과 떡을 가지고 왔다. 언덕을 오르며 짐을 휘적휘적 경망스럽게 흔들고 갔다. 소태산 대종사가 몇 차례 조심시켰다.

"흔들더라도 발걸음에 맞춰서 흔들어야지."

그러나 그는 새겨듣지 않았다. 목적지에 도착해 물을 먹으려고 따르자 소태산 대종사가 또 조심하도록 하였다.

"천천히 따르라."

병을 기울이자 유리조각이 덜거덕거리며 나왔다. 부딪쳐서 물병 안에 있는 유리가 깨진 것이다. 그제서야 소태산 대종사가 조심시킨 뜻을 알았다. 일행이 뒤에서 수군거렸다.

"종사님은 귀신같이 다 아시는 모양이네."

이완철이 소태산 대종사를 귀신에 비유했다고 언짢아하면서 일행에게 "말을 조심하시오." 하고 핀잔을 주었다.

종로 4가 옆 예지동, 청계천 옆에는 인쇄소 수영사가 있던 곳이다.

소태산 대종사의 지시에 의해 《정전》 편집을 서대원이 담당했으나 건강상 쉬

게 되었다. 송규를 영산에서 총부로 오게 하여 정전 편집을 계속 진행시켰다.

어느 날 송규는 정전 편찬에 불교혁신론이 먼저 나온 것을 보고는 "우리 교리가 먼저 나오는 것이 좋겠습니다."하고 소태산 대종사께 진언을 드리자, "그 말에도 일리가 있으나 무엇이든지 동기가 있어야 한다. 체모(體貌)만 보지 말고, 여러 가지 상황과 동기와 과정을 보아서 해야 하는 것이다. 지금으로서는 불교혁신론이 먼저 나오는 것이 순서일 것 같다."고 하시었다.

정전 편집을 거의 마치자 박장식은 출판 관할기관인 전라북도 학무국에《정전》출판 허가서를 신청하였다. 학무국에서는 황도정신이 부족하다는 이유로 내용 이곳저곳에 빨간 줄을 쳐서 거듭 반송해왔다.

불교시보사 김태흡 스님이 이리에 강연차 왔다가 총부 청하원에서 소태산 대종사를 만났다. 소태산 대종사에 대하여 김태흡은 엄동설한에 화롯가에 앉아 있는 느낌이라고 하였다. 김태흡은 자신이 도울 일이 있으면 힘닿는 데까지 돕겠다고 자청하자《정전》출판의 어려움을 이야기하였다.

불교시보사 김태흡 스님

자초지종을 듣고 있던 김태흡은 "제가 지금〈불교시보〉를 내고 있습니다. 이것은 총독부 학무국 관할로 출판허가를 얻은 것입니다. 그러니 제자(題字)를《정전》이라고 하지 말고《불교정전》이라 하고 발행인을 제 이름으로 하면 출판허가 얻기가 가능 할 것 같습니다."라며 출간할 수 있는 길을 제시해 주었다.

원기27년, 그토록 염원했던 《불교정전》 출판 허가가 나왔다. 경성 예지동에 있는 수영사인쇄소에서 인쇄를 시작하게 되었다. 그때 박장식은 경성에 머물면서 교정을 보았다. 그러다가 유허일 총부 교감이 교정을 보고, 여러 번의 과정을 거쳐 드디어 인쇄에 들어가게 되었다.

정식 제본에 들어가기 전 인쇄된 페이지를 순서대로 모은 《불교정전》을 보내자 소태산 대종사는 그 날로 밤샘을 하며 읽은 후 제본하여 출판하도록 하였다. 그러나 아쉽게도 불교정전이 정식으로 제본되어 익산총부에 도착한 것은 소태산 대종사 열반 후였다.

불교정전 간기에 의하면 소화18(원기28)년 3월 15일 인쇄, 3월 20일 발행, 가격은 4원 이었다. 불교정전은 사실상 소태산 대종사 재세시 발행되어 소태산 대종사 열반 후 8월에 익산총부에 도착한 것이다.

불교정전의 출간을 알게 된 이리경찰서는 비상이 걸렸다. 화가 난 경찰은 김태흡을 불러 불법연구회 일에는 협조하지 않겠다는 서약서를 쓰도록 하였다.

그러나 그 후 원기28년 9월 9일자로 일문판 〈원불교요람〉이 김태흡을 발행인으로 수영사에서 인쇄 발행되었으며, 원기28년 12월 9일에는 김태흡을 발행인으로 《불법연구회근행법》을 수영사에서 인쇄하여 발행하였다.

불교정전 인쇄소 수영사 자리

　불교정전을 발행한 불교시보사는 경성부 광동정 5번지 37호에 위치해 있었고, 인쇄한 수영사는 경성부 예지동 200번지에 위치해 있었다.

　수영사 사장은 송원무로 30평도 안 되는 작은 인쇄소를 운영하였다. 수영사의 현재 위치는 종로 4가 지하도 6번 출구와 4번 출구사이 광장시장 의류 도매상가로 변하여 준이네, 화난상회 등 옷가게가 들어 서있다.

　광장시장이 들어서기 이전까지는 그 자리가 기와집으로 인쇄소들이 있었다고 토박이들이 전했다. 수영사가 있던 위치는 청계천과 불과 20여m의 거리이다.

　소태산 대종사는 경성에서 견문을 통하여 설법의 재료로 삼기도 하였으나 시국의 정세를 피부로 느끼며 일제의 탄압을 모면해 갔다.

　※ 청계천 일대에 대하여는 《평화의염원》, 《원불교 초기교단사》《한국민족문화 대백과사전》, 구 토지대장 등을 참조하였다.

2. 천도교 중앙대교당

소태산 대종사가 깨달음을 얻은 1916년 4월 28일 오전에 이웃 사람 몇몇이 노루목 앞을 지나며 《동경대전》중 '오유영부(吾有靈符) 기명선약(其名仙藥) 기형태극(其形太極) 우형궁궁(又形弓弓)'이란 글귀를 가지고 논란하는 것을 듣고 문득 뜻이 해석되었다.

천도교 중앙대교당 옛 모습

그 후 각 종교의 경전을 열람할 때 동학의《동경대전》과《용담유사》가사를 보았다. 소태산 대종사와 동학의 최수운과는 사상적으로 인연이 깊다.

소태산 대종사가 상경하면, 길 안내는 김영신이 자주 하였다. 동학 제3대 교주 손병희는 1906년 동학을 천도교로 이름을 바꾸었다. 소태산 대종사가 김영신을 불렀다.

"영신아. 천도교 교당 가자."

그래서 교동에 있는 천도교 교당에 갔다. 소태산 대종사는 천도교 대강당에 들어가 김영신에게, "심고하자!"하고는 눈을 감고 심고를 드렸다.

심고를 드리고 난 후 말씀하셨다.

"공자님은 제 묏동(묘소)에 가서 절을 하고 최수운이 여기와 앉았어도 모를 것이다."

천도교 중앙대교당 내부

김영신은 무슨 뜻인지 알 수가 없었다. 김영신은 후에 불법연구회 조송광 회장으로부터 경상도 여행시, 경주에 가서 수운선생의 묘소를 찾았을 때 소태산 대종사가 혼잣말로, "내가 다시 몸을 받아 묏동(묘소)에 와 절을 해도 날 알아볼 이 없을 것이다."라는 말을 들었다고 했다.

장적조가 부산에서 교화를 하

소태산 대종사 경상도 여행시 배종했던 조송광

며, 소태산 대종사와 불법연구회 회장인 조송광을 부산으로 초청하였다. 그때가 원기16년 추석 전이다. 부산에서 10여일 체류한 후 경주로 가 신라 오릉, 불국사, 석굴암 등 경주 일원을 구경하고 가정리 용담에 있는 용담정과 최수운의 묘를 참배하고 온 일이 있었다.

소태산 대종사가 천도교 교당을 찾았을 당시는 교동에서 경운동(1914년)으로 바뀌었을 때이나, 그 당시는 보통 교동이라고 불렀다. 교동(校洞)이라는 이름은 향교가 있어서 향교동이라 부른 것이 줄어 교동이라 불렀다.

천교도 중앙대강당은 현 종로구 경운동 88번지에 있는 서울시 유형문화재 제36호로 지정되었다. 천도교 대강당은 1919년에 착공하여 1921년 완공하였다. 손병희는 처음에 400평 규모의 대강당을 계획하고 건축허가를 신청했으나 조선총독부는 교당이 지나치게 거창하다는 것과 중앙에 기둥이 없어서 위험하다는 구실을 붙여 허가하지 않아 반절로 줄여 지었다. 강당에는 800~1000여명을 수용할 수 있다.

원기12년 경, 소태산 대종사가 상경하여 창신동 경성출장소에서 경성교무 송규와 천도교 《용담유사》를 보고 있었다. 송규가 읽으면 소태산 대종사는 듣고 새기다가 무릎을 치며 좋아했다. 시간 가는 줄 모르고 읽고 새기고 하였

다.

　소태산 대종사가 김영신을 불러 헤어진 책을 주며 말했다.

　"영신아. 이것 다 헤졌으니 하나 베껴라."

　김영신은 밤새워 그림 그리듯 베껴 드렸다.

　"영신아. 내가 오늘 나갔다 올테니 이 책 딴 사람이 보면 못쓰니까 저기 나무단에 넣어 놔라."

　그래서 영신은 나무장수가 쟁여놓은 나뭇단 속에 책을 숨겼더니 소태산 대종사가 직접 잎나무 세 묶음을 그 위에 올렸다.

　아닌게 아니라, 그 날 낮에 형사들이 찾아왔다.

　"전라도에서 누가 왔지?"

　영신은 사실대로 대답할밖에 도리가 없었다.

　"어디 갔느냐?"

　"소풍 나가서 몰라요."

　형사는 책상 서랍을 뒤지고 온 방안을 수색하였다. 다행히 전 전날, 소태산 대종사는 손수 회관에 있는 편지 등을 다 검토하면서, 서너 장만 남기고 불살라 버렸던 것이다.

　온 집안을 뒤진 형사들은 겨우 유지문서를 찾아내 꼬투리를 잡고, "이게 무엇이냐?" "누구한테 온 거냐?"는 등 꼬치꼬치 물었다. 그리고 교리에 대해서도 미주알고주알 따졌다.

　"연고 없이 살생을 말라고 했는데 왜 쥐를 잡아먹는 고양이를 키우느냐?"며 힐책하였다.

　김영신은 "절에서 고양이를 키우는 것은 쥐를 잡으려는 것이 아니라 소중한 경전을 보관하기 위해서지요. 우리 집에는 경전이 없지만, 예쁜 맛에 키운답니다."하니 할 말을 잃고 그들은 돌아갔다.

　소태산 대종사가 돌아와 물었다.

　"오늘 무슨 일이 있었지?"

　경성출장소에서도 감시가 심하여 어떤 때는 소태산 대종사를 이공주·김영신은 오빠라 하고, 민자연화는 조카, 이성각은 동생이라고도 불렀다.

※ 천도교 중앙대교당에 대하여는 《원불교교사》, 《한국민족문화대백과사전》, 《한국지명총람》, 《구도역정기》, 천도교중앙총부 《천도교》 등을 참조하였다.

3. 안양 망해암

　원기14년 7월 17일(음 6월 11일) 경성출장소 교무 이춘풍이 병고로 인하여 익산본관으로 내려갔다.

　소태산 대종사는 교무 내정까지 이공주에게 경성출장소를 일임하며 관리토록 하였다. 그 후 김광선 교무가 내정되어 근무하고 원기15년 총회에서 이공주를 경성출장소 재가 교무로 임명하였다.

　경성출장소 창립주 중 한 사람인 김낙원이 열반하자 경성 회원으로서는 최초 열반이므로, 소태산 대종사는 신정예법에 의한 치상절차를 지도하기 위해 원기15년 8월 14일(음 6월 20일) 상경하였다. 치상절차를 마친 소태산 대종사는 여자들만 살고 있는 회관의 울타리가 허술하여 도둑의 위험이 있자 인부들과 5일간 직접 공사를 하여 마친 후 다음 날인 9월 1일(음 7월 9일) 소창차 안양 망해암을 가기 위해 경성역에서 9시 차로 출발하였다. 정황으로 보아 며칠 동안 머무를 계획이었던 것으로 보이나 이튿날 창신동 경성출장소로 돌아왔다.

　망해암은 안양 관악산 8부 능선에 있는 전망대 부근의 작은 암자로 신라시대 원효대사가 창건하였다. 안양역에서 망해암까지 셔틀버스가 운행되고 있을 뿐, 개인차를 이용해야 한다. 안양역에서 3km 거리의 대림대학교가 있는 도로변에서 2.5km 산 위에 위치해 있다. 암자 인근을 전망대라 부른 만큼, 안양은 물론 인근이 한 눈에 들어오는 시원한 경치를 자랑하고 있어 망해암(望海庵)이란 사명이 어울린다.

관악산 망해암에서 본 안양

　망해암은 1922년 화재로 소실되어 1926년(원기11년) 법당과 요사채를 신축하였으나, 소태산 대종사가 망해암을 찾았을 때인 1930년에는 외부인이 와서 며칠 지내기가 쉽지 않은 상황이었을 것으로 보인다.

　한국전쟁으로 암자가 소실되어 소태산 대종사가 망해암에 갔을 때의 모습은 상상으로 밖에 알 수 없다. 당시에 있었던 모습은 용화전 안에 모셔진 미륵불만이 있다.

　망해암에는 조선 세종 때의 설화가 전해진다.

　조선 세종때 삼남지방에서 한양까지 조세를 운반하는 여러 척의 배들이 곡물을 가득 싣고 인천 월미도 부근을 지나가다가 심한 풍랑으로 뒤집힐 지경에 이르렀다. 사공들이 당황한 채 죽음을 기다리고 있는데 갑자기 뱃머리에 한 승려가 나타나서 사공들을 진정시키고 인도하여 무사히 위기를 넘겼다.

안양 관악산 암해암 미륵 불상

풍랑이 잠잠해진 뒤 한 사공이 승려가 살고 있는 절이 어디인지를 묻자 "관악산 망해암"이라고 말한 뒤 홀연히 사라졌다.

사공들이 한양에 도착하여 은혜를 갚기 위해 망해암을 찾았으나 그와 같은 승려는 살지 않고 용모가 아주 닮은 부처님이 법당 안에 봉안되어 있었다. 그들은 부처님의 자비신력으로 구원받았음을 깨닫고 나라에 상소를 올려 이 사실을 알렸다. 이를 가상히 여긴 세종은 매년 공양미 한 섬씩을 이 절의 불전에 올리도록 하였다. 이 일이 있은 후 400년 동안 계속되었다.

※ 안양 망해암에 대하여는 〈월말통신〉, 시대불교사 《한국불교 사찰사전》, 망해암 미륵불 안내판 등을 참조하였다.

4. 정산종사와 서울대병원

정산종사는 원기12년에 경성출장소 교무로 부임하여 1년간 창신동회관에서 초창기 경성 교화에 힘썼다. 그 후에도 소태산 대종사 재세시를 비롯 종법사 위에 올라서도 서울을 몇 번 행가하였다.

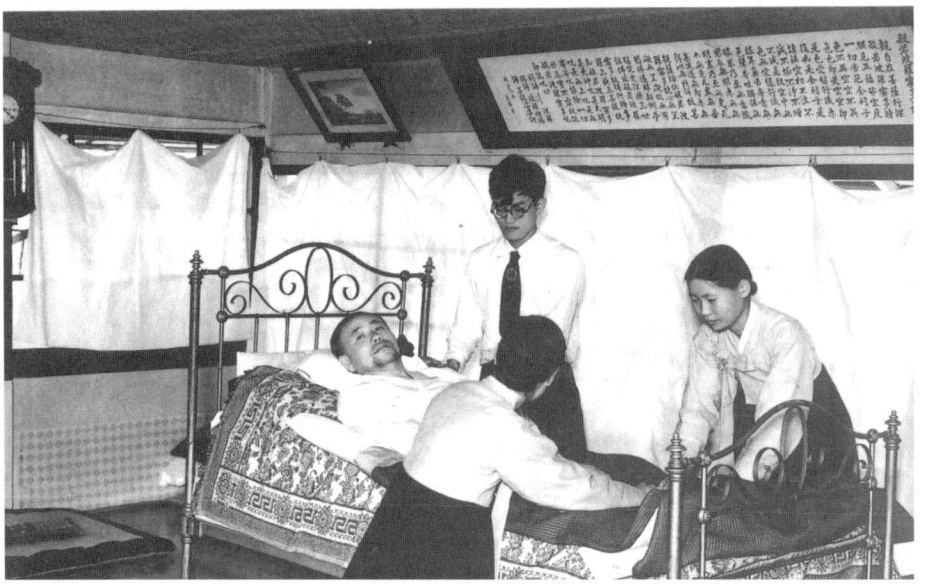

시자들의 간병을 받는 정산종사

정산종사는 원기38년 제1대 기념총회를 앞두고 병환이 났다. 원기46년 7월에 이리 중앙병원에 입원하여 진찰을 받고 요양하다가 교단 중진들이 서울대병원에 모시기로 합의함에 따라 9월 10일 기차로 송순봉, 이혜선이 먼저 상경하고 이동진화, 이공전, 송천은, 오해인과 의사 등이 정산종사를 모시고 열차로 상경하였다.

이 당시의 상황은 정산종사를 시봉하였던 이공전의 《범범록》과 정산종사 시자였던 박정훈의 《정산종사전》에도 상세히 기록되어 있다.

오후 8시 반에 서울역에 도착하여 대기 중이던 앰뷸런스로 서울대학병원으로 가서 초진을 받고 동쪽 1병동 12호에 입원하였다. 9월 19일, 의사들의 종합결과는 "위 안에 악성 종양이 생긴 것으로 보이니 가급적 빨리 수술하는 것이 좋겠다."는 의견이었다.

교단의 수위단 급과 간부진의 연석회의를 거쳐 정산종사의 뜻을 받들어 9월 25일 수술을 받기로 했다. 오전에 수술을 하고 회복실로 나와 의식이 회복되자 "수술 끝났느냐. 큰 경험 쌓았다."는 첫 말씀을 하고 의사를 보며 곧 만면에 웃음을 띠며 수고를 위로하였다. 그 후 3일간 신음소리 한 번 없이 누워 계시니 4일째 수간호사가 와서 "큰 수술 후 의연하신 태도에 전 간호원이 감동하여 부처님 같으시다고 합니다."라고 하였다. 병실을 찾는 교단 간부와 시봉진에게 때에 따라 많은 법문을 하시었다

정산종사를 시봉하는 여자교무들은 병원 옆에 있는 원남교당에서 생활하였다. 퇴원을 앞두고 몇 가지 기념 촬영을 시자들이 하려고 하니 "너희들이 속이 있느냐! 아픈 사람의 사진을 찍어서 무엇하려 하느냐." 하시더니 "사람 일을 알 수 있느냐. 뒤에 혹 섭섭할라. 이왕 찍으려거든 빠짐없이 찍어두어라."고 하였다.

11월 21일, 서울대병원에서 퇴원하여 용산에 있는 서울교당에서 3일 동안 계시다 11월 24일 각 교당 요인들의 송별을 받으며 "삼동윤리는 천하윤리요, 만고윤리라. 우리가 만고 동업자다." 등의 말씀을 하시고 총부로 출발하였다.

서울대병원 옛 모습

서울대병원 본관

    정산종사가 입원해 수술 받았던 당시의 서울대병원은 오늘날 본관 건물만 남아있고 진찰실과 입원실들이 있던 곳은 새로운 병원건물과 주차장이 들어서 있다. 본관건물은 의학박물관으로 현재 사용되고 있다.

    정산종사의 당시 진찰기록을 찾기 위해 병원관계자를 만났을 때, 그는 "오래 된 기록이라 의무기록실 등 어디에도 찾을 수 없다."며 폐기처분되었을 거라고 하였다.

제2부
경성 관련 자료모음

Ⅰ. 소태산 대종사의 편지 글

1. 소태산 대종사가 이공주에게 보낸 편지

이공주는 소태산 대종사를 만난 후 자주 상서를 올렸다. 이공주의 상서에 대하여 소태산 대종사가 하서한 내용은 교단사적 소중한 사료이다.

이공주가 보관하고 있던 편지는 청하문총2《세계가 함께보는 구슬》에 소개되어 있다. 그 중 몇 편을 소개하면 아래와 같다.

원기9년 10월 26일, 소태산 대종사 이공주를 경성에서 만나고 총부로 귀관한 후 처음 이공주에게 하서한 내용이다.

'근미심(謹未審) 수소회(數宵回) 기체후(氣體候) 만왕(萬旺)하시며, 훤당기력(萱堂氣力)도 강녕하시고 영형주급(令兄主及) 질씨(侄氏) 제절(諸節)도 연득평선(緣得平善)하온지 병앙소(併昻遡) 구구(區區)하나이다.

차인(此人)은 여러분 권애(眷愛)하신 덕택으로 무사히 도착하옵고 권속도 무고하나이다.

상봉한지 미기(未幾)에 분재(分在) 남북이오나 상부지심(相扶之心)은 미상(未嘗) 일시미이(一時未弛)라 망수영구상애(望須永久相愛)하시와 세세생생에

공작영산회(共作靈山會)하시기를 기축불이(企祝不已)이옵니다.

　귀좌사인(貴座四人)을 봉착(逢着)한 후로 긴실(緊實)한 성의와 고명한 재질로 염염불망(念念不忘)하와 심중이 항상 쾌락하온즉 금번 경성지행(京城之行)은 대득무가지보(大得無價之寶)로 소이다.

　여재속후(餘在續後) 불비례(不備禮).'

갑자(원기9년) 11월 2일

석두거사 근함

이공주는 소태산 대종사의 하서를 원기9년 11월 4일에 받은 후 바로 답서를 올렸다. 이에 소태산 대종사 공주에게 11월 6일 다시 하서한 내용이다.

　'이와 같이 대답을 속히 하여 주시니 감사하기 한량없나이다. 처사가 나오던 날이 설중(雪中)이었는데 네 분이 수고를 생각지 않으시고 이 사람을 신(信)하시어 또 가보셨다 하오니 더욱 감사한 생각 날로 깊어 가나이다. 그때 처사의 생각으로는 일후(日後)에 크게 성공할 것을 알았고, 공주는 처사를 생각하지 아니하여도 처사는 공주를 어디까지나 살펴보기로 주의하고 왔기에 곧 편지를 하였더니, 이와 같이 공주도 이 처사를 믿고 응하시니 장차 처사의 법은 공주의 물건인가 하나이다. 이와 같이 공주를 얻은 고로 처사는 제자 몇을 데리고 잔치를 베풀어 경축가(慶祝歌)를 불렀사오니 명심하시고 세세생생에 이와 같은 인연을 여의지 않기로 부처님께 기도하고 서원하시기를 대망(大望)하옵나이다.

　며칠을 대면 못 한 이때에 시중안녕(侍中安寧)하시고 슬하의 아해 형제도 그간 별고 없으시며 또한 제절(諸節)이 다 무고하시고 노친(老親)께서도 기후 안녕하시며, 영신 모녀도 그때와 같이 여상(如常) 하옵니까. 이곳 처사는 무사안과(無事安過)하온 중에 공주의 3대 4모녀(三代四母女)를 만난 후로는 경사로 지내나니 그리 아시고 박만공심(朴滿空心)※을 찾아서 종종 상의하시요. 할 말씀 무궁하오나 그치나이다.' (※박만공심이 누구인지 알 수 없다.)

갑자(원기9년) 11월 6일
석두거사 근서(謹書)

이공주는 소태산 대종사의 하서를 받은 후 상서를 올렸다. 소태산 대종사 다시 이공주에게 하서한 내용이다.

　'공주는 남기 형제를 데리고 안녕하시며 가내도 무고하십니까. 처사는 별고 없으나 사무에 분망중 쉬는 때가 없습니다. 어서 성불하시어 처사를 즐겁게 하여 주시오. 처사가 이제 이와 같이 곤란(困難)하오나 공주의 성불할 기약만을 바라고 바라나이다. 어서 성불하여 불우한 여성들을 맡아 가시오. 고독하다고 마시고 어서 성불하시오. 고독하기로 성불할 기약이 있나이다.

　처사는 공주가 보고 싶으면 공주가 등사한 규칙안(規則案)을 보나이다. 장자 남기가 공부 잘 하는지, 남기의 불명을 지었습니다. 세상 용명(用名)은 그냥 남기로 하시고 불명은 잘 간수하여 두시요. 박창기(朴昌基)라 하였습니다. 차자 원기는 그간 종처(腫處)가 어떠한지 알고자 하나이다. 처사는 사무처리

가 다 되면 출타하겠으니 그리 아시오. 곤란하오나 수고를 빌려 불법연구회 규칙안을 3권으로 분작(分作)하여 등서(謄書)하여 보내주시면 회중에다 두고 보겠나이다. 매일 일기하는 법식(法式)을 보내오니 이대로 일기하였다가 후일 상고(詳考)하기로 합시다. 이 일기법식을 등서하여 여러 선원(禪員)에게 전하여 주십시요.'

을축(원기10년) 2월 20일

사(師) 서(書)

이공주는 소태산 대종사께 자주 상서를 올렸다. 이에 소태산 대종사가 이공주에게 하서한 내용이다.

'구(舊) 3월 16일 도치암(道峙庵)으로 보내신 통신은 받아 보았습니다. 구 3월 28일 영광으로 보내신 통신도 4월 4일에 반가이 받아보았습니다. 차처(此處)는 산중궁촌이라 통신내왕이 속(速)하지 못합니다. 바로 답서를 못한 것은 여러 달 만에 이곳에 와보니 주야로 다번(多煩)하여 그리 되었소. 사시화(四時華)가 금월 8일(今月八日)에 이리에서 영광에 들러 그 자상한 말씀으로 여러분의 정성하심을 전하더이다.

서신마다 내역을 살펴보면 육신고통, 정신고통, 물질고통으로 다른 사람보다 더 고생을 하는 것 같으나 국주(國主)는 치국하는 고통이요. 교주(敎主)는 교화하는 고통이요. 국민은 상봉하솔하고 자기 몸 보호하는 고통이요. 제자는 공부하는 고통이라. 이 세상에 고통이 없는 사람은 아마도 없겠지요. 그러

나 고통에도 대소가 있나이다. 대인의 고통은 한정이 있어서 극락을 장만하는 고통이요. 소인의 고통은 무한정하고 적은 고통으로 큰 고통을 장만하나이다. 고통의 대의를 잘 알아서 적은 고통은 놓으시고 큰 고통을 주장하여 만세 유전하십시오.

이때는 천종만물이 발생하여 왕기(旺氣)를 얻는 때라. 화피초목하였던가, 뇌급만방하였던가, 만물양생하였던가, 쇠운(衰運)이 성운(盛運)이던가, 생불(生佛)이 오는 땐가, 어찌 그리 반가운고. 4월 남풍이 반갑도다. 공주가 순서를 얻어 신병(身病)이 전쾌(全快)하다 하며 창기가 공부 잘한다 하며 원기도 종처(腫處)가 그만하다 하며 자연화가 무고하시다 하며 성각이도 영신으로 하여금 심중에 경사가 있다 하며 영신이가 쉬지 아니하고 학업을 계속하게 되었다 하니 남풍지훈(南風之薰)이로다.

차인(此人)은 가내도 무고하고 일신도 무사하나이다. 살피지 못한 며칠 사이에 두루 안녕하신지요. 유덕(有德)하고 활달한 자연화와 천진보살 성각이와 만화보살(萬花菩薩) 공주와 진묘(眞妙)한 영신이가 아니 보아도 안전(眼前)에 왕래하도다. 보고자 한 생각 간절 간절.'

을축(원기10년) 구(舊) 4월 12일

사(師) 서(書)

소태산 대종사 영광(영산)에서 이공주에게 하서하였다.

'일구(一口)로 세계를 다 마셔버리고 항상 호올로 드러나 있는 물건이 존비

귀천을 바라거나 싫어함이 없고, 생사에도 관계함이 없는 이것이 무슨 물건인지. 3월 3일 야몽(夜夢)에 홀연히 공주와 한 자리에 앉아 무수한 문답을 하던 중 이 화두를 공주에게 물었더니 공주 답하기를 '미생전(未生前)입니다' 하였으니 대답이 근원이 있는 말이라 생각하여 보시오.

회중이 다 무고하십니까. 이곳은 다 무사합니다. 상조조합금으로 영광에다 토지를 매수하기로 하니 경성 상조금이 있거던 영광으로 보내주시오. 차인은 금월 24일내 이리로 가겠습니다. 보내시기로 하면 곧 보내시오.'

병인(원기11년) 3월 7일
사(師) 서(書)

소태산 대종사는 영산에서 이공주의 편지에 하서하였다.

'공주의 전로에는 장차 큰 경사가 있을 줄로 압니다. 날로 공주의 생활해가는 것이 범상한 안목으로 보면 비관중(悲觀中)에 곤뇌(困惱)한 생활이라고 할 수가 있으나 법안(法眼)으로 보면 낙관(樂觀)이라고 할 수가 있습니다. 범상한 안목은 과거·현재·미래 삼세 내에 고와 낙을 오직 내가 짓고 내가 받는 이치를 모르는 연고이요, 법안으로 말하면 삼세 내에 고가 되고 낙이 되는 이치를 아는 고로 법안이라 합니다. 공주의 생활해가는 것이 지어서 받는 고는 적고 자연으로 받는 고가 많으며 또는 곤뇌 중에 있으나 관유심(寬柔心)이 많으며 곤뇌 중에 있고 보니 공주의 혜시(惠施) 입는 사람이 많으므로 우연한 낙과 지어서 받는 낙을 아울러 받게 될 것이니 이것은 곧 곤뇌가 변하여 낙이

된 것이므로 경사라 하겠습니다.

외로운 자리에 앉아서 창기(昌基)를 교육하는 것이며, 원기 치병하는 것이며, 시가(媤家)와 친가(親家)를 봉양하는 것이며, 성불하려는 일이며, 본회를 창립하려는 일이며, 외인(外人)의 이목을 살피는 일을 다 관유 중에 있어서 잘 다스리고 보면 경사가 될 것이요, 못 다스리고 보면 영원한 곤뇌가 될 것이니, 모든 일을 곤뇌로 알지 마시고 그것이 공주의 낙의 밑천인 줄 아시요.

《수양연구요론》은 허가를 얻었다 하니 반갑습니다. 인쇄비에 있어서도 큰 이익을 얻었습니다. 이각종씨에게는 무엇으로써 대접을 하여야 할 것인지 알 수 없으니 공주가 잘 생각해서 알려주시오. 회관에서 '종(鍾)' 받았다는 소식도 들었소. 보내신 것도 잘 받아 긴하게 이용하여 회중(會中)에 큰 도움이 되겠습니다. 여러 가지 소개(紹介)하여 주신 말씀 자세히 다 알았습니다.

먼저 번의 편지에 '옥중(獄中)에 있다'는 말씀, 그러나 내가 알기로는 거진 출진한 공주로 압니다. 우리 전반회원(全般會員)의 취지가 성불하자는 뜻이요, 성불하자는 마음으로써 본회를 창립하자는 목적을 겸하였으니, 이제 급선무는 본회를 대강 창립하여야 성불의 기관을 마련하게 되겠습니다. 공주는 아무 염려 마시고 그대로 진행하시오.

거진출진이라는 것은 오욕에 끌리지 아니하고 우리의 목적지에 잘 간다는 말입니다.

서로 만날 날은 하간(夏間)에나 있을 듯합니다. 근일(近日)에는 복중(腹中)이 쾌차하셨으며 다른 장애 없이 안녕하시고 집안이 두루 무고하시며 제반 회원들도 다른 연고 없이 낙도하고 있습니까. 전번 편지에 길선(吉善)이가 차

차 나아진다 하니 여러분이 수고하여 주신 은덕입니다. 이곳은 나도 잘 있고 제반회중(諸般會衆)이 다 무고하오니 다행입니다. 나는 금월(今月) 그믐께 익산으로 갈듯 합니다. 하는 것도 없이 바빠서 답장 못하고 이번에사 아울러 몇 자 적어 보냅니다.'

정묘(원기12년) 5월 5일
사(師) 서(書)

소태산 대종사가 익산본관에서 이공주에게 하서한 내용이다.

'금조(今朝) 삼삼(三三, 전삼삼을 말하는 듯함) 환편(還便)에 그곳의 상세한 상황을 들어 알았습니다.

아고(兒故)에 그렇게 매몰(埋沒)하면서도 신색(神色)이 과히 치패하지 안했더라고 삼삼의 전(傳)하는 말에 어찌나 기쁜지 나는 스스로 많은 위안을 얻었나이다. '공주도 이제는 대자연에 순응할 줄 아는 지견이 생겼구나' 할 때에 모든 것이 믿어지고 모든 일에 안심이 되나이다.

현하 본회 남녀 회원이 기백 명이 된다 하나 기실 전심력(專心力)을 경주하여 일할 사람은 기개인(幾個人)에 불과한 고단한 처지에 기개인 그 중에서 정신과 육신간 어떠한 고장이 났다면, 또는 고락의 경계에 매몰되어 본래의 목적을 잊는 이가 있다면 나의 마음이 그 어떠하겠소. 그런 고로 여러분들은 각자의 정신과 육신을 잘 호지(護持)하여 부지런히 공부하는 한편, 대도의 창립주가 되는 것이 곧 나를 위안(慰安)함이요, 시방세계를 구제함이니 여하한 고

경(苦境)을 당할지라도 항상 이 기회를 만난 것과 이 자리에 입각(立脚)한 것만 기뻐하시오. 오직 이것이 나의 바라는 바이며, 또 한 가지 공주에게 부탁할 것은 공주는 본래 성격이 성실하므로 누구를 대하여 말할 때에는 자상하고 철저하게 해부하여 저 듣는 자가 확실한 의지를 안 연후에야 마는 특징이 있으니, 그것이 다른 공부인에게는 말할 수 없이 유익하며 이는 곧 참다운 뇌수(腦髓)가 박혀지는 첩경이로되, 공주 자체에 있어서는 너무 과하고 보면 정신에 해가 될 터이니, 미리 알아 정신을 쓸 때에 아껴야 되오. '교지어후(巧持於後)가 불여졸수어전(不如拙守於前)'이라는 말과 같이 정신을 너무 상한 뒤에 수양에 힘쓰기보다 될 수 있는 대로 당초에 상하지 않도록 주의하시오. 공주의 정신과 또 제반사정을 생각하여 나는 좌(左)의 3건을 제시하노니 내가 영광 다녀와서 상경할 때까지는 이 방침대로 진행하여 보시오.

1. 분망한 가사와 아고중(兒故中)에 있으므로 전약(前約)한 것과 같이 3·6일 외 3·1, 3·5, 3·6일 합 9일간을 창신동에 출근 사무하기가 곤란할 터인즉 전권이를 연습도 시킬 겸(또 그간에 대강 방식은 익혔을 듯하니) 회계나 부기사무는 전권에게 맡기고 매월 1차만 출장하여 문부(文簿)를 검열할 사(事).

2. 회의시 설명은 성원·전권과 병력(並力)하되 그 두 사람이 많이 설명하거든 공주는 최후로 강령만 결(結)하여 줄 사.

3. 아고(兒故)로 인하여 가용이 상필곤란(想必困難)할 터이니 이는 전과 같이 적립하려 하지 말고 신교무(新敎務) 취임시까지 가용에 보충할 사.

위선(爲先) 이대로만 하고 지내오면 제반 사항은 나의 상경시 충분히 협의

합시다. 나의 영광행은 예정과 같이 17일 출발하게 됩니다. 영광 일이 웬만하면 경성에 가서 공주와 여러분이 애쓰시는데 위안이라도 드릴까 하였더니 사유선후(事有先後)라, 불가불 영광부터 먼저 다녀와야겠소. 동진화 일은 그 사람의 사정상 그러할 필요가 있다 하니 아무 요량없고 의미없다는 것은 아니로되, 그 일이 길게 가면 자미(滋味)없을 듯 싶어서 오늘 동진화에게도 편지를 하여 일 없이 하라 하였으니 그리 아시오. 남은 말은 뒤에 미루고 이만 줄입니다.'

정묘(원기12년) 8월 15일

사(師) 서(書)

※ 위의 편지는 내용상 정묘년에 보낸 것이 아닌 경오(庚午)년인 원기15년에 보낸 편지로 보아야 함. 청하문총《한 마음 한 길로》내용이 오기인 듯함.

II. 경성에서의 법문과 일화

1. 민자연화 가족 3대 4모녀와의 만남

원불교신보 신서2 《구도역정기》 –융타원 김영신 법사편– 을 통한 소태산 대종사와 민자연화 3대 4모녀의 만남 당시 상황이다.

박사시화의 쌍둥이 자매인 박공명선씨는 계동 딸네 집(성성원)에 살았다. 당시 우리도 계동(이공주 집)에 있었는데 성성원씨 집과 얼마 안 떨어진 한 동네였다.

하루는 박공명선씨가 전라도 생불님이 오셨다며 가보자고 데리러 왔다.

지난 봄에 전라도 생불님이 오셨을 때 사시화 씨가 그렇게 우리 집을 드나들었건만 집안에는 기중이라 외부출입을 꺼렸다. 그것은 큰 이모(이공주)가 부군상을 당하고 3년상 중이었기 때문이었다. 가을에는 탈상을 하였으므로 바깥출입을 할 수 있었던 것이다.

대각교 포교당의 독실한 신자였던 외할머니와 어머니는 용성 스님만이 견성한 최고 스승으로 모시고 있던 터라 생불님이 오셨다 하니 바짝 호기심은 동했지만, 무엇보다도 큰 이모가 어디 마음을 의지할 데가 있어야겠다고 생각하던 중이었다. 큰 이모는 평소 절에는 늙은이나 다니는 곳이라 하고 불교

에는 뜻이 없었다. 좀 다른 종교가 필요했던 것이다.

그날, 1924(원기9)년 음력 시월 스무 엿샛날이었는데 외할머니가 앞장을 서고 두 딸 (어머니와 큰 이모)이 뒤따라서 창신동엘 갔다. 나는 이틀 뒤에 어머니가 같이 가자고 해서 아픈 몸에도 불구하고 따라 나섰다.

우리가 찾아간 창신동은 동대문 밖 조용한 산에 위치한 10여 간의 정결하고 아담한 초가집이었는데, 이 집은 이동진화씨가 수양을 하기 위해 별도로 마련한 수도채였다.

11월 24일, 음력으로 시월 스무 여드렛날 내가 전라도에서 오신 생불님을 처음 뵌 인상은 이러했다.

우람한 체구에 얼굴에 광명이 나서 무어라 말할 수 없는 원만하고 좋은 얼굴이었다. 하여튼 보통 사람과는 달랐다. 그런데, 체격에 맞지 않게 옷을 입으셨다.

후에 외할머니가 옷감을 마련하고 어머니가 바느질을 하여 옷을 지어 올리니 종사님이 퍽 좋아하셨다.

"귀부인들이 나를 찾아온 데는 필시 무언가 원하는 바가 있을듯한데 어디 말씀을 해 보시오."

우리는 네 사람이나 되는 데도 어쩐지 선뜻 입을 열지 못하였다.

"주저 말고 말씀해 보시오. 나는 염주 깎는 법을 잘 알고 있는데 구두 만드는 법을 묻는다면 부인들과 나는 사제지간이 될 수 없소."

할머니도 어머니도 이모도 아직 아무도 입을 열지 못하였다.

"무엇 때문에 여기까지 나를 찾아왔는지 먼저 노인부터 말씀해 보시지요."

그제서야 할머니는 좀 상기된 어조로 입을 열었다.

"예. 말씀드리겠습니다. 저는 사는 데 별 불만은 없습니다. 가정 살림에 대해서도 원 되는 일도 별로 없구요, 지금까지 한 평생 그럭저럭 행복하게 살아왔으니까요."

할머니는 숨을 돌리고 다시 말을 계속하였다.

"부처님 말씀에 지금 이생만 있는 것이 아니라 삼생이 있다고 하셨습니다. 현생은 지금 살아가고 있으니 알 것 같습니다만, 전생·내생은 어떠한 것인지 알 수가 없습니다."

그 분은 웃으며 할머니를 칭찬하였다.

"정말 놀라운 질문입니다. 가정에서 살림이나 할 사람이 어찌 이처럼 크고 중대한 삼세 일을 알고 싶어한단 말이오. 남자들도 감히 생각하기 어려운 삼세일을 알고 싶어하다니 이건 보통 일이 아니오. 삼세 일이라면 내가 잘 알고 있으니 그대는 나의 제자가 될 수 있겠소. 내가 잘 가르쳐 드리리다."

다음에는 어머니도 용기를 내어 물었다.

"저는 일찍부터 부처님께 귀의하여 불경을 보았습니다.《미륵하생경》을 읽다가 이런 구절을 보았습니다. 부처님 열반 후 정법·상법·계법의 삼천 년이 지나면 용화회상에 미륵존불이 출세한다고 했습니다. 그때는 사도가 분분해서 사도와 정도를 구분하기 어렵다고 했습니다. 저는 정도와 사도를 확실히 알고 싶습니다."

"허어. 이거 갈수록 놀라운 말을 합니다 그려. 사도와 정도에 대해서도 내가 가르쳐 드리리다."

이번엔 큰 이모가 말하였다.

"저는 삼세에 관한 일과 사도와 정도를 다 알고 싶습니다."

"허. 젊은 사람이 가장 욕심이 많소 그려. 그런 욕심은 많을수록 좋은 거요. 내 그대에게는 두 가지를 다 가르쳐 주겠소."

그 분은 기분이 퍽 좋으신 것으로 보였다.

"오늘 내가 여러분을 만난 것은 반갑기 이를 데 없는 일이오. 부모형제가 서로 기약 없이 헤어졌다가 다시 만난 것처럼 반갑고 즐겁기 한이 없소이다."

우리들도 이상하게 감격에 젖어 있었다. 그분은 이어서 말하기를 "나는 평소 사람들을 많이 응대하기 때문에 상기(上氣)가 잘 되오. 오늘 그대들과 이야기를 하니 오히려 하기(下氣)가 되니 심신이 상쾌합니다. 이제부터 나와 그대들에게 새 역사가 시작되고 새 인생이 열리리라."

그 분은 앞으로 더 좋은 인연을 맺기 위해 법명(法名)을 지어주겠다며 속명을 말해보라는 것이었다.

그러나 외할머니와 어머니는 대각사 포교당 백용성 스님의 제자로 민대각화(閔大覺華), 이원각화(李圓覺華)라는 불명(佛名)까지 있었다. 어머니와 할머니는 사실을 다 이야기하고 법명 받기를 사양하며 큰 이모에게 법명을 내려 주시라고 부탁을 올렸다. 그래서 그분이 큰 이모에게 공주(共珠)라는 법명을 내렸고 '모든 사람이 함께 보는 구슬이 되어 세계를 위해 큰 일 해주기 바란다' 는 요지의 법문까지 내려 주었다. 큰 이모는 퍽 감격을 하였다. 나는 계속 어른들 옆에서 주고받는 이야기만 듣고 있었다. 이윽고 내 차례가 돌아왔

다. 그분은 내게 물었다.

"큰 애기는 지금 여학교를 다닌다지. 요즘 세상에 여자가 학교를 다니기는 매우 어려운데 무척 복도 많이 지었나 보군. 한창 꿈이 많은 나인데 무슨 소원이 있는고?"

그래서 나는 한 가지 원이 있다고 대답했다

"저는 여자로 태어나서 얼굴에 상처를 입고 보니까 마음에도 상처가 생겼습니다. 기왕에 얼굴에 상처는 가졌지만 법을 배워서 나처럼 상처 있는 사람을 위하여 설교로서 녹여주고 싶은데 저도 설교를 할 수 있습니까?"

"하구말구. 공부를 하면 설교를 할 수 있지. 세상 사람들은 여러 가지 상처가 있다. 남편에게 소박맞은 사람도 있고, 자식이 없는 사람도 있고, 재산이 있다가 없어진 사람도 있고, 그런 사람들을 위해 설교를 하고 마음을 열고 그 상처를 낫게 하는 의술을 내가 가르쳐 주마."

큰 이모를 제외하고 우리는 그 분의 제자가 되지 않았다.

그 후 이듬해, 큰 이모의 연원으로 모두 입교하여 외할머니는 민자연화, 어머니는 이성각, 나는 김영신이란 법명을 받고 정식 제자가 되었다.

2. 좋은 인연을 영원히 놓지 마라

　이공주의 유품 자료중 송도성이 소태산 대종사의 법설을 수필하여 이공주에게 기증한 것으로 보이는 자료 중에 있는 법문이다. 송도성이 경성출장소 초대교무로 근무할 당시 소태산 대종사가 상경하여 창신동회관에서 하신 법문으로 보인다. 〈대종경〉 교단품 3장에 요약·정리 되었다.

　선생(소태산 대종사)이 경성에 계실 때에 모든 제자가 와서 예배하고 퇴좌(退坐) 후에 서로 향하여 말하되, "우리의 동문(同門) 제(諸)형제는 전세(前世)에 인연이 얼마나 지중하였는지 같은 세계, 같은 지방(地方)에서 출생하여 한 선생님(소태산 대종사)의 문하에서 동진동퇴(同進同退)케 되니, 실로 영세(永世)에 갈리지 아니할 인연이라." 하거늘, 선생이 들으시고 그 사람들에게 일러 가라사대, "내가 그대들의 하는 말을 들으니, 한편으로는 반갑고 한편으로는 염려되노라. 반가운 것으로 말하면 오늘날 나의 앞에서 모든 사람이 서로 즐거워함이요, 염려되는 것으로 말하면 오늘날에는 이와 같이 좋은 일로 만나서 좋은 인연으로 지내거니와, 이 좋은 가운데서 낮은 일이 생기고 낮은 인연이 되어질까 염려하노라."
　제인(諸人)이 "이와 같이 좋은 가운데서 어찌 낮을 일이 생기고, 낮은 인연이 되어지오리까?" 선생이 답하시되, "낮은 인연이 가까운 데서 생기기가 쉽나니라. 다시 말하자면 친근한 부자지간이나 부부지간이나 친우지간이나, 이러한 친근한 사이에서 원수되기가 쉽나니, 이것은 무슨 연고이냐 하면 친근

함으로써 예(禮)를 알지 못하고 서로 생각해 줌으로 원수를 지으며, 서로 가르쳐 줌으로 원수를 지으며, 서로 높아짐으로 원수를 지어서 필경에는 아무 관계없는 타국(他國)사람들 만도 못하여지는 수가 있나니라. 차라리 타국사람이라 하는 것은 서로 상관이 없으므로 서로 생각해주는 것도 없으며, 서로 가르쳐 줄 일도 없으며, 서로 높고자 할 것도 없는 연고로 원수될 것이 없나니라."

제인(諸人)이 "그러시면 어찌하여야 가까운 사이라도 낮은 일이 생기지 아니하고 영원무궁토록 좋은 인연으로 지내겠습니까?"

선생이 "그대들이 낮은 인연은 짓지 아니하고 좋은 인연으로만 지내기로 할진대 남의 원 없는 일을 권하지 말며, 내가 스스로 높은 체하여 다른 사람을 이기려 말며, 남의 시비를 보아서 나의 시비는 깰지언정 남의 시비를 말하지 말며, 선생님의 사랑하는 바를 홀로 받으려 말아서 모든 일에 자기의 분상(分上)을 잃지 아니하면 낮은 인연은 점점 없어지고 영세무궁 좋으리라." 하시더라.

3. 성주 법문

《원불교 제1대 창립유공인 역사》 이공주, 성성원 항과 《구도역정기》–구타원 이공주 법사편–등의 내용이다.

원기11년 음 12월 9일, 소태산 대종사는 창신동 경성출장소에서 '재가선법'과 '고락의 원인'에 대한 법설을 하였다.
이 자리에서 이공주가 소태산 대종사께 여쭈었다.
"법을 공부하려면 수양의 힘을 얻어야겠는데 수양은 어떻게 하여야 되겠습니까?"
"아침 일찍 일어나서는 좌선을 하고, 저녁 자기 전에는 염불을 많이 하지요."
"염불은 어떤 염불을 하면 되겠습니까?"
"나무아미타불을 많이 염하시오."
나무아미타불을 많이 염하라는 소태산 대종사의 말씀에 이공주 말하기를, "젊은 사람이 어찌 나무아미타불을 부르겠습니까?" 하거늘, 소태산 대종사 "그럼 시구(詩句)는 읽을 수 있겠소?" 하고 시구를 하나 지어 불러주시니 곧 "거래각도 무궁화(去來覺道無窮花) 보보일체 대성경(步步一切大聖經)"이다.
(세세생생 거래간에 대도를 정각하여 무궁한 꽃을 피우고, 걸음 걸음 모두가 대성현의 경전이 될지어다.)
소태산 대종사의 법문을 듣고 있던 성성원이 말했다.

"저에게도 하나 지어 주십시오."

소태산 대종사는 다시 시구를 지어 주었다.

"영천영지 영보장생(永天永地永保長生) 만세멸도 상독로(萬世滅度常獨露)."

(생멸이 없는 영원한 천지와 더불어 길이 생을 보전하고, 만 세상에 열반을 얻어 항상 홀로 드러난다.)

이공주와 성성원에게 글귀를 주어 외우게 하였다. 그 후 소태산 대종사 총부 예회 날에 대중에게 말씀하였다.

"내가 어제 밤에 한 꿈을 꾸었다. 대각전에서 우꾼우꾼한 소리가 나는데 대중들이 '영천영지영보장생 만세멸도상독로 거래각도무궁화 보보일체대성경'이라 외우고 있더라. 그러니 이후부터는 이 글을 천도재 지낼 때 외우도록 하자. 그리고 이름도 성주(聖呪)라고 하자."

성주가 천도재에 사용되기는 익산총부 대각전이 건축된 원기20년 이 후 보다도 그 이전인 원기15년 경성출장소 회원인 김낙원의 열반으로 상경한 소태산 대종사가 복제법에 대하여 설명하고 김낙원의 탈복실에서 성주7편을 하였다. 예회에서는 원기13년 익산총부 예회에서 성주3편을 낭독하였다.

4. 약자로 강자되난 법문

　이 법문은 이공주의 수필로 원기13년 5월호인 〈월말통신〉 제1호 법설란에 발표된 법문으로 현대 문법에 맞게 윤문하지 않았다. 이는 당시의 표현을 그대로 느끼도록 하기 위함이다.
　'약자로 강자되난 법문'은 소태산 대종사의 법문 중 수필되어 발표된 최초의 법문이다.

　무진(戊辰, 원기13년) 윤 2월 26일 오전 10시경에 선생주(先生主)께옵서 창신동으로부터 제자 송규씨를 다리시고 계동 이공주가에 오시니 그곳에난 자연화 · 성각 · 공주 등이 복대(伏待)하고 있다가 반가이 맞어 뫼시고 실내로 들어가 좌정하옵섯다. 이이(而已) 오 또한 각처에서 몃몃 회원이 모이니 철옥 현공 성원 동진화 등이였더라. 그 때에 여러 가지 법을 설하옵신 중 한 가지를 기록하니 대개 여좌(如左).
　선생주 말삼하야 가라사대, "강자와 약자 사이는 엇지하여 강자는 늘 강위(強位)를 여이지 아니하고 약자라도 강자가 되겟느냐, 강자가 더욱 강하야 영원한 강자가 되고 약자라도 점점 강하야 영원한 강자가 되난 법이 잇건마는 이 세상 사람들은 그 조흔 자리이타법을 쓰지 못하고 약육강식을 하며 약자는 강자를 미워만하다가 강자와 약자와는 원수가 되며 혹은 생명을 희생하며 더욱 심하면 세세생생의 끈어짐이 업난 죄를 지여 고를 밧나니라. 비(比)하야 한 예를 드러 말하면 갑동리(甲洞里)와 을동리(乙洞里) 두 곳이 잇난대 갑동

리난 모다 가난하고 무학(無學)하야 천견박식(淺見薄識) 뿐이오 을동리난 가세(家勢)도 넉넉하며 유식하야 견문이 넓고 인격도 똑똑하야 누구의게든지 굴(屈)할 일이 없고 보면 갑동리 즉 약자의게 덕을 베풀어 자리이타되난 법을 쓰지 못하고 약자를 업수히만 녁여 차차 을동리 사람들이 갑동리로 와서 여러 가지 수단으로 둘러도 먹고 전곡재산(錢穀財産)도 빼앗으며 토지전답도 저의가 차지하며 심하면 그 땅의 세금을 져의가 바다 먹고도 유위불족(猶爲不足)하야 무식자니 미개자니 야만인이니 하고 가진 학대를 하야 문서(文書) 업난 노예를 삼고 각색으로 부려 먹으면서도 압제난 압제대로 하게 되면 갑동리에서난 엇지하겟느냐. 물론 갑동리에서난 그 압제를 할 수 업시 바들지며 기중에도 성정(性情)깨나 잇단 사람은 우선의 압제받난 것만 원통하야 을동리의 명령을 복종치 안타가 혹독한 처분을 밧으며 혹은 갓치고 죽고 여러 가지로 설움을 당하나니라.

혹 그 중에도 뛰여나게 똑똑하고 계교 잇다난 사람은 져의 압제밧난 원인을 생각하여 보나니 그 원인인즉 무타(無他)라 곳 가세업고 무식하며 따라서 견문이 천박한 까닭인 줄을 자각하게 되나니 그리되면 엇더한 방면으로든지 노력을 하야 을동리와 갓치 강자가 되리라 굿게 결심하고 분심(忿心)을 이러내어 공부를 하여가지고 겨우 강자의 위에 안게 되면 또 앞에 할 일은 생각지 못하고 우선 밧든 분푸리 먼저 하고 싶흔 생각에 져와 갓튼 동지를 구한즉 몃 사람에 넘지 못하고 모다 무식하야 자기의 뜻도 이해할 자가 업난지라. 그리되면 자기 동리 사람들을 욕하고 흉보며 하난 말이 "너의와 갓치 생각업고 무식한 자로 하야 우리 동리는 이와 갓튼 설음을 당하면서도 대항도 못하여

본다."하고 원망하며 그만 참지 못하야 멋멋 사람이 강자가 되얏노라고 작당하야 가지고 곳 을동리 즉 강자의게 대하야 그곳의 무리함도 질책하고 그 편의 식이난 일이면 불복하며 될 수 잇난 대로 기회나는 대로는 을동리의게 해(害)를 가하려 하나니, 그리 되면 그 을동리는 전반이 강자이라 곧 대전(對戰)을 하야 멋멋 사람의 힘으로는 도저히 당할 수 업서 혹 욕을 보고 혹 죽고 하야 생명만 희생하게 되나니라.

그러하나 갑동리에 참 정신이 박히고 대강의 예산이라도 잇난 자가 잇으면 생명하나 업시 할 일 업시 강자가 꼭 되난 법이 잇나니라. 그 법은 을동리의 강자들이 와서 압제를 하며 토지와 전곡을 빼아스며 여러 가지로 압제를 한다 하야도 아무 소래 말고 종노릇을 잘하여 주며, 경우에 따라서 매라도 맞고 약자의 분수를 잘 직히고, 될 수 잇난 대로 외면(外面)은 어리석고 못난 체를 하야 강자로 하여금 안심을 식이고, 내용으로 급히 할 일은 엇떠한 방면으로든지 돈 벌기를 주장하고 배우기를 주장하며, 다만 몇 사람 식이라도 편심(片心)을 바리고 단심 만들기를 위주하야 자본금을 세우고, 교육기관을 설치하야 가지고 가르치며 배호고 서로 권고하되, "우리는 돈 업고 배운 것 업서서 약자가 된 것이니, 아무조록 각성하야 근검저축하며, 배우기를 힘쓰며, 우리 동리가 일심단체가 되고 보면 무엇이 두려우리요. 우리는 을동리 이상의 강자가 되자하며, 한 사람이 열 사람을 가르치고, 열 사람이 백 사람을 가르쳐서 서로 막혔든 울타리를 트며 개인주의를 바리고 단체주의를 하야, 한 동리를 위할만한 공공심이 생긴다 하면 곧 그 동리는 요부(饒富)도 할 것이요, 지식도 유여(裕餘)하게 될지라. 그리만 되면 괴롭게 시비를 안이 하야도 을동리의 강

자들은 갑동리의 형세를 보고, 이전 져의 무리한 행동을 회고하고 자겁(自怯)하야 혹독한 압제는 고사하고 져희들 스사로 빼사갓든 토지전곡도 내여 노흐며 전자의 잘못함을 후회하야 용서를 청하게 될지니, 갑동리 즉 약자들은 스사로 제 일만 하얏건마는 강자가 되얏으며, 을동리 이상의 강자가 되얏나니, 그는 을동리에서는 항상 져의가 강자인 줄만 알아서 향상심이 업고 다못 남을 업수히만 녁였으니, 물론 갑동리에 비하면 약자라 안이할 수 업느니라.

　이러한 빠른 법을 눗코 세상사람들은 약자가 되엿으면 약자된 것만 원망하고 한탄하며, 지리한 압제를 면치 못하고, 또는 혹 선각자라도 편심이 되야서 여러 사람에게 덕으로써 감화식히지 못하고 단독으로 섯불이 서들다가 생명이나 희생하나니, 어리석다 안이할 수 업나니라.

　다시 간단히 말하면 약자는 강자되기 전에 엇지하면 약자가 변하야 강자되는 이치를 알아서 강자되는 길로만 전진을 하고, 강자는 아모리 강자라도 변하여 약자가 되고 또한 엇더케 하면 강자로서 영원한 강자가 되는 이치를 알아서 영원한 강자가 되려고 노력하지 안으면 안이 되겟다."고 하시고, 또 가라사대,

　"강자로서 영원한 강위(强位)를 어든 사람의 실례를 들면, 삼천년 전 석가여래 갓튼 분이나 또, 과거에 요님군, 순님군 갓튼 분은 강으로써 영원한 강을 엇는 법을 실현하신 분이요, 강자로서 약자위에 타락된 사람의 실례를 들면 과거에 진시황 · 항우, 현대에 독일황제로 잇든 카이젤 갓튼 사람이니라." 하시니, 이 법문을 묵묵히 듯고 잇든 회중은 산심(散心)되엿든 마음이 모이여 새 정신이 돌더라.

5. 급선무의 발원장

　원기13년도 인사에 의해 경성출장소 송규 교무가 영산지부장으로 임명되어 이임하고 이춘풍 교무가 경성출장소 제3대 교무로 임명되어 6월 2일(음 4월 15일) 익산본관에서 출발하여 경성출장소에 도착하였다. 그 후 조전권이 경성출장소 공양원으로 임명되어 7월 1일(음 5월 14일) 소태산 대종사와 상경하였다. 소태산 대종사는 7월 22일 (음 6월 6일) 조전권, 김삼매화를 대동하고 계동 이공주가로 갔다. 경성 회원들이 모이자 이공주가에서 예회를 보았다.
　예회에서 '급선무의 발원장'에 대한 소태산 대종사의 법문과 이튿날 창신동회관에서 '부처님은 중생을 버리지 않는다' 라는 법문을 이공주가 수필하였다. (청하문총 1권《금강산의주인》217~221쪽)

급선무(急先務)의 발원장(發願狀)

　소태산 대종사가 제자들에게 말씀하셨다.
　"제군이 나를 찾고 나를 따름은 나에게서 요구하는 바가 있어서 그러할 것이다. 그런데도 이렇게 한 자리에 모여 앉아서도 물을 줄도 모르고 배워갈 줄도 모르니 매우 답답하구나. 내 오늘은 제군에게 급히 알고 싶은 것이 있다면 가르쳐 줄 터이니, 제목은 '급선무의 발원장' 이라고 쓰고 각자의 소망을 써서 제출해 보라."
　민자연화, "어서 견성 · 성불하기 위하여 정력(定力)과 지혜를 얻기가 급한 소원입니다."

이성각, "정도와 사도를 분별하고 죄복의 근원을 알기가 소원입니다."

성성원, "모녀(母女)의 생활비 준비만 된다면 속세를 영원히 떠나 종사주님 계신 곳으로 가서 수도생활 하기가 급한 소원입니다."

이철옥, "선악이 수천만 가지라 하오니, 그 원인을 알아 악은 말고 선만 짓기가 급한 소원입니다."

이현공, "번뇌 망상을 버리고 정신 온전하기가 급한 소원입니다."

김삼매화, "복 짓는 이치를 먼저 알기가 급한 소원입니다."

조전권, "수양력을 얻어서 어서 성불하기가 급한 소원입니다."

이정원, "죄 안 짓는 법과 복 짓는 법을 알기가 급한 소원입니다."

심오운, "고 짓지 않는 법과 낙 장만하는 법을 급히 알기가 소원입니다."

김낙원, "저도 낙(樂) 장만하는 법을 알기가 급한 소원입니다."

소태산 대종사는 각자의 급선무 발원장을 일일이 받아보시고 말씀하였다.

"제군의 발원장을 받아보니 말은 각각 다른 것 같으나 실상 그 내용에 있어서는 다 똑같은 발원이었다. 만일 한 사람이라도 급한 원이 부자가 되고 싶다든지, 무병장수가 소원이라든지, 자녀의 출세하는 법을 가르쳐 달라든지 하는 등 보통 사람들의 무리한 소원을 이루어 달라고 하였다면 나도 당장에 만족한 대답을 하여 줄 수가 없을 터인데, 다행하게도 내가 능히 가르쳐 줄 수 있는 법을 알기가 소원이라 하였으니, 내 무슨 걱정이 있을 것인가. 내 제군의 소원대로 가르쳐 주리니, 오늘의 신성만 변치 말라."

부처님은 중생을 버리지 않는다

　오늘 아침에 삼매화가 나의 이발을 하는데, 기계가 말을 잘 듣지 않고 머리카락을 집으니까 "종사님. 이 기계의 성능이 별로 좋지 못한가봅니다."고 하였다. 그 기계로 말할 것 같으면 얼마 전에 내가 공주와 같이 경성 이발기계 상점에 가서 제일 좋은 것을 산 것이다. 총부로 가져와 박대완에게 이발을 시켰더니, 잠깐 사이에 다 깎고 "참. 좋은 기계입니다."고 하였다. 또 전음광에게 이발을 시켰더니, "기계가 아주 좋아서 힘 안들이고도 잘 깎여집니다."고 말하였다. 그 다음에는 송도성에게 깎아 보라고 했다. 그러나 도성은 머리를 잘못 깎았다. 그래서 나는 도성은 머리 깎는 기술이 부족하다고 생각했다. 오늘 삼매화는 자기가 머리 깎는 기술이 모자란다고 생각지는 않고 도리어 기계의 성능이 나쁘다고 말하니, 이는 참으로 기막힌 일이다.

　이발기계도 많이 사용해 봐서 기술이 능한 사람은 그 기계의 좋은 것을 알아보고 칭찬을 하지마는, 기술이 서투른 사람은 기계가 아무리 좋아도 잘못 깎을 뿐만 아니라 도리어 기계가 나쁘다고 까지 말한다. 우리가 사람을 쓰는 것도 기계 사용하는 것과 같다. 사람을 많이 써보고 잘 쓸 줄 아는 사람은 그 사람의 장점과 단점을 알아서 적절히 부려쓰는 것이다. 그러나 만일 장점은 못보고 단점만 발견하여 나무라기만 한다면 잘 이용할 수도 없을 뿐만 아니라 서로 화합할 수도 없는 것이다.

　부처님은 선악간에 버리는 것이 없이 다 이용할 줄 알지만, 중생들은 사람을 쓸 줄 모르므로 장점은 발견하지 못하고 단점만 드러내는 것이다.

　옛날에 석가 세존께서는 조달이와 같은 사람도 크게 써 주었으나, 조달이

는 부처님의 흉을 팔만사천가지로 보며 온갖 험담을 다 하였다고 한다. 그러나 부처님은 "조달이는 나와 조금도 다름없는 자비로운 부처다. 아니 나보다도 더 많은 일을 하는 부처라 할 것이다. 나는 극락에 편안히 앉아서 중생들에게 고해를 버리고 극락으로 오라고 지도하지마는, 조달이는 지옥에 들어가 온갖 고초를 직접 받으며 모든 중생들에게 자기처럼 죄를 지어 지옥에 떨어지지 말라고 가르치고 있다. 모든 중생들은 조달이의 지옥고를 보고 겁을 내어 죄를 적게 지으니, 나 이상으로 중생 제도를 더 많이 한다."고 하시었다. 만일 부처님 보고 조달이가 하는 일을 하라고 한다면 잘못할 것이다.

이와 같이 부처님은 조달이를 버리지 않고 잘 이용하였지만 조달이는 부처님을 끝끝내 배척하였으므로 길이 지옥고를 면치 못하였으니, 제군은 어서 부지런히 공부하여 성불하기를 바라노라.

6. 무궁한 천조의 박람회

　원기15년 4월호인 〈월말통신〉 제26호에 '무궁한 천조의 박람회' 라는 제목의 소태산 대종사 법문을 송도성이 수필하였으나 목차에만 제목이 보일 뿐 법문은 연재가 되지 않았다. 그리하여 소태산 대종사께서 법문하신 날짜와 상황을 정확하게 알 수 없다. 그러나 경성 경복궁에서 일제는 시정20주년 기념(1929년) 조선박람회를 10월 1일부터 10월 31일까지 개최하였으므로 법문의 내용상으로 보면 원기14년(1929) 10월 초경에 익산본관에서 하신 법문으로 볼 수 있다. 이 법문은 〈대종경〉 불지품 19장에 수록 되어있다.

　한 제자 사뢰기를 "방금 서울에서 큰 박람회(博覽會)를 개최 중이라 하오니 한번 관람하고 오심이 어떠하오리까." 대종사 말씀하시기를 "박람회는 곧 과거와 현재를 비교하여 사·농·공·상의 진보된 정도를 알리는 것이요, 또는 견문을 소통하여 민지의 발달에 도움이 되게 하는 것이니 참다운 뜻을 가지고 본다면 거기에서도 물론 소득이 많을 것이나, 나는 오늘 그대에게 참으로 큰 박람회 하나를 일러 주리니 잘 들어 보라. 무릇, 이 박람회는 한없이 넓고 커서 동서남북 사유(四維) 상하가 다 그 회장이요, 천지 만물 그 가운데 한 가지도 출품되지 않은 것이 없으며, 개회 기간도 몇 억만 년이든지 항상 여여하나니, 이에 비하면 그대의 말한 바 저 서울의 박람회는 한 터럭 끝만도 못한 것이라. 거기에서 아무리 모든 물품을 구비 진열한다 할지라도, 여기서 보는 저 배산이나 황등호수는 옮겨다 놓지 못할 것이요, 세계에 유명한 금강산

은 출품하지 못하였을 것이며, 또는 박물관에는 여러 가지 고물을 구하여다 놓았다고 하나 고물가운데 가장 고물인 이 산하대지를 출품하지는 못하였을 것이요, 수족관에는 몇 가지의 어류를 잡아다 놓았고 미곡관에는 몇 가지의 쌀을 실어다 놓았다 하나 그것은 5대양의 많은 수족 가운데 억만 분의 일도 되지 못할 것이며 6대주의 많은 쌀 가운데 태산의 한 모래도 되지 못할 것이요, 모든 출품이 모두 이러한 비례로 될 것이니, 큰 지견과 너른 안목으로 인조의 그 박람회를 생각할 때에 어찌 옹졸하고 조작스러움을 느끼지 아니하리요. 그러므로, 이 큰 박람회를 발견하여 항상 이와 같은 도량으로 무궁한 박람회를 구경하는 사람은 늘 무궁한 소득이 있을 것이니, 보는 대로 얻을 것이요 듣는 대로 얻을 것이라. 그러므로 예로부터 지금까지 모든 부처와 성현들은 다 이 무궁한 박람회를 보아서 이 회장에 진열된 대소 유무의 모든 이치를 본받아 인간의 시비이해를 지어 나가시므로 조금도 군색함이 없었나니라."

원기14년 음 11월 26일, 익산본관 예회가 금강원에서 있었다. 소태산 대종사는 '기틀을 알면 편안한 것이다' 라는 박람회에서 얻은 감상법문을 하였다. 법문을 송도성이 수필하여 원기15년 음 6월과 윤 6월호인 〈월말통신〉 제28,9호 법설난에 발표하였다. 익산본관의 예회록과 법문을 통하여 초창기 예회의 모습을 알 수 있다.

본 일은 본회 창립한도 제2회 내 16차의 월예회(원기14년 음 11월 26일) 였다. 전음광씨의 사회 하에 예회순서가 진행된 바 특히 본 일은 종사주의 하명

에 의하여 타 순서는 폐지하고 선객 중 기간훈련의 결과 즉 각자 감상을 토로키로 했다. 남자계로 이호춘군의 "인생은 나(我)라는 상에 끌려 박덕경조(薄德輕兆)가 생겨 죄악의 구렁에 침륜(沈淪)하나니 우리는 나를 떼어버리고 매사 작용시 오직 자리이타의 공공연한 중도에서 활동하라."는 사자후와 다음 송봉환군의 "우리는 원이 커야한다."는 옥을 깨는 듯한 열변이며, 김대거군의 "근묵자(近墨者) 흑(黑)이요. 근주자(近朱者) 적(赤)이니 우리는 정의의 방면에 종사하여 정의의 습관을 가지라."는 하늘을 잡고 바위를 치는 우렁차고 또 씩씩한 사나이다운 말 소래가 청중의 정신을 사무쳐 깨웠다. 청중의 손바닥은 불에 덴 손 같이 호닥호닥 하여짐을 깨달을 때 박수의 소리는 금강원에 높아졌다. 사회의 "오늘은 법의 박람회이니, 여러분은 정신을 모아 구경하시라."는 권사에 일층 장내는 긴장미를 더하였다.

　최후로 종사주 조선박람회에서 얻으신 감상을 말씀하시니 일동은 가위 열광적이었다. 김남천씨의 환희에 넘쳐 성성한 백발을 휘날리고 추는 그 무도, 전삼삼씨의 감탄에서 우러나는 묵묵한 재배는 만장의 흥기를 고무하였다. 불가피(不可避)이다. 광음이여 도흥(道興)이 깊어 가는 이때 벽상의 괘종이 열 둘을 울었다. 청중은 만강의 기쁨과 섭섭함을 흉금에 가득 차고 사회의 폐회 선언을 따라 예하고 일어났다.

　'무진 구월 경에 종사주께옵서 상경하시와 당시 개최 중에 있든 조선박람회를 보시고 익산본관으로 환가하시여 모든 제자에게 박람회 관람에 대한 감상을 말씀하시니 아래와 같더라.

　내가 이번에 상경한 것은 박람회 관람이 참 목적이 아니라, 회무 상 부득이한 긴관사(緊觀事)가 있어 갔다가 여러 사람의 권고에 의하여 잠깐 입장한 것이다. 그러므로 모든 관찰이 충분치 못하였을 것은 사실이다. 그러나 박람회를 관찰하든 중 한 가지 감상된 바가 있었음으로 오늘 이 자리에서 제군과 그 감상을 나누려하노니 그 감상된 바는 다름 아니라 회장을 돌아 한편 구석에 이른즉 아마 그것이 화재보험회사의 설비물인 것이었다.

　어떠한 가정에 화재가 나서 방금 불꽃이 훌훌 타오르고 동량이 툭툭 무너져서 웅장하고 화려하든 그 좋은 건물이 일시에 형지(形地) 없이 소화될 지경이니, 누구나 그 광경을 당하는 자가 경겁한 마음을 가지지 아니할 수 없으며 초조한 낯빛을 띠우지 않을 수 없건마는 의외에도 그 집 가족 사오인은 평시와 같이 태연자약한 태도로 조금도 그러한 기색이 나타나들 아니 하였다. 나는 하도 이상하기로 그 이유를 더듬어 본즉 다름이 아니라 그 집 주인들은 그 건물 전부를 화재보험에 가입하여 손에다가 보험증 일 매를 들고 있었다. 이 집이 형지 없이 소화된다 할지라도 이 보험증 일 매면 넉넉히 훌륭한 건물을 이뤄낼 수 있다는 자신이 있음으로 서이다. 나는 그것을 볼 때에 과연 그러할 일이 다 무엇이나 자신이 있고 준비가 있는 일에는 이렇게 넉넉한 태도가 나는 것이다. 그러나 자신이 없고 준비가 없는 일에는 아무리 안심을 하려하나 자연적으로 나타나는 경동(驚動)한 태도를 감출 수 없는 것이다. 우리가 항상 말하기를 생사고락에 해탈하자 생사고락을 해탈해야 된다. 이렇게 부르짖건만은 생사의 원리를 모르는 사람으로서 아무리 해탈을 하려하나 도저히 할 수가 없는 것이다. 만약 사람의 생명이 한 번 죽어짐에 다시 회복되는 이치가

없이 영영 소멸되는 줄로 알진대 누가 아니 슬퍼하며 어찌 아니 경동하랴. 이것은 마치 화재보험에 들지 아니한 빈민이 그 집 한 채만 소화하면 다시 집 한 간 의지하지 못할 처지에 있는 자로서 졸지에 화재를 당한 것 같은 것이다. 그러나 그 원리를 아는 사람의 견지(見地)로 볼진대 이 육체의 한 번 나고 죽고 하는 것은 옷 한 번 갈아입음에 조금도 다를 것이 없을 것이다. 변(變)함에 따르는 육체는 이제 죽어 없어진다 하여도 변함이 없는 소소(昭昭)한 정령(精靈)은 영원히 사라지지 아니하고 또 다시 다른 육체를 받을만한 원소(元素)를 포장(包藏)하였나니(무간지옥에 타락하여 육체를 받지 못하는 수도 있지만은) 그 일단의 정령이란 저 화재보험증 일 매가 다시 새 건물을 이뤄낼 능력이 있는 것과 같이 또한 사람의 영생을 보증하고 있나니라. 그런 고로 이 이치를 아는 사람은 생사에 안심할 것이요, 모르는 자는 초조 경동하지 않을 수 없게 되리라. 또 고락으로 말하여도 아무리 당하기 어려운 고를 당하나 그 고가 정당한 고가 되어서 오냐? 이 고를 지내고나면 반듯이 무궁한 낙이 올 것이다. 그럼으로 나는 장래의 낙을 준비키 위하여 지금 능히 이 고(苦)를 참는다. 이렇게 확호(確乎)한 자신과 구든 결심이 있을진대 그 고를 그다지 괴로이 느껴지지 아니할 것이니 그것은 현재의 고가 능히 미래의 낙(樂)을 보증하고 있는 소이다. 그러나 희망이 없이 그러한 준비가 없이 망망한 고해에서 영원히 헤매일 일을 생각할 때에 어찌 한심치 아니하며 가련치 아니하랴 하시더라.'

※ 무진 9월경 소태산 대종사 상경하여 조선박람회를 관람하였다고 한 것은 무진년이 아닌 원기14년 기사년이며 9월은 음력 9월이다. 〈대종경〉 천도품 6장에 요약·정리 되었다.

7. 소태산 대종사 남산에서 청년들과 만남

경성출장소 교무 이춘풍이 건강상 근무할 수 없자 소태산 대종사는 상경하여 익산본관으로 치료차 보내고 이공주에게 임시로 경성출장소를 관리하도록 하였다. 그 후 원기14년 10월 29일(음 9월 27일) 상경하여 경복궁에서 열리고 있던 조선박람회를 구경하고, 11월 어느 날 혼자 남산에 올랐다. 소태산 대종사 남산에서 사회주의를 신봉하는 두 청년과 만나 나눈 이야기가 손정윤의 《원각성존 소태산 대종사 일화집》에 상세히 소개되었고, 〈대종경〉 전망품 10,11장에 소개되었다. 아래 내용은 일화집에 소개된 내용이다.

소태산 대종사는 원기14년 11월 어느 날, 혼자서 남산에 올라 경성 시내를 굽어보며 조국의 장래를 걱정하고 있었다. 그때 마침 청년 두 사람이 남산 위에 올라와서 산책을 하고 있었는데 그들의 눈에 소태산 대종사가 범상하지 않은 인물로 보였다. 그들은 소태산 대종사에게 다가와서 말을 걸었다.

"처음 뵙겠습니다. 저희들은 사회주의를 신봉하고 있는 청년들입니다. 많은 가르침을 받고 싶습니다."

"아. 그렇습니까? 나는 전북 익산에서 올라온 시골 사람입니다."

"저희들의 첫 눈에 선생님께서는 매우 비범한 어른으로 느껴졌습니다. 무슨 일을 하고 계신지요?"

"나는 이름 없는 평범한 농민입니다. 그리고 종교단체에서 일하고 있습니다."

"아, 역시 그렇군요. 그러시다면 혹시 차천자(차경석)라는 분의 보천교를 알고 계십니까?"

"이름은 들어서 알고 있습니다."

"보천교가 요즘 사회에서 상당한 물의를 일으키고 있습니다. 친일행위를 자행하면서 혹세무민하고 있습니다. 그래서 우리 청년단체가 보천교의 비행을 성토하고 전라도로 내려가 그 존재를 박멸하려 합니다."

"보천교가 잘못하는 일이 무엇인지요?"

"그들은 미신스런 말로써 인심을 유혹하고 가난하고 불쌍한 농민들의 재산을 사취해서 그들로 인해 패가망신한 농민들이 부지기수입니다. 그들은 사취한 재산으로 호화생활을 하면서 일본과 야합까지 하여 그들의 앞잡이가 되고 있습니다. 이러한 종교는 우리 민족을 더욱 병들고 가난하게 만들 것입니다. 또한 이러한 종교의 교세가 확장되면 세계에까지 나쁜 영향을 미칠 것입니다. 그래서 차라리 없애버리는 것이 우리 민족과 세계를 위하여 옳은 일인 줄로 알고 있습니다."

"청년들의 뜻은 충분히 이해가 갑니다. 민족과 조국을 사랑하는 그 마음이 고맙기도 합니다. 그러나 무슨 일이든지 자기 생각에 한번하고 싶어서 죽기로써 하는 때에는 다른 사람이 아무리 못하게 해도 쉽게 되지 않을 것입니다. 무슨 능력으로 보천교가 하는 일을 막을 수 있을까요?"

"그렇다면 보천교는 박멸되지 아니하고 영원히 존속될 것이라는 말씀인가요?"

"정도(正道)라 하는 것은 처음에는 해로운 것 같으나 필경에는 이로움이 되

고, 사도(邪道)라 하는 것은 처음에는 이로운 것 같으나 필경에는 해독이 돌아오는 것입니다. 보천교가 만약 정도라면 청년들이 아무리 박멸하려 해도 없어지지 않을 것이요, 만약 사도라면 박멸하려 아니해도 자연히 없어질 것입니다."

"그러시다면 어떠한 방법이라야 이 세상을 길이 잘 교화할 수 있을까요?"

"가령 큰 들에서 농사짓는 사람이 농사 방법도 잘 알고 일도 부지런히 하여 다른 사람들보다 훨씬 많은 수확을 올린다면 주위 사람들이 그것을 보고 서로 앞 다투어 배워갈 것입니다. 그러나 자기 농사는 잘 짓지 못하면서 다른 사람들에게 말로만 권한다면 사람들이 결코 따르지 않을 것입니다. 그러므로 내가 먼저 시행하는 것이 남을 교화하는 좋은 방법이 될 것입니다."

"보천교는 남을 속이는 행동으로 민중들을 오히려 도탄에 몰아넣으니 없애 버리는 것이 옳지 않을까요?"

"보천교도 세계사업을 하고 있고, 청년들도 또한 세계사업을 하고 있습니다."

"어찌하여 그처럼 혹세무민하는 보천교가 세계사업을 하고 있다는 것입니까?"

"보천교는 비하건데 사냥할 때 몰이꾼과 같은 것입니다. 몰이꾼이 있어야만 포수가 사냥을 잘 할 수 있습니다. 지금은 묵은 세상을 새 세상으로 건설해야 할 시기입니다. 세상 사람들이 그러한 형편을 깨닫지 못하고 발원 없이 깊은 잠에 빠져들었는데 그러한 각색 종교가 사방에서 일어나 모든 사람들의 잠을 깨우고 마음을 일으키니, 그때서야 세상 사람들이 진실된 일도 겪어보

고 헛된 일도 겪어보며, 남을 속여도 보고 속기도 하며, 세상 모든 일의 허실과 시비를 알게 되어, 결국 정당한 종교와 정당한 사람을 만나 정당한 사업을 이룰 것입니다. 그러므로 그러한 종교들도 몰이꾼 노릇을 해 준 공덕이라, 세계사업을 하고 있다는 것입니다."

"저희들은 어찌하여 세계사업을 하고 있다는 것입니까?"

"청년들은 모든 종교의 하는 일을 보아서 잘 하는 일은 세상에 드러내고 잘못하는 일은 비판합니다. 누구나 비난을 받을 때에는 분한 마음이 있을 것이요, 분한 마음이 있을 때에는 새로 정신을 차려 비난받지 않도록 노력할 것입니다. 그러므로 청년들은 세계사업을 하는 동시에 모든 종교에 힘을 도와주는 반성을 촉구하는 사람들입니다. 만일 청년들 같은 사람이 없다면 모든 종교가 더욱 발전하고 반성하기 어려울 것이므로 청년들의 공덕이 크다 할 것입니다."

"선생님 말씀은 두루 통달하여 하나도 막힘이 없습니다."

8. 지환선의 감상담

지환선의 감상담은 황이천 〈일정하 사찰형사의 회고〉 - 내가 내사한 불법연구회- 원불교신보 107호에 소개된 내용이다.

지환선은 47세 되던 원기16년에 신원요의 지도로 소태산 대종사를 뵙고 제자가 되었다. 소태산 대종사의 지도를 받으면서 재생의 길을 얻은 듯 이 공부 이 사업에 오롯하였다.

그는 경기도에서 태어나 15세에 이씨가로 출가하였다가 부군의 변심으로 인하여 덧없는 생활을 보내던 중, 소태산 대종사께 귀의한 후 전무출신하여 경성지부와 남선(신도안)지부 순교로 교화에 남다른 정열을 보이며 소태산 대종사의 법을 전했다.

지환선은 총부 하선에 입선하여 회화시간에 입회 감상담을 발표하였다.

"나는 경성에서 왔습니다. 나는 무남독녀로 부친께서 나의 배우자를 골랐습니다. 재산도 넉넉하고 하니, 그 사람을 중학도 가르치고 또 일본대학에 유학시켰습니다.

나는 남자가 귀국하기를 기다리고 있었는데, 동경에서 착실히 공부를 한 후 변호사 시험에 합격하고 다른 여성과 혼인하여 아이까지 낳았다고 합니다. 다음에 그가 평양으로 건너와 단란하게 생활하고 있다는 소식을 늦게야 들은 나는 화가 치밀어 살 수가 없었습니다.

홧김에 평양에 쫓아가 그 집에 가서 가재도구를 산산이 다 두들겨 부수어 버리곤 하기를 수차 했는데, 쫓아가면 벌써 그 사람들은 도망쳐 버렸습니다.

그것도 연거푸 하니 나도 실증이 날 정도인데 상대자는 어떻겠습니까? 그래 나는 그만두고 마음 둘 곳이 없어 재산이 있으니 부모에게 돈을 얻어 날마다 시내 구경이나 다니곤 했습니다.

그러던 어느 해 4월, 석존탄일에 관등하러 절에 갔더니 모인 신도들 사이에 '전라도에 생불님이 났다'는 이야기가 파다하였습니다. 나는 지체 없이 그 이튿날 길을 떠났습니다. 그 생불님을 뵙고 내 일을 호소해 볼 생각으로 경성을 떠났던 것입니다. 난생 처음의 전라도 행이었습니다.

어떻게 온지도 모르게 불법연구회에 당도하여 처음으로 종사님을 뵈오니 내 마음에 틀림없는 생불님으로 생각되었습니다. 예배 후 나는 소원을 하소연했습니다. 그랬더니 종사님 말씀이 '참 잘 찾아왔다' 하면서 '당신이 한 남자의 아내로 결정이 되면 무척 편하고 평화로운 생활이 이상대로 될 것같이 생각했으나 그런 것은 아니요. 그러니 그렇게 한 가정 주부생활로 그치지 말고 이 대중생활에 협력하여 착실히 공부하면 오히려 인간락보다도 천상락을 누릴 수 있을 것이오. 남편이 현재 취처(娶妻)를 하여 자녀를 두었다 하니, 그게 다 결국은 당신 자녀가 될 것이니 그렇게 미워하지 말고, '내가 할 고생을 그대가 한다' 하고 마음을 돌려 대하게 되면 전체가 다 평화로운 낙원으로 변해갈 것이오. 그때에는 내 말이 옳다 생각되어 당신은 무상락을 누리게 될 것이니 그리 해 보시오.' 하시는 법설을 듣고 그대로 마음 고칠 것을 종사님께 다짐했습니다.

　그리고 수일 후 평양에 가서 보니 내가 오는 것을 보고 그 남자는 혼비백산 도망치는 것이 아닙니까! 내가 찾아가 위무하고 '그간은 내가 다 잘못했으니 그리 알고 자녀들도 착실히 기르고 안심하고 살라' 하면서 어린애들도 업어 주고 하면서 여러 날 머물렀습니다. 그랬더니 내 자신 마음도 편안하고 그 사람들도 안심하여 그 연유를 물어왔습니다. 나는 종사님께 교화를 받았다고 하였더니, 그들도 총부에까지 다녀가게 되었습니다. 그래서 그들도 독실이 신봉하게 되었고 현재도 매월 남자가 30원, 여자는 생활비를 절약하여 5원씩 35원씩을 꼭 보내왔습니다.

　나는 태평하게 이 총부에서 좋은 말씀 듣고 내 자신 분에 넘치는 생활을 하고 있습니다."

9. 지환선씨의 독실한 정성을 보고

원기19년 11,12월호인 〈회보〉 제13호에 경성지부 이완철 교무가 소개한 지환선의 예회 참석상황을 통하여 그 정성됨을 엿볼 수 있다.

제 아무리 악마의 세력이라도 참 정성의 앞길은 막아낼 수 없는 것이다. 이에 한 실례를 들어 소개하려 한다.

어느 예회 날 아침이었는데 가을 하늘은 맑게 개이고 아침 일기는 매우 상쾌하였다. 관내(館內) 일동은 예회 준비에 총망(悤忙)히 분주하던 중 의외에 보기에도 위태위태한 어떠한 병인(病人)이 침약(沈弱)한 병구(病軀)를 좌우 부액(扶腋)해 의지하여 대문 밖에 출현하였다. 그 광경을 본 여러 사람은 전지도지(顚之倒之)하여 창황히 나서 맞으니 이는 곧 일반이 우려하던 지환선 씨였다.

씨(氏)는 사은께서 그의 정성을 시험하기 위하여 병마를 파송하셨던 것인지 마침 10여 일 전부터 불시(不時)에 병이 발작하야 병세는 자못 중태에 들어 불성인사(不省人事)의 경(境)에 이르러 양의 한약으로 전 가족은 치료에 일대 소동이 일어났던 것이다. 그러나 위통(胃痛)중에 있는 씨는 예회 전기(前期) 1, 2일부터 나는 기필코 예회 출석은 하겠다고 선언한다. 그럼으로 좌우에서 단연히 만류하였더니 예회 일인 아침에는 혼침 중에 있는 몸을 분연히 떨치며 예회 행장을 차린다. 내 이만한 병마로 인하여 나의 생명인 목적을 폐(廢)할 수 없다는 엄연한 호언(豪言) 하에 가족의 만류도 쓸데없고 병마의

항거도 자취를 감추어 버린다. 단연히 일어나 극도로 쇠약한 몸을 이끌고 오직 혈성의 한 줄기 힘에 의지하여 초원한 거리를 도보로 천신만고 중 이와 같이 도달하였던 것이다. 그날 예회를 마치고 귀가 한 후로도 병세는 여전히 계속하여 날로 중통(重痛)을 겪었다. 그러나 씨의 부단의 정성은 이에 조금도 굴요(屈橈)함이 없이 그 다음 예회에도 그전 모양으로 또 출석하였었다. 이 정경을 본 여러분은 그 정성을 경탄치 아니 할 수 없었다. 이 후로부터 굳센 정성의 힘에 정복을 당한 병마는 제 목적을 이루지 못하고 속절없는 한숨을 쉬고 물러가 버렸으며 씨(氏)는 병마에게 대승리를 얻어 아주 쾌활한 몸이 되었다. 씨의 말에 의하면 금번 병상이 꼭 심상치 안할 줄 알았더니 이와 같이 용이(容易)히 퇴치된 것은 반드시 사은의 암조(暗助)라고 한다. 과연 그렇다. 우리의 관측에도 틀림없는 일이다. 이런 혈성의 하(下)에 악마가 어찌 항복치 않으며 사은이 어찌 도움이 없으랴.

금번 이런 기사(奇事)는 우리 여러 나약한 자에게 한 개의 폭탄을 던져 주었다. 만약 가정의 소소한 장애가 자신의 심상한 사고를 빙자하여 교무부 출석에 무성의한 자는 씨의 행사를 들을 때 양심이 가책되며 머리가 수그러지리라고 생각한다.

10. 나의 제초한 뜻을 아느냐

원기19년 경성지부 제2회 갑술하선 때에 소태산 대종사 상경하여 7월 15일 (음 6월 4일) 경성지부 회관 앞뒤뜰에 난 풀을 친히 제초작업을 하여 모든 초목의 썩은 낙엽을 긁어 주고 도량을 청결히 한 후에 하선에 참여한 회원들에게 법문하신 내용을 이공주가 수필하여 원기19년 8,9월호인 〈회보〉 제11호에 발표하였으며 〈대종경〉 실시품 15장에 요약·정리 되었다.

원기19년 음 6월 4일은 종사주 경성수양원(돈암동회관)에서 계시며 앞뒤뜰에 풀 난 것을 보시더니 친수(親手)로 제초하시며 도량을 청정히 하신 후에 여러 사람에게 말씀하여 가라사대, "오늘 내가 앞뒤 뜰의 풀 뽑은 뜻을 아는가? 제군도 아는 바와 같이 근자에는 내가 본관에 있으면 풀을 뽑지 않나니 그것은 사람들이 이제는 다 저의가 알아서 묵히지 않고 제초하는 고로 내가 간섭치 않는 것이니라.

그러나 이곳에 와서 본즉 뜰에 잡초가 나서 묵어가지고 있음으로 이 집을 수호하는 사람들이 본을 보고 각성있으라고 실제로 보여줌이요, 또는 내가 항상 하는 말이거니와 각 지방에 나가 있는 교무들은 언제든지 교편만 쥐고 앉았을 것이 아니라, 그 교당을 수호할 줄도 알고 제초 등 초목을 가꾸어 줄 줄도 알며 기구 등속을 정리할 줄도 알아야 하나니 이러한 말은 교무가 더욱 명심하여 들어 둘지어다." 하시고, 계속하여 가라사대

"그런데 내가 뜰에서 풀을 뽑다가 곰곰이 생각하여 본즉 여러 가지로 감상

이 나더라. 다름이 아니라 저 곡식이나 채소 등은 그 종자를 심고 거두고 비료를 주어 잘되기를 바라건만 충재(蟲災) 한재(旱災) 혹은 수재(水災) 등으로 오갈에 들기 쉽고 그 반면에 잡초는 누가 심은 바도 없고 스스로 나오면 뽑아버리건만은 조금만 버려두면 잔뜩 무성하나니 그것은 마치 모든 사람들이 인도정의는 아무리 가르쳐도 잘 이행치 못하고 나쁜 일, 불필요한 일은 금지시켜도 잘하는 것과 같나니라. 그리고 또 막 나오는 어린 풀은 손만 대면 쑥 뿌리채 뽑혀서 그 자리도 항상 풀이 아니 난 것과 같이 깨끗하다. 그러나 오래 버려두어서 잡초가 번식이 되고 뿌리가 깊이 박히면 잘 뽑혀지지 않고 자연 그 땅이 묵어지게 되나니라. 그와 같이 우리 인생의 심전에서는 악심(삿된 마음)이 무시로 길어나서 오늘도 내일도 악심이 땅에서 잡초 나오듯 자라나나니, 그런데 뜰의 잡초를 뽑아주는 것과 같이 그 나오는 악심을 능히 제거할 줄 알아야 할지니라.

그러면 악심이란 무엇인가? 곧 불의의 마음 나쁜 마음을 이름이니 살·도·음, 주색, 잡기, 탐·진·치 등이 잡된 마음이니라. 그런데 만일 악심이 생겨도 제거할 줄을 모르고 그대로 키운다면 뜰의 잡초 키운 것과 같아서 그 악심의 뿌리가 깊고 넓게 무성할 것이 아닌가. 한 예를 든다면 아편 먹을 마음이 있는 사람이 마음 나는 대로, 한 번 두 번 열 번 스무 번 자꾸자꾸 먹어, 버릇하여 보라. 나중에는 도무지 참기가 어렵고 점점 아편인(阿片印)이 박힐 것이니 그렇게 되면 잡초 무성한 묵정밭과 같아서 여간하여서는 그 습관을 뗄 수 없나니라. 그 반면에 아무리 나쁜 마음이 나더라도 그 당장에 참아서 범하지 않는다면 별다른 힘을 안 들이고도 그 악심을 제거할 수 있나니, 자고

로 부처와 범부가 그 심전은 다 같이 가졌건만은 그 심전에서 발생되는 악심을 뽑아버리어 깨끗하게 매어버린 자는 부처라 칭하고 그 마음에서 생각나는 대로 하여 그 악심을 뽑지 못하고 묵정밭을 만든 자는 범부라 하나니라.

  대개 자기 심전의 악심을 맬 줄 아는 사람이 마당의 잡초도 매어줄 줄 아나니 집이나 몸이나 마음이나 단속을 잘 할 줄 알아야 방가위지(方可謂之) 사람이요, 참다운 사람이라는 것은 저의 심전도 맬 줄 아는 동시에 남의 심전까지도 매어줄 줄 아나니 제군은 오늘 나의 풀 매어 준 뜻을 알아 둘지어다."고 하시더라.

11. 황정신행의 질문

소태산 대종사께서 제자들에게 "앞으로는 모든 종교가 하나가 된다는 것이 아니라 서로 이해하고 넘나들며 모든 면에서 원만한 종교라야 할 것이다."라고 하였다.

황정신행은 종부 정기훈련에 참여하여 소태산 대종사께 궁금한 점이 있으면 거침없이 여쭈었다. 그는 소태산 대종사께 귀의하기 전 기독교를 다녔었기에 기독교와 관련해서 종종 질문을 하였다. 그 당시의 일화를 황정신행의 술회이다.

언젠가 선방에서 종사님이 하신 말씀이신데 "예수가 하느님 아드님이에요. 그것을 다 깨야 된다."고 그래요.

나는 부처된다고 그러서 놓고는 또 무슨 예수가 하느님의 아들이라는 것을 깨야 된다고 그러시나, 하고 생각했다.

다른 사람들이 물으면 "쉬어. 쉬라고!"하며 질문을 못 하게 하시더라고요. 그런데 제가 질문을 하면 들어 주더라고요.

"예수가 어떻게 하느님의 아들인가요?"

"내가 경을 보니까, 예수가 욕심이 없어. 또 성내는 일도 없지. 또 자기가 하느님의 아들이라고 내세우는 일도 없지. 그렇게 보니까 하느님의 아들이 옳지, 옳아."

"종사님께선 부처님 되는 것만 아시는 줄 알았는데 어떻게 아십니까?"

"하느님의 아들이 아니면 어떻게 죽은 사람을 살려주고, 또 물 위를 건너서 저 건너편 동네 사람에게 전도하러 갔겠냐. 이 사람이 탐·진·치, 세 가지가 다 떨어져서 그렇지. 그렇지 않으면 개천만 건너가더라도 벌벌 떠는데 그 물 위를 걸어갈 것이여. 하느님의 아들이라구. 예수가 아는 것이나 부처가 아는 것이나 다 같은 것이다. 진리가 둘인가. 진리는 하나야. 예수도 그 진리를 깼어. 그 세 가지 욕심이 다 떨어지면 부처가 되니까. 부처도 깬 진리가 그거야. 욕심이 떨어지니까 다 마음대로 하잖아. 하느님의 뜻을 아니까 하느님의 아들이다. 그러니 부처이고 예수이고 하나라는 것을 곧 알 거야."

그래서 지금 가만 생각해보면 대종사님이 왜 예수님이 하늘의 아들이라는 것을 자꾸 말씀하셨을까. 생각해보면, 내가 예수 믿다가 와서 더 가르쳐 주셨나 봐요. 혹시라도 후회할까봐.

지방 교화하러 가는 사람들이 그래요. '원불교가 제일'이라는 선생이 많아. 제일은 제일인데 그 말을 감춰 두질 못해. 목사들도 서투른 목사들은 흔히 남의 종교를 치더라고요. 그리고 부처는 미신이고 예수를 믿어야만 바른 믿음인 줄 알잖아요. 그런 사람들은 덜 믿고 덜 깼구나 하는 생각이 들어요.

예수교에서는 부처와 하나라는 얘기를 못 들어봤거든요. 그런데 대종사님께서는 하나라는 것을 그렇게 가르쳐 주신 것이 위대한 점입니다.

※ 위의 내용은 〈한울안신문〉 제3호 황정신행의 -현장설법- 내용이다.

12. 밥 한 그릇의 소중함

원기24년, 정일지(丁一持)가 경성지부 서기로 근무할 때의 일화이다.

경성지부는 김삼매화가 감원의 책임을 맡고 있었다. 당시 돈암동회관의 식당채는 집이 누추하고 천정이 낮고 방은 음침하였다. 정일지는 평소에 위생관념이 철저하여 식사만 끝나면 곧 밖으로 나와 찬바람 쏘이기를 좋아하였다. 퀴퀴한 냄새가 나는 방에서 김치, 된장 냄새가 정일지에게는 무척 역겨웠던 것이다. 김삼매화는 정일지의 이러한 행동이 약간 마음에 거슬렸다.

'일지 선생이 위생을 찾는다고 밥만 먹으면 얼른 밖으로 나가는데, 언제부터 그렇게 신선이 되었나? 사람이란 죽으면 땅속에 묻혀 한 줌 썩은 흙이 되는 법이다. 지금 우리 국민들의 생활이란 마치 땅속의 두더지같이 어렵게 살아가는 형편이 아닌가 말이다. 식사할 때 탁한 공기를 억지로 참느라고 얼굴을 찡그리는 모습이라니, 마치 지렁이를 삼킨 표정같애. 혼자서만 깨끗한 체 하는데, 어디 기회만 한 번 와 바라. 가만두지 않을테다. 단단히 놀려 줘야겠다.'

그러던 어느 날 소태산 대종사가 총부에서 경성지부에 왔다. 김삼매화는 "옳지. 되었다. 바로 이 때다."며 기회를 만났다고 생각했다.

김삼매화는 소태산 대종사의 진짓상을 물린 후 정중히 입을 열었다.

"종사님. 방안 공기가 매우 탁하시지요?"

"응. 별로 맑지는 못한 것 같구먼."

"식당채를 좀 잘 지었으면 좋겠어요. 깨끗하고 공기도 맑은 방에서 종사님의 진짓상을 올리고 싶어요."

"거. 무슨 말을 그렇게 하나? 지금 우리 국민들의 생활 형편이 어떻게 생겼는데. 비록 누추하지만 이런 방에서 밥을 먹을 수 있다는 것도 큰 다행으로 알아야지. 집도 없이 추운 만주 벌판에서 유랑하는 동포들이 얼마나 많은데 그런 말을 하나. 그 뿐인가 수많은 독립운동가들이 이국의 하늘 아래에서 고국을 그리며 찬 이슬을 맞고 있다는 사실을 잊어서는 안 돼."

"종사님 말씀 잘 알겠습니다. 정말 우리 국민들의 형편에는 이런 방도 과분한 일입니다. 그런데 종사님, 일지 선생은 이 방안 공기가 나쁘다고 식사만 끝나면 얼른 밖으로 나가 맑은 공기를 마신답니다. 밖으로 나갈 때의 표정을 보면 꼭 감옥에서 풀려나가는 사람같은 얼굴입니다."

소태산 대종사는 이 말을 듣자 정일지에게 물었다.

"삼매화의 말대로 일지는 식사만 끝나면 맑은 공기를 마시러 밖으로 나가는가?"

"네. 그렇습니다. 종사님."

"일지는 밥을 먹을 때 어떠한 생각을 하는가? 으레 먹는 것으로 알고 무심히 먹는가? 아니면 어떠한 생각을 갖고 먹는가?"

"뭐. 별다른 생각이 없이 그저 습관적으로 먹을 따름입니다."

"나는 회상을 편지 이십여 년이 지났으나 지금까지 한 번도 밥을 무심히 대한 일이 없었다. 이 밥을 먹고 내가 오늘은 이 세상을 위하여 무슨 유익한 일을 할 것인가? 오늘 하루는 얼마나 가치있는 일을 했는가? 나는 이 한 그릇의

밥을 먹기에 아무런 부끄러움이 없는가?를 늘 반성하고 대조한다. 그런데 일지는 어떠한 심경으로 밥을 먹는지 사실대로 이야기 해봐라."

밥 한 그릇 먹는 데에도 자신의 하는 일을 대조해 본다는 소태산 종사님의 말씀에 정일지는 법 방망이를 크게 한 대 얻어맞은 느낌이었다.

"네. 저도 밥 값을 할 줄 아는 사람이 되어야 겠다고 막연한 생각을 했으나, 종사님처럼 세밀하고 깊은 생각을 가져보지 못했습니다."

"밥 한 그릇이 그렇게 쉽사리 이루어진 것이 아니다. 한 숟갈의 밥이 되기까지 얼마나 많은 노력이 들어갔는가를 곰곰이 생각해 봐라. 땅이 있어야 하고, 종자가 있어야 하고, 햇빛과 공기와 비와 바람이 있어야 한다. 어디 그뿐인가. 농부가 구슬땀을 흘려 가꾸어야 하고, 방앗간에서 쌀을 찧어야 하고, 마지막으로 부엌에서 밥을 지어야 한다. 이처럼 밥 한 그릇이 되기까지에도 천지 부모 동포 법률 사은의 큰 은혜가 아니면 안된다.

그런데도 사람들은 밥 한 그릇의 의미를 잘 모른다. 한 그릇의 밥을 소중하게 생각할 줄 알고, 밥을 만들어 준 사은님께 감사 보은할 줄 알아야 하는 것이다. 그처럼 소중한 밥을 먹고서 몸을 움직이고 행동 한 번을 할 때에 어찌 무의미하게 살아갈 수 있을 것인가. 사람이란 팔 다리 한 번 움직이고, 말 한 번 할 때에도 이 세상을 위해서 가치있는 봉사를 할 줄 알아야 하는 것이다."

정일지는 마음속에 큰 깨달음을 얻어 다짐했다.

'과연 그렇다. 종사님의 말씀대로 밥 한 그릇의 의미가 얼마나 큰 것인가를 알아야 한다. 아무 생각없이 그냥 먹기만 한다면 소나 돼지보다 더 나을 것이 무엇인가. 밥 값 할 줄 아는 사람이 되어야겠다.'

13. 소태산 대종사의 비행기 탑승

원기27년 5월 16일 익산총부 예회가 대각전에서 있었다. 소태산 대종사 예회에서 〈굳은 신념은 위대한 것이다〉라는 법설을 하였다. 이 법문을 이공주가 수필하였다. 청하문총1《금강산의 주인》279~281쪽에 소개되어 있다.

한때 종사주 가라사대, "지난번 경성 갔을 때에 창기(묵산 박창기)가 비행기로 귀관(歸館)하자고 권하기에 응낙하고 모든 행장을 챙긴 후 비행장으로 나가서 생전에 처음으로 비행기를 타게 되었던 것이다. 처음 들어가 앉은 즉 종이에 솜을 싸서 귀를 막게 하고 할 말이 있거든 글로 써서 하라고 공책과 연필을 달아 놓았는데, 나는 창기와 마주 앉고 우리 옆에는 일본 군인 세 사람이 앉아 있었다.

점차로 프로펠러가 돌기 시작하더니 요란한 소리를 내며 공중으로 공중으로 올라가는데 밑을 내려다본즉 마치 큰 소쿠리 속에 앉은 것 같더라. 그래서 창기에게도 안심입정(安心入定)하라고 형용으로 이르고 나는 사은(四恩) 전에 정심(正心)으로 심고를 드린 후, 반드시 무사통과게 되리라는 굳은 신심을 가지고서 고요히 눈을 감고 선정(禪定)에 들어버렸던 것이다. 그리고 도중에 어떠한 고장이 생겨서 설사 떨어져 죽는 한이 있다 하더라도 절대 거기에는 망동하거나 원망치 않겠다는 각오를 단단히 하였더니, 더욱 마음이 안정되더라.

얼마동안을 가던 중 창기가 나를 흔들기에 눈을 떠보니 '부여 통과'라고 쓴 것을 보여준다. 그때 창기 얼굴은 아주 창백하여 크게 염려가 되던 중, 또

'이리 통과'라 쓴 것을 보여주고 조금 지나서 목천포 비행장이라 하여 내려 앉아서 하륙(下陸)한 즉 자동차가 마침 나와서 보화당까지 무사히 태워다 주고 갔다.

　대개 무슨 일이나 처음 시작할 때, 즉 결정을 하기 전에는 뇌수가 복잡하고 따라서 '어찌될 것인고?' 하여 염려가 되지마는 한번 정의(正義)의 굳은 신심(信心)을 가지고 작정이 된 이상에는 근심할 것도 없고 두려울 것도 없으며, 설사 불행한 일이 있다 하더라도 결코 근심이나 고통이 느껴지지 않을뿐더러, 오히려 구채(舊債)를 갚아버린 것 같은 통쾌감을 가지게 되는 것이다. 그러면 제군도 매일매일 천만 경계를 접촉할 때에 경거망동하지 말고, 항상 정의 도덕의 굳은 신념을 가지고 진행한다면 자연 안심안정(安心安靜)이 되는 동시에 고통과 공포도 없어지고 따라서 그 마음이 태연자약하여 비겁한 행동이 없나니, 정의의 굳은 신념은 위대한 것이니라." 하시더라.

III. 경성출장소의 의식 자료

1. 김낙원의 열반

김낙원의 열반(원기15년 윤 6월 17일)에 대한 내용은 경성 회원으로서 최초의 열반으로 경성회원들이 합력하여 치상절차를 마치었으며, 소태산 대종사가 상경하여 직접 복제법을 설명하였다.

고 김낙원 열반에 관하여

1, 씨(氏)난 오직 가산도 없고 자녀도 없이 고독한 신세이나 기(其)의 생녀(외인)가 하나 있어 주상함으로 본회의 상장예식으로는 지내지 아니하고 구식 장례식으로 지내게 되다.

2, 이 비보를 접한 동지 육,칠인은 곧 상가로 달려가서 영가와 상주를 위문하고 출상에 대하여 문의한즉 출상지책이 없다 함으로 당장에 출상비로 이십이원을 상의하다.

부의전 수출(收出) 내역.

이공주 10원, 백연화 2원, 이성각 3원, 이정원 2원, 심오운 1원, 손봉주 2원, 공명선 1원, 성성원 1원, 삼매화 1원, 이현공 1원, 우연화 30전, 박영주 50전, 열반인 생녀 안씨 2원

합계금 26원 80전야중(也中)

출상비로 22원

열반인 사진대 1원 20전.

탈복식 과정대 1원 45전.

잔액 2원 15전이러라.

2원 15전은 본관에 공익저금.

기(其) 익일인 18일은 5인의 동지가 창신동 지부에 모여 성심으로 식순에 의하여 추도식을 거행하다. 또 익일인 19일은 오전5시에 발인하여 고단한 영구는 화장장으로 향하다.

동 20일에는 이 부음을 접하신 종사주께옵서 친히 익산본관으로부터 상경하시어 가라사대 "수많은 회원에 어떠한 회원이든지 죽을때 마다 내가 쫓아다닐 수는 사실로 없는 일이다. 그러나 금번 낙원이 일로 말하면 경성서는 처음 당하는 일이요. 또한 경성은 회원수도 적고 교당의 장소도 협소하며 따라서 모든 일이 군색(窘塞)하고 고단할 것이다. 그런대 낙원이로 말하면 경성지부 시창주의 한 사람으로 사실 그만한 유공인인대, 간난하여 제 집도 없이 남의 집에서 열반하였다 하니 동정심이 없을 수 없으며 또는 낙원이가 경성의 유공인인 만큼 복도 상당하게 입어주어야 할터인대 복제법 실시한 지가 얼마 못 되어 그도 잘들 모를 터이니까 본관에서는 사무인이나 하나 보내려 하였으나 이번은 특별히 내가 올라 왔으니 잘들 이해하라. 또는 열반한 영가도 위로하고 동지를 잃고 노력하는 너희도 위로하여 주려 하노라. 낙원이가 보통

회원 보담 솟은 것은 그 간난한 생활을 하면서도 병인년 이래 오늘날까지 시종이 여일하게 창신동 유지비를 의무적으로 부담한 것이니 그 까닭으로 경성의 요인이 되었고 따라서 본관에서는 물론 각 지방 지회에서도 대단한 경모를 받았다. 저번 이 부음을 듣고도 전반이 놀라서며 각 지방으로 통지를 한다 추도문을 짓는다 하야 떠들었나니라." 하시고 씨의 역사발행과 독사진 등을 준비케 하옵시며 복제법을 하교하옵시니 4등 복인이 30인이요, 5등 복인이 3인이요 합하여 16인이러라. 동 23일 우편에는 익산본관 동지 일행의 추도문, 영광 길룡리 지부 회원 일동의 추도문, 동지 이동진화씨의 추도문 합 3통과 본관 선원 일동의 위상(慰狀) 1통이 내도하였다.

동 27일 우편에는 김제 원평 동지 일동의 추도문과 조송광씨의 위상 1매가 내도하다.

동 27일은 고 김낙원씨의 복제일로 정하고 10여 인 동지가 창신동 지회에 모이어 오후 3시부터 개회 후 식을 거행할 새 종사주 가라사대, "너희가 오늘 김낙원의 복을 입으러 왔으니 물론 이 복기를 가져들 갈 것이다. 그러면 외인들은 처음 보는 것이라 그것이 무엇이냐고 혹 물으니 여등은 무엇이라고 대답하려 하는가? 우선 그것 먼저 각각 말하여보라."고 하셨다.

좌중은 각자의 생각대로 말을 하는 중 자연화 여쭈기를 "자연화는 이 복기를 가지고 가서 집에서 누구든지 묻거든 이 기는 이번에 죽은 낙원이란 회원의 복이다. 우리 불법연구회에서는 회원이 죽으면 서로 복입어 주는 법이 있는데 복을 상복으로 입는 것이 아니라 이와 같이 복기를 제작하여 정한 날짜 동안은 각각 집에 꽂아두는 법이 있다고 하겠습니다."라고 하였다.

　종사주께서는 여러 사람의 말을 각각 청취하시고 가라사대 "너희들의 대답 중에는 자연화 대답이 제일 간단하고도 막힐 곳이 없게 되었다. 과연 누구든지 무르면 우리 회에서는 동지가 죽으면 복 입는 법이 있고 복은 이와 같이 복기를 만들어 가는 법이라 하면 수모(誰某)를 물론하고 의문 붙일 일은 없으리라. 이번 대답에는 자연화가 일등이라." 하옵시니, 자연화씨는 노안에 희색이 만면하시었다.

　이어서 또 가라대 "복은 입으면서 그 내역도 모른다면 실로 수치(羞恥)한 일이 아닐까 보랴. 내 이제 복입는 내역을 간단히 말하여 주리니, 자세히 듣고 알아라. 저 세상에서 쓰든 유가의 복제법으로 말하면 부모의 복은 3년이요 그 다음은 층층으로 기년복, 반년복, 3개월복 한달복 혹은 당일복 등 실로 그 종류가 많았다. 그 중에도 부모의 복으로 말하면 나를 낳아 키워주신 공과 은혜가 중대함으로 복중에도 제일 중한 삼년복을 입고, 그 다음은 원근친소를 따라 점차로 경한 복이라도 입는 것은, 곧 그 부모와 그외 관계인을 존모하는 성의가 재하(在下)의 도리를 이행함에 있는 것이니 본회에서 복을 입어주는 것도 복의 제도와 복기일은 변경하였으나 복제 원의(原意)는 동일하나니 본회에서는 공부계와 사업계의 공헌이 많은 회원에게는 1등복 49일을 입어주고, 그만 조금 못한 회원에게는 2등복 28일을 입어주고, 그 다음 3등복 14일, 4등복 3일, 5등복 당일 이와같이 각자의 공로를 보아 (유가의 3년, 기년, 기월 복등의 차와 같이) 입어주게 된 것이다.

　금번 낙원으로 말하면 본회에 대하여 공부계나 사업계에 중대한 유공인이라고는 할 수 없으나 그러나 병인년에 창신동 집이 시작될 때부터 5개 성상

을 하루같이 의무적으로 매월에 단 1원식이라도 죽는 날까지 지켜왔으니 창신동에 한하여는 창립주가 분명하고 여등으로 말하면 같은 뜻과 같은 발원으로 모든 고락을 같이하여 왔나니 4등복이 해당하고 동 단원으로 말하면 일신도 같고 동태(同胎) 형제와도 같은 중한 의를 맺었나니 오등복을 입어줌이 마땅하다." 하고서 제제봉명하고 복기를 분지(分持)하였더라.

탈복식

동 29일은 본회 경성지회 창립자 중 1인인 고 김낙원씨의 탈복일이었다. 오후 3시부터 김영신씨의 사회로 개회하고 이공주씨가 식순을 진행 중 각지 추도문과 본 지부 위령문 낭독시에는 알뜰한 동지를 잃고 섭섭한 눈물을 뿌리는 자 많았으니 당일에 출석원은 22인이요, 탈복식순은 여좌.

1. 개식
2. 성주 7편
3. 묵상 2분
4. 각처 추도문 낭독
5. 본지 위령문 독배
6. 열반인 역사 낭독
7. 각 복제인 탈복
8. 폐식

이상.

2. 은부모시자녀법 제정과 결의식

은부모시자녀 결의법이 제정된 후 결성출장소에서 원기14년 음 4월 22일 은모시녀결의식이 있었다. 당시 상황을 원기14년 4월호인 〈월말통신〉 제14호에 상세히 기록하고 있다.

은부모시자녀결의법 제정

종래 조선의 제도는 노이무자(老而無子)하면 양자를 두는 법이 있었으나 동성 동본이 아니면 하지 못하는 고로 그 범위가 심히 협소하여 동성이 많지 아니한 사람은 양자도 취키 난(難)한 처지에 있었다.

종사주께서는 차(此) 간격을 타파하여 수성불동(雖姓不同) 남이라도 지기만 상합하면 부모 자녀의 인연을 맺게 하여 서로서로 의지하도록 하여 차(此)를 명하여 왈 '은부모시자녀'라. 자차(自此)로 본회의 노이무자를 탄식하든 여러 회원과 유시 생부모의 은덕이 없어 교양을 받기 어려운 많은 자제(子弟)가 서로서로 결연하여 서로서로 의지할 유일의 방편이 되었다. 차법(此法) 제정의 벽두에 경성 회원 제씨의 결의식이 있었던 바 여좌함.

기사(원기14년) 음 4월 22일 은모시녀의 결의식

본일 창신동에서 네 패의 은모시녀간에 결의예식을 거행할 새 조조(早朝)부터 10수인의 회원이 운집하여 모든 준비에 분망히 지내고 오후 1시경에는 결의연으로 성대한 오찬회가 열리어 대중은 종사주를 뫼시고 분식하였다. 3

시경에 종사주의 죽비 3타로써 개회하고 엄숙한 결의식이 진행되었다. 기중 먼저 은모 박사시화씨와 시녀 이공주의 결의식이 있었고, 다음은 은모 박사시화씨와 시녀 김삼매화, 다음은 은모 김희순씨와 시녀 이성각, 다음은 은모 민자연화씨와 시녀 이현공의 결의였더라.

결의식 순서

1. 개회사
2. 은부모시자녀의 결의 정가(定歌) 낭독
3. 법사 설법
4. 은부모시자녀 공히 회중향배
5. 시자녀 향은 부모예배
6. 결의서 분급
7. 은맥 친족예배
8. 결의 경축가
9. 폐식사

생부모 승낙서식

은부모시자녀 결의에 대하여 쌍방이 합의한 이상은 생부모는 이의가 무하기로 승낙함

년 월 일

주소

생부 씨명 (인)

생모 씨명 (인)

불법연구회 교무부 어중.

은부모시자녀간 결의서 각통 소개

시녀가 은모에게 대한 발원서

공주가 사시화씨를 은모로 정한 원인은 제1. 공주를 본회로 인도한 은혜요, 제2. 공주를 평소부터 특히 사랑하여 주심이요, 제3. 공부와 사업이 동일한 자리에 본회 창립에 유공한 은혜 등인 바 이분은 육친의 내외 자녀, 사재가 없는 고로 변변치 못하오나 이 분의 생활, 열반시에 약간의 성의를 표시할까 하고 좌기의 조항을 기재함.

1. 건강을 보전하시는 동안은 당신의 생각대로 하시려니와 만약 기거동작이 곤란하시게 되면 저의 힘껏 시봉 혹은 치료하기로 함.

2. 열반시를 당하는 경우는 차(此)에 대한 성의를 표시하고 후에는 사진 역사를 보관하고 기념시 주인이 되어 시녀된 성의를 표시함.

시녀 이공주의 발원에 대하여 은모 박사시화는 감사한 답사가 유함.

시창 14년 음 4월 22일

전북 익산군 북일면 신룡리 은모 박사시화 (인)

정묘 음 12월 23일생

경성부 계동 15/3

시녀 이공주 (인)

을미 음 12월 23일생

전북 익산군 북일면 신용리

은모 증참인 문정규 (인)

경성부 창신동 605

시녀 증참인 이춘풍 (인)

①은모 박사시화 시녀 김삼매화

②은모 김희순 시녀 이성각

③ 은모 민자연화 시녀 이현공

이상 3통(전문생략)

불법연구회 교무부 어중.

3. 박공명선의 종재와 부녀지결의식

원기15년 10월호인 〈월말통신〉 제33호에 수록된 경성지부 근황을 통하여 초기교단 49종재의 모습과 〈월말통신〉 제33·34호 등을 통하여 교단 최초 부녀지결의식의 상황과 은부모시자녀결의법을 알 수 있다.

△본월(음 10월) 17일은 경성의 요인 고 박공명선씨의 49일겸 탈복일이었다. 창신동 회관 벽상에는 공명선씨의 사진과 탈복식 순서를 걸고 기전(其前) 면상(面上) 위에는 떡, 과종, 헌공비, 청수, 향촉 등을 바친 후 오전 12시부터 개식하고 식순을 진행 중 본지 위령문과 열반인 역사와 생녀 성원의 복제관계사유서를 낭독할 때에 알뜰하고 다정하든 동지를 잃고 진정에 넘치는 뜨거운 눈물이 일동의 안팎에 넘쳐흐름을 깨닫지 못하였다.

후(後) 1시 반경에 폐식하고, 다음은 박사시화, 권홍제화, 이철옥, 이성각, 이정원, 이공주, 김영신등 제씨의 '일희일비'란 주제로 의미심장한 감상담이 있어 실로 성황리에 탈복식을 마쳤다.

당일 제 동지 헌공비 총합은 23원 20전 중 3원 70전은 당일 비용으로 제하고 19원 50전은 본관 공익구좌에 예입하다.

△본월(10월) 18일은 오전7시 경성역 열차로 법가 익산본관으로부터 상경하시어 계동 이공주가에서 조반 공양을 하시고 창신동 지부로 행차하시어 유가중이시더라.

△본월(10월) 26일 오후에는 종사주와 성성원과의 부녀지결의식(父女之結

義式)을 거행하옵기로 하다. 당일 오후 3시경에 일동이 좌정한 후 결의식을 행하려 할 새 이공주가 종사주전에 삼가 가로대 "공주가 영신을 시녀(侍女)로 정한 본의는 전에도 말씀드린 바와 같이 은모(恩母)의 안일과 명예를 구함이 아니오라 오직 영신이 전무출신을 하여 공사에 헌신하려 하오나 무산하여 공부를 할 수 없으므로 영신을 공부시킴은 곧 본회사업을 하난 것임으로 소위 은모시녀가 되었고 또 전권도 공주에게 뜻이 없지 않다 해 결의식이라도 할까? 하였더니 이제 오늘은 종사주께서 성원을 시녀로 정하시니 이러한 법이 있을진대 영신과 전권을 종사주전에 시녀로 받치고 공주는 힘 미치는 대로 이전과 다름 없이 원조하여 주겠습니다. 그러면 공주는 개인의 시녀를 둘 것이 아니라 일보를 나아가 사요 중 일인 타자녀교양을 하는 것이 되며 영신·전권으로 말씀하면 종사주를 아버님으로 뫼시게 되오니 또한 공주를 은모로 하는 것보다는 전진상 얼마나 유익이 있을 줄 압니다."하니 종사주 청취하시고 가라사대, "너의 말이 좋다. 그러나 영신은 이왕에 너와 결의식을 하였는데 나의 딸을 삼으라하니 너의 딸도 되고 나의 딸도 되라는 말이냐? 만일 전에 결의서를 취소시킨다면 그리하여도 좋으나 만약 그대로 둔다면 못한다."하시니 공주는 즉석에서 결의서는 취소하기로 영신, 전권에게도 의견을 물으니 갱론(更論)할 것도 없이 소원이라 하여 일시에 신(新)삼형제가 되니 성원, 영신, 전권 차제로 종사주께 사배를 드려 부녀지 예를 드리고 다음은 신형제간에 예를 차린 후 세 따님에게 최초법어를 낭독하고 간단하신 종사주의 훈시가 계신 후 무사히 파석하고 뫼시고 과종(果種)을 분식하다.

법칙신정(法則新定)의 건

자래(自來)로 본회 법칙상에 비록 은부모시자녀 결의하는 규례(規例)가 있었으나 그것은 남녀 계통에 의하여 남자는 은부(恩父)를 정할 수가 있으나 은모(恩母)를 정하지 못하였고, 여자는 은모를 정할 수 있으나 은부를 정하지 못하였다.

그 뿐 아니라 종사주와 회원에 대하여서는 아즉 은부시자녀의 결의하는 전례가 없었더니 월전 열반에 드신 경성의 박공명선씨가 친녀 성원에게 임종유언으로 일러 가로되 "내가 일즉부터 종사주전에 너를 시녀(侍女)로 바쳐 하여금 호시(祜恃)를 얻고자 하였더니 뜻을 이루지 못하고 몸이 먼저 죽으니 내가 죽어도 또한 한이 있다." 하셨다.

과반(過般) 법가 상경하실 때 성원이 그 말로써 종사주께 고하고 허락하여 주시기를 간류(懇類)하거늘 종사주께서 본래부터 공명선의 신성을 가상히 생각하시든 터이오, 또 성원의 상정(喪情)에 느끼신바 있어 잉(仍)해 허락하시고 10월 26일 경성출장소 내에서 성대한 결의식을 거행할 새 김영신, 조전권이 또한 결의의 발원이 있거늘 드디어 허락하시고 동일에 식을 행하시니, 종사주 회도간(會徒間)에 은부시자녀 결의하는 규례에는 자차위시(自此爲始)었다. 그러나 남녀 계통의 관계가 없이 혼합으로 결의함에 이르러서는 자못 종사주전에 한할 뿐이요, 차외에는 절대 허(許)치 아니함.

※ 경성출장소 이공주는 원기16년 음 1월 16일에 〈은시결의시 기념품 제정의 건〉을 익산본관에 제출하여 기념품을 은부모측에서 마련하여 회중에 필요한 용품이나 기념식수를 하여 결의기념으로 삼자고 하였다.

Ⅳ. 경성지부 소개기

1. 경성지부 신점기지 소개기

원기18년 8월호인 〈회보〉 제1호에 경성지부 이완철 교무가 발표한 경성지부 신축부지(돈암동)에 대한 감상의 글이다.

위호고대(巍乎高大)한 낙산(駱山)이여 대 경성의 동부를 진압하고 용천(聳天)의 웅자(雄姿)를 나타내고 만장풍진(萬長風塵)을 벗어나서 사십만 장안을 엄연히 굽어보고 섰다. 정상으로 휘둘러 있는 웅위한 성곽은 백년 옛 조선의 수도인 위적(偉蹟)을 역연(歷然)히 보존하고 있다. 배후 동북으로 뻗어가는 지맥간선(支脈幹線)은 수양천만사(垂楊千萬絲)가 거꾸로 늘어진 듯이 봉봉곡곡(峰峰谷谷)이 참치교착(參差交錯)하게도 벌려졌다. 지역전폭(地域全幅)에 울밀(鬱密)하게도 벌려있는 송림은 만경풍도(萬頃風濤)를 일으키고 있는데 묘연한 저간에는 속객으로 찾아 볼 수 없는 별유천지인 우리 지부 신점지가 천간지비(天慳地秘)하였다. 번화훤개(繁華喧開)한 자맥홍진(紫陌紅塵)을 다 헤치고 동소문 밖에 나가 서서 한 걸음을 돌리게 된다. 동편으로 성곽을 끼고 송림속으로 찾아들어 울창한 과수림(果樹林) 속에 하나씩 둘씩 산재(散在)하여 보이는 인가를 지점(指占)하면서 보이보(步二步)로 옮겨가면 소종래를 알

기 어려운 일곡계류(一曲溪流)를 만나게 된다. 이 소쇄(瀟灑)한 물소리를 맞추어 걸음걸음 상진(上進)하면 울밀한 과수(果樹)를 듬뿍 실고 한적한 지대에 수연(邃然)한 무릉동천이 전개되었도다. 주위를 휘둘러 싸고 있는 백척장송은 백년풍상에 늙은 자태를 나타내며 바람을 따라 자연의 풍류를 아뢰이고 전면에 소쇄청아(瀟灑淸雅)하게도 흘러가는 계수(溪水)는 우회굴곡(迂回屈曲)한 암석의 구비를 처서 한 티끌도 남김없이 싹 씻어간다.

 여기저기 놓여있는 반석은 유희객의 보좌(寶座)로 점지하였고 좌우로 접해있는 봉만(峰巒)은 소창객의 망원대가 적당하다. 서천을 찌를 듯이 괴고 있는 삼각산은 무슨 보호를 줄 듯이 멀리 바라보고 있다. 장절기절(壯絕奇絕)한 개중에는 만장홍진(萬丈紅塵)의 대시가(大市街)를 지척에 등지고 복잡한 세상소식 꿈속으로 사라진 듯하다. 혹은 너무나 적막함을 깨뜨려주기 위함인지 간간이 창신동 꼭대기로 바람을 따라 넘어오는 전차소리며 앞으로 성북동 가로를 통행하는 자동차 소리는 시가 소식을 실낙끝같이 전해 준다. 이는 진정한 수도지(修道地)이며 고시(古詩)에 이른바 「제시인간별유천(除是人間別有天)」이라 하겠도다. 대도시가 부근으로서는 얻기 어려운 땅이다. 이는 천부지토(天賦之土)로 불법연구회를 꼬박꼬박 기다리고 있는 것이 얼마나 고맙다고 하겠다. 그러나 사람의 견지(見地)와 취미는 천반만양(千般萬樣)으로 다른 것이다. 물외진취(物外眞趣)를 발견치 못하고 시속(時俗)에 유전되는 견지로 볼 때는 현금 발전시대와 상반되는 결점이 있다 할 것이다.

 1.전등이 없는 것, 2.교통이 불편한 것이다. 그러나 이도 탈진피속(脫塵避俗)의 일대호료(一大好料)라 하노라

2. 경성지부 신축낙성에 제하야

원기19년 2월호인 〈회보〉 제7호에 경성지부 이완철 교무의 글에서 경성지부 신축회관의 모습을 알 수 있다.

대자연의 바퀴는 쉼 없이 굴러갑니다. 대지를 휩쓸고 오는 쓸쓸한 금풍(金風)은 백물의 결실을 재촉하며 산야를 단장한 황국 단풍은 벌써 만추의 경색을 띄고 있습니다. 풍우(風雨) 염량(炎凉)을 무릅쓰고 오개월 동안이나 지리하게 끌어오던 경성지부 신축공사도 이천원의 총공비로(기지대(基地代) 1,200원은 제외함) 이제 완공의 호적(好績)을 보게 되었습니다.

황림(荒林) 난초(亂草) 속에 수백년 동안 적막을 지켜오든 낙산지하(駱山之下) 삼선평 동부는 일약 변화하여 신세계가 전개되어 화양식(和洋式) 신제도의 대건물이 청계상(淸溪上) 송림간에 초연한 신자태를 나타내고 있습니다. 이십여 간의 목조구조도 웅위하고 장식도 선명하여 내인(來人) 행객의 찬미를 받고 있습니다. 전후좌우의 유리창은 산광수영(山光樹影)이 반영하여 일폭의 회화를 이뤄냈고 홍합력 차양은 풍우 방지에 외미(外美)까지 띠었으며 황색 면기는 금면목을 장식하여 금상첨화의 신미화를 더하였으며 대해연(大海然)한 십이간 장방은 망지무제(望之無際)하여 삼백명의 수용량을 가져 분즉위삼(分則爲三) 합즉위일(合則爲一)로 분합자재(分合自在)한 묘기관(妙機關)이 되어있고 일간 현관 응접실은 특별 장식을 가져 하부 일면을 점령하였으며 주위 도량에 이중 삼중의 석태는 계단이 정정(井井)하며 규모가 정연하

고 상면 일방에 일부 탑을 구성한 삼동구간(三桐九間)의 기존 초옥은 수호실 기숙사 창고가 구비 편리하며 만리장성 같은 철사 울타리는 도범 방지가 정엄하고 대문외(大門外) 수보(數步)의 거리를 둔 노상 암석에 수양원 입구라는 오대자(五大字)를 준각하였는데 용사비등(龍蛇飛騰)의 필치는 일본 대판 교거(僑居)하시는 현 회장(조송광) 선생의 일차 행리(行李)의 남긴 자취가 완연할 것이다. 아 창신동 오막살이가 육백평 대기지상(大基地上)에 광대 구비한 신회실을 생산한 것은 경성지부의 영광인 동시에 본회 전체의 융운(隆運)이라 하겠습니다. 이는 당지회우제씨(當地會友諸氏)의 십년을 앞두고 주야 동경하든 이상의 실현이며 혈심노력한 혈한의 결정입니다. 해지부(該支部)의 창립초기부터 진전 금일의 밟아온 경로를 고찰하면 기절다단(奇絶多端)한 역사가 잠재합니다.

거금 구년 전 대정(大正) 12년도는 즉 유아종사주께서 세상에다 첫 교문을 열으셨으며 불법연구회 간판이 이 사회에 처음 나타난 시기였읍니다. 때마참 은미중(隱微中)에 떠오르는 법성(法星)의 광명을 발견한 동진화씨가 대도에 대발심을 가져 진세 향락의 구렁을 뛰어넘고 이상적 수도생활을 영위하는 첫 계책으로 전회실인 창신동 605번지 초가 9간을 근 천원의 대금으로 매수하였습니다.

차차 법성의 광명은 산 도덕이 잠자던 경성에 빛을 밝혀 이에 다수의 동지가 분기하여 집합장소를 요하게 되었습니다. 이 형세를 관찰한 씨는 이에 다시 방면을 전환하여 자기 자신의 수도기관으로 정하였던 것을 한 걸음 나아가 공중기관으로 만들기 위하여 동옥사(同屋舍)를 해지부로 제공하여 경성

지방에다 대기관의 첫 뿌리를 숨겼습니다. 시대는 날로 변천되어 회운(會運)은 차차 진전의 도정을 밟게 됩니다. 다수 회원을 수용하기에 실사협애(室舍陜隘)의 감(感)이 절박하여 광대 건물을 동경하나 이상과 물질이 서로 모순이 되어 뜻을 이루지 못한 여러분은 십년 동안의 일대 숙원이 되어 왔습니다. 하행(何幸) 금춘(今春)에 사은의 음조인지 종사주의 덕력인지 지부 신축의 행운이 돌아왔습니다. 현하 본회 확책(擴策)에 유일의 실력가인 이공주씨가 1,400원의 거금을 희사하여 기지 600평을 매입하고 한 편은 공사에 보용해 가며 뒤를 이어 경성지부 주력가인 지환선씨가 다액의 금전을 희사하여 공사를 완성케 하며 각 방면으로 극력 원조와 전심 활동을 하고 있으며 그 외 회원 여러분도(지면 관계로 다수 제씨의 공적을 매거(枚擧)치 못함) 전심전력으로 호대한 원조가 있어 금일 신축낙성의 영광을 보게 되었습니다.

해지부의 시종 본말을 평론하자면 이동진화씨는 뿌리를 숨기고 이공주씨는 줄기와 가지를 배양시키고 지환선씨 급(及) 여러분은 잎과 꽃을 피게 한다 하겠으니 이 미래의 전도도 양양한 융운을 볼 줄 믿습니다. 이제 씨는 이기주의를 벗어나서 공중을 위하여 이 시방 세계에 광명을 놓을 웅대한 포부와 무궁한 장래를 가진 도덕 기관에 이 만한 희생의 공로를 끼쳤으니 우리는 그의 미덕과 위력에 대하여 무엇으로 감사의 뜻을 다한다 할까, 자못 우리 장황한 구필(口筆)의 치하로는 만 분지 일도 타당치 못하오니 이 미래 십만 후진의 경호한 경모와 지절한 찬송에 맡기나이다.

3. 경성지부 참관기

　원기21년 11,12월호인 〈회보〉 제30호에 부산 초량지부 회원 황대일화의 경성지부 참관기를 통하여 경성지부의 모습을 알 수 있다.

　나는 70평생의 진세생활을 청산하고 만년의 생애는 오로지 수도생활에 바치기로 결심하여 매년 동하 6개월은 본부와 지부를 번갈아 다니면서 입선공부를 연중행사로 계속해 나왔다. 근년에 신축된 경성지부 회관이 위치도 훌륭하고 경개가 절승하다는 소문을 귀가 젖고 배가 부르도록 들었으므로 그곳을 한번 구경도 하며 한철 선을 나보리라는 생각이 3,4년을 앞두고 가슴 가운데 서리고 서리였던 숙원이었다. 그러다가 금년 여름에는 단연한 결정을 얻어 입선하려는 행장을 차리게 되었다. 3개월 동안 지내려 한 비용과 각반 의복이며 기타 수용품을 빠짐없이 수습한 후 정다운 가정과 귀여운 친족들을 얼마 동안이라도 갈린다는 연연한 정서를 느끼면서 섭섭한 발길을 돌리었다. 때는 마침 음 5월 5일 즉 본회 하선 결제 전날이다. 훈훈한 남풍은 홍로(紅爐) 천지의 불길을 점점 돋아내고, 뭉게 뭉게 떠도는 구름덩이는 많은 비를 내릴 듯 말 듯 부질없이 먼 하늘을 가르고 있다. 황혼의 저녁 노을이 사라지고 야색의 검은 장막이 덮어드는 부산역 뒤에서 잠깐 동안 머물러 있는 경부선 열차에 몸을 실었다. 내 마음은 하늘이다. 올라가는 것 같이 퍽 상쾌하고 개운하였다. 유지자(有志者) 사경성(事竟成)이라 더니 이제 난 몇 해 동안 바라고 바라는 숙원이 성취로다. 어서 경성을 가서 임시 주가중(臨時駐駕中)이

신 우리 종사주의 성안을 뵈옵고 항시 사모하는 여러 동지를 만나보며 이래 동경하는 회관 경치를 구경할 일을 그려 볼 때 나의 가슴에는 희망이 넘치는 용솟음이 솟구친다. 북천을 가려면 우렁차게 울리는 기적성에 꿈을 그리는 차체는 완완히 부산역을 떠나간다. 망망한 운연(雲煙)을 헤쳐 살대같이 달음질 쳐서 하룻밤을 꼬박 새며 천리운산을 돌파하여 어느 듯 경성 역두에 가쁜 숨을 내쉬인다. 몸을 잊고 혼몽에 잠겼던 나는 경성역이라고 외치는 소리에 한편 놀라며 반가웠다 나의 목적지에 닿은 후 다시 총총히 행장을 수습하여 역두에 내려섰다. 때는 일고삼장(日高三丈)에 태양은 반친에 둥실 뜨고 먼 산에 아침 안개는 다 사라졌다. 눈에 선 득 드는 산천풍물은 유연히 이향정서(異鄕情緖)를 느껴지는 듯하다. 우리 지부에서 한 분이나 나왔으리라 예상하고 4면 8방으로 살펴본즉 나와 면분이 익은 사람은 하나도 없고 인산인해를 이룬 수천군중은 나에게는 모두 초월지인이다. 약간의 실망을 느끼다가 혼자라도 찾아 갈 최후의 수단으로 인력차부를 불러 돈암정에 가는 임금을 결정하던 판이었다. 때 마침 경성 교무 이완철씨가 눈에 번쩍 띠었다. 하도 반가워서 정신없이 인사를 치룬 후에 두어 마디 정화를 나누었다. 바로 그의 뒤를 따라 동대문행 전차에 올라섰다. 차창에 비켜 경성 대도의 전모를 대개 살펴본즉 평온하고도 명랑한 지세 앞뒤로 놓여 있는 북악 남산의 웅장한 자태는 수도지의 형승(形勝)을 넉넉히 갖추어 있고 정연이 설비된 포도(鋪道)와 굉장히 건립된 건물은 가히 대도시의 자격을 얻을만하다. 조망이 다 하지 못하여 순간에 동소문 정류장에 내렸다. 동소문 밖에 썩 나서니 고색이 창연한 옛성은 옛 사정을 하소연하는 듯이 처연한 자태를 띠고 서서 오고가는 행객의 회

고적 감상을 자아내고 있다. 감정 있는 나로서도 어찌 일단의 감회가 없으랴! 시름없는 걸음을 완철씨의 안내를 따라 복잡한 만장홍진을 점점 벗어나서 별계동천(別界洞天)으로 옮겨간다. 성을 끼고 송림을 헤쳐가며 한 줄기 산길을 밟아 갈 제 우리 지부를 어서 보리라는 생각에 걸음은 더욱더욱 바빠진다. 조그마한 고개를 넘어서니 진수가목(珍樹佳木)이 우거진 두 언덕 사이로 구비를 쳐 거울같이 흘러오는 벽계수(碧溪水) 백년풍상(百年風霜)에 늙은 한송소주(寒松蕭酒)하게 불어오는 맑은 바람은 물외별경(物外別境)의 소식을 전해주는 듯하다. 이 안에는 반드시 무릉도원이 있는 듯 싶었다. 나무그늘 구름 그림자가 얽힌 가운데 불법연구회 경성수양원이라는 간판이 희미하게 보인다. 오! 이곳이 우리 지부 회관이로구나 하고 눈이 번쩍 띄였다. 환희에 넘친 걸음으로 대문 앞에 당도하니 우리 여러 동지들은 신을 거꾸로 신고 전지도지 나와서 반가이 맞아준다. 나는 그때 반가운 그 생각 기쁜 그 마음은 무엇으로 표현할 수 없어 어느 때까지라도 깊이 인상된 기억이다. 그러나 첫 인사에 종사주께서 평양여행을 가셨다는 말을 들을 제 당분간 뵈옵지 못한 것이 낙망을 느꼈다. 그러다가 며칠 후면 친견할 일을 생각하고 도로 안심하였다. 행장을 풀어놓고 가쁜 숨을 진정한 후 위치와 경계를 차례차례로 보려 한다. 이 산천 이 풍경은 이무 내의 뇌 속에 동경이 깊은지라, 나와는 인연이 깊은 듯이 모두 나를 반기는 듯하다. 명미한 수석(水石)과 청신한 공기는 분명한 별유천지로다. 홍진만장의 만호 도시를 등에 지고 이렇게 초연 유수한 별계선경이 어디 또 있을까. 만약 우리 종사주의 신명하신 혜안이 아니고야 어찌 이런 곳을 발견하였으리요. 이무(이미) 듣던 바와 틀림없고 오히려 초과이다.

지세도 좋고 경치도 좋거니와 석태(石台) 위에 엄연한 자태를 나타내고 있는 화양식(和洋式) 회관도 보기에 점잖기도 하고 한가롭기도 하다. 사면을 다 둘러보니 법열에 넘친 내 눈에는 모든 것이 한갓 경치로만 보이지 않고 모두 법 아닌 것이 없다. 말없이 묵묵히 서 있는 저 청산 무궁한 세월에 천지재란과 인사변천을 몇 번이나 겪었으련만 정중한 그 태도는 의연부동하고 있다니 이는 우리에게 진세 풍파가 휩쓸리고 인생의 고난이 닥쳐와도 확호불발한 의지는 흔들리지도 말고 움직이지도 말아 탁연히 서 있으리라는 교훈을 주고 있다. 층계 아래 흐르는 물은 한 티끌 없이 맑기도 하려니와 주야를 놀지 않고 내려가는 그 정성 장차 강해에 까지 미쳐 그 목적을 달하고 마나니 이는 우리에게 한 티끌이 없는 청정심을 가지면서 닦고 배우는 공부 일시도 간단없이 정진 불퇴하여 그 목적지에 달한 뒤에 말라는 교훈을 주지 않는가. 울울 창창히 둘러 있는 저 송백은 모질고 엄한 풍상 몇 번이나 겪었으련만 씩씩한 그 정절 조금인들 변했으랴! 풍상이 지난 뒤에야 네 정절을 알았노니 이는 우리에게 부귀의 유혹이 들어와도 빈천의 핍박이 닥쳐와도 위무(威武)의 협압(脅壓)이 미쳐도 정의의 굳은 지조 조금도 변치 말지니 이 경계를 지낸 뒤에야 참 사람의 절의를 본다는 교훈을 보이지 않는가. 정원 속에 고이고이 자란 앵두나무는 어느 때는 아름다운 꽃이 피러 사람의 눈에 미관을 도와주더니 이제는 진주 같은 열매를 맺어 여러 사람의 입에 양미를 도와 주도다. 꽃이 있으면 열매가 있는 것은 식물의 성공이요, 발심이 있으면 목적을 이루는 것은 인생의 성공이다. 이는 우리에게 이미 대도에 발원하였으니 반드시 대도 성취의 좋은 열매를 맺어 시방중생의 구령양식(救靈糧食)이 되라고 권면하는

것이 아닌가. 녹음이 우거진 밤나무는 송알송알 밤송이가 생겨있다. 가시 속에 배태된 알맹이는 자연의 절계를 따라 어느 때 성숙기에 이르면 흘연히 일조에 강력을 요하지 않고 저절로 버려져 나올 것이다. 이는 우리에게 돌아 오르는 도심의 싹이 날로날로 배양하여 순숙한 시기가 도래하면 일조에 활연관통한 대각을 얻으라고 가르치고 있다. 반공(半空)에 솟아있는 조각 속에 두렷이 달려있는 범종은 아침으로 33천, 밤으로는 28천을 응하여 우렁차게 울리어 열요도시홍진(熱拗都市紅塵) 속에 향락에 취한 중생의 꿈을 깨어주라 한다. 아, 정욕의 꿈에 잠기고 죄악의 잠에 취한 대중들이 신성하고 청아한 종소리에 청정한 정신을 차려 극락의 길로 찾아오너라. 이 모든 것이 내가 본 진법계요, 산 경전인 동시에 이로써 경성지부를 구경한 기념사로 적으며 앞으로 이 지부의 전도양양하기를 빌고 비노라.

※황대일화는 원기15년에 장적조의 연원으로 소태산 대종사를 뵙고 즉석에서 제자가 되었다. 청법낙도하는 가운데 무남독녀가 세상을 떠나자 애통해 하다가 해탈법문을 듣고 오직 이법에 의지하여 안심입명을 얻고 수년동안 총부와 지방을 내왕하면 선을 나며 낙도하였다. 그는 특히 염불 좌선에 적공하여 입안에서 갈색 사리가 나왔다. 불운한 생활을 신앙생활로 안분하고 수양에 전력하였다. 황대일화의 「경성지부참관기」에 소태산 대종사 평양을 다녀 온 기록이 있다. 이 기록이 평양 다녀온 유일한 기록이다.

4. 《조광》지 유사종교 소굴 탐방기 사건

　원기22년(1937년) 조선일보 자매지인 월간《조광》6월호에 〈사교 백백교 사건의 정체〉를 밝히고 이어〈유사종교 소굴 탐방기〉란 특집을 실었다.
　5개 유사종교 단체 중 맨 앞에 〈교주를 생불 삼은 불법연구회의 정체〉란 제하로 불법연구회에 대한 악의에 찬 기사를 익명의 기자 이름으로 썼다.
　이 기사는 경성지부 이완철 교무가 4월 총회 참석차 익산총부 출장 중에 경성지부를 불시에 탐방하고 제대로 사실을 확인도 하지 않고 제멋대로 날조된 조선총독부 자료를 근거한 것이다.

교주를 생불 삼는 불법연구회의 정체

　운담풍경(雲淡風輕) 일기가 좋은 어느 날 기자는 동소문을 넘어 낙타산(駱駝山) 북편에 있는 불법연구회를 찾게 되었다. 계곡을 끼고 좌우의 송림을 바라보며 얼마쯤 올라가니 산 밑에 호화한 신축와가 방금 만개한 이화도화(梨花挑花)에 쌓여 대궐같이 버티고 있다. 문에는 '불법연구회 경성지부' 라는 간판이 걸려있고 다시 한편에는 '수양원' 이라고 이상야릇한 문패가 쌍으로 붙어있다. 기자의 호기 있는 목소리에 개들이 야단법석으로 짖어대고, 사무실에는 청년 몇 명이 눈이 둥글하여 내다보며, 다시 저편 교당에서는 유리창을 조금 열고 젊은 아씨들이 고개를 갸웃하고 내다본다. 기자는 직업적 육감에 '좀 이상한 곳이로구나' 하고 먼저 사무실로 들어가서, "신문사에서 왔습니다."하고 내의(來意)를 말하였더니 반 남아 얼간인 듯한 젊은 사무원은 적

지 않게 당황하며, "교무 선생님이 총회에 가시고 안 계신데요."하고 방어선을 친다.

"총회라니요?"

"전북 익산에서 지금 불법연구회 총회를 하는 중입니다."

"그럼 대리로 말씀해 주실 분은 없습니까?"

이때 사무원은 회당으로 들어가서 조금 있더니 젊은 아가씨들 측에서 무슨 역할을 하고 있던 좀 모던인 듯한 애숭이 청년 한 분을 데리고 와서 기자에게 인사를 시킨다. 이름은 박창기라고 하며 매우 똑똑해 보인다. 기자는 요 어린 설법사를 단단히 뿌리를 빼놓을 작정을 하고 "불법연구회란 뭣 하는 곳이요?" 좀 실례인 듯하나 그의 통처(痛處)를 쏘았다. 이 청년 나이는 어리나 말은 청산유수다.

"종사님이 불교에 대오각성을 하시고 불법의 진리를 선양하여 불신·탐욕을 제하고 정신수양을 하여……"하며 그 동안 암송했던 그럴 듯한 문자는 모두 꺼내려 한다.

그러나 기자는 이런 말을 듣고자 온 터가 아니라. "그런 종지는 총독부 조사록에 의하여 다 알고 있소."하고 일격을 가했더니, "네. 그렇습니까."하고 청년이 머리를 숙인다. 기자는 좀 더 일대 맹격(猛擊)을 가하기 위하여 "이 불법연구회에서 1천원을 내면 극락세계 1등급에 가고, 3천원을 내면 극락세계 특등급에 간다고 하며, 우씨(愚氏)들의 돈은 뺏는다는 말이 있는데 그것이 사실입니까?"하였더니 청년은 당황하여 우물쭈물하며 "불법연구회에는 극락세계가 없다고 하는데요."하고 꼬리를 빼려 한다.

"그러면 풍설로나 또는 내 아는 친구들의 사실담으로나 천 원, 이천 원하고 돈을 받는 것은 사실인데 그 돈은 뭐하는 돈입니까?"하고 다시 거탄(巨彈)을 보내었다

"1회 1등에 4,000원, 2회 1등에 8,000원, 3회 1등에 16,000원 이렇게 3회까지 내게 합니다."하고 청년은 본음(本音)을 토한다. 기자는 눈이 둥글해지지 않을 수 없었다.

"그런 거금을 거둬서 무엇을 합니까?"

"네. 그 돈으로 호의호식하는 것이 아니고 육영부, 공익부를 두어 가지고 무의무탁한 자손을 교육시키고 또는 불쌍한 회원을 구제합니다."

"그러면 지금까지 3등 16,000원을 낸 사람이 있습니까?"

"없습니다. 4천원 낸 사람이 다섯 분이 있지요. 그리고 일반 회원은 입회금 1원과 연회비 3원을 냅니다."하고 구수하게 구렁이 담 넘어가듯이 대답하는 것이다.

"지금까지 무슨 공익사업이나 육영사업을 하는 것이 있습니까?"

"네. 전북 이리에서 보화당 약방을 경영하고 또는 동양대학에 박길진이라는 사람을 보내서 공부시킵니다."하고 재주 좋게 대답한다. 기자는 단단히 맘에 간직하고 왔던 일대 비수를 끄내어, "서대원(徐大圓)이라는 사람을 아십니까?"

"네."

"그이가 불법연구회에 입회한 후 재산을 모두 탕진하고 자기 누이를 처녀로 바치고 나중에는 손목까지 끊어 바쳤다던 데요?"하고 그들의 통처를 찔렀다.

"그 사람이 그저 미쳐서요."하고 대답을 못하고 우물쭈물하며 그를 광인으로 돌리려 한다. 이 질문에는 분명히 항복을 한 셈이다.

"그 뿐만 아니라 정녀를 바치라고 하여 처녀들이 여기 많이 모여서 갖은 추행이 있다는 말이 있던데요."하고 기자는 수단 좋게 넘겨짚었다.

"네. 처녀들이 있기는 합니다. 이 경성지부만 하여도 백여 명의 회원이 있으나 그 중에는 남자 두 사람뿐이고 나머지는 모두 여자들이지요. 처녀들도 있습니다. 그러나 추행이란 말은 새빨간 거짓말입니다."

"여름이면 교주 옆에 수십 명 처녀 떼가 모여서 부채질을 하고 야단이라는데요?"

기자는 날카로운 눈으로 그 청년을 쏘아보았다.

"교주 선생께서 몸이 비대하고 뚱뚱보이시라 여름이면 땀이 많이 나시니까 혹은 부채질을 해 드리는 일도 있지요. 그러나 처녀 떼라는 말은 거짓말입니다."

"불법연구회가 불교보다 다른 것은 무엇입니까?"

"네. 첫째 사농공상간에 맘대로 직업을 가지게 하는 것과, 불상 대신에 일원상을 숭배하는 것과, 결혼에 구속이 없다는 것과, 불경 대신에 요지만 가르치는 것과, 교당을 산간에 두지 않는 것이 특색입니다."

"그러면, 왜 이 교회는 산간에 두셨습니까?"

"허허. 그저……"하고 청년은 말끝을 웃음으로 흐린다.

기자는 회당 내부를 좀 구경시켜 달라고 하여 실지 내부를 보게 되었다. 먼저 들어간 곳이 응접실, 그 다음이 회당, 그리고 벽문을 열고 비밀실을 들여

다보니 일원상이라고 하여 큰 목판에 푸른빛으로 원형을 그리고 거기다 절을 한다고 한다. 그리고 한 쪽에는 교주(종사님)의 사진이 있는데 교인은 반드시 이 사진 앞에 절을 한다고 한다. 풍채가 좋고 얼굴이 뚱뚱한 양반이 로이드 안경을 쓰고 생불처럼 버티고 있다.

"교인들이 저분을 생불이라고 하여 밤낮 절을 한다지요?"

"선생님이니까 절을 하는 게지요?"

"이밖에 또 비밀실이 없습니까?"

"천만에"

회당을 나와서 저쪽으로 한 간을 넘어서니 젊은 부인들이 4,5명 모여서 무엇을 하는지 우물쭈물한다.

"여기서도 찬미(讚美)를 하고 강연을 합니까?"

"네."

"그러면 그 찬미가를 한 절 보여주십시오."

"여기는 찬미가가 아니요 회가(會歌)입니다." 하며 붓으로 베낀 책을 내어준다.

〈회가〉니 〈경축가〉니 〈단원가〉니 〈육일가〉니 〈탄생가〉니 하고, 이상야릇한 노래가 많으나 문장과는 담을 쌓았는지 하나도 잘된 것은 없다. 그 중에 〈회가〉 1절을 보면

'물욕충만 이 세상에 위기 따라서
구주이신 우리 종사 탄생하셨네

자수자각 하신 후에 법음 전하니

유연중생 모여들어 도문(道門)열도다.'

하고 소위 종사님을 생불처럼 칭찬한 회가이다. 이리하여 종사를 생불로 꾸며 가지고 온갖 재주를 피우기에 좋도록 되었다. 기자는 이것으로 이야기를 그치고 그곳을 떠나게 되었다.

《조광》지 기사를 보고

익산총부에서는 이 기사에 대하여 "문제는 〈불법연구회의 정체 해부〉라 하여 놓고 익산총부에 와서 한 마디의 물음도 없었으며, 또 관계 당사자에 대해서도 한 차례의 진상 조사도 없이, 다만 경성 일우에 있는 설비 불완전한 1지부에 주재자가 없을 때 가서 집 지키고 있는 몇 사람의 어린 사람을 상대로 한두 마디 수작을 하고 간 뒤에 그와 같이 황당무계한 허구 기사를 발표한 것"이라며 이에 대한 대책을 강구하였다.

총부에서는 5월 25일과 26일에 걸쳐 요인회를 소집하여 대책을 강구하였다.

이때 격양된 감정과 흥분된 주장이 제출되었다.

소태산 대종사 이에 대하여 말씀하였다.

"이 세상에 나타나서 사업을 경영하는 땅에 있어서는 사실 유무를 막론하고 선악의 평판이 으레 따르는 바이며, 더구나 금번 기사 내용을 보건대 근자 백백교 사건의 발생으로 인하여 모든 사람의 신경이 극도로 예민하여진 이

기회에 어떠한 기자가 일시적 호기심에서 철모르는 붓장난을 한 것인 듯하니 이를 일소(一笑)에 부치고 마는 것이 좋으나, 적어도 반만(半萬)의 대중을 옹(擁)한 단체의 체면상, 그와 같이 무모한 말을 듣고 그저 묵과하기는 어렵다. 그러나 절대로 그들과 상대하여 투쟁할 것이 아니라 금일이라도 사람이 가서 본회의 취지와 실행 사업을 철저히 설명하여 해사(該社)의 오해를 일소하고 그 인식을 바로 잡도록 노력하는 것이 옳다."

그리하여 5월 29일, 서정원장 이재철을 대표로 하여 공익부장 유허일을 수행원으로 경성에 가서 조선일보 방응모 사장을 비롯하여 관계 직원을 만나 사실무근함을 설명하였다.

"재차 상세히 조사해 보아서 그보다 더 악한 사실이 있을 것 같으면 근본적으로 폭로하여 배격할 것이요, 만약 그러한 사실이 없다면 그것은 귀사의 책임이니 기사 정정은 물론 우리 회중의 명예를 회복시켜 주는 것이 사회 공중 표현 기관으로서 당연한 도가 아니겠습니까?"

불법연구회 측의 정중한 논리에 조선일보 측은 호의로 받아 들였다.

그로부터 2일 뒤인 6월 1일, 조선일보 전북 특파원과 이리지국장이 총부를 찾았다. 그들은 소태산 대종사를 만나 불교혁신의 정신과 각 부분 실행 사업을 취재하였다.

8월 10일자 조선일보에 〈불교혁신 실천자 불법연구회 박중빈씨〉라는 제하에 소태산 대종사 사진과 기사가 소개되었다.

'씨는 전남 영광군 백수면 길룡리 출생으로 현재 익산군 북일면 신룡리 불법연구회의 종법사이다.

씨를 이해하자면 먼저 불법연구회를 분석하는 것이 쉬운 일이나 동회(同會)의 합리적 분석은 도저히 적은 지면으로는 불가능한 일에 속한다. 고로 이곳에는 다만 씨의 생활 일단에만 그쳐둔다.

씨는 일견 정치가적 타입이다. 철리에 심오한 종교가로서 웅대한 포부를 가진 철저한 활동가이다. 씨는 20년 전에 재래불교의 시대적 종언에 입각하여 과거의 제 단계를 합리적으로 분석한 후 단연 혁신을 고양하여 불법연구회를 조직하였으니 동회(同會)가 표방하는 바 종교의 시대화, 대중화, 물심양면의 개발, 일체 미신의 타도, 정신수양ㆍ사리연구ㆍ작업취사 등 실로 민중의 현실적 의식을 반영하여 재래종교의 형이상학적 신비적 형태에서 완전 탈각한 대중적 종교라 아니할 수 없나니, 이 의미에 있어서 씨는 조선 불교사상에 루터라 하여도 과언이 아니다. 씨는 이상의 신종교를 창설하고 다수 대중을 포용한 불법연구회의 총 지도자의 지위에 있건마는 근검절약하며 사(私)를 망각하여 촌토(寸土)의 소유자 일분(一分)의 사축(私蓄)이 없나니 그 부인 양씨는 상금(尙今)도 밭을 파며 청빈한 생활을 계속하고 있다.'

《조광》 10월호 〈불법연구회 탐방기〉소개

'최근 당국에서 범죄사상 전대미문의 초 기록적 처참한 광경을 보인 사교 백백교를 비롯하여 차(此)에 유사한 종교단체의 철저한 박멸을 질풍노도적으로 단행하고 있는 것은 세인의 주지하는 바이어니와, 이로 인하여 조선에 있어 종교사상의 전선적변경(全線的變更)과 아울러 사회 반(反)민중의 종교사상에 심대한 변혁이 제래(齊來)될 것도 필지(必至)의 사실이다. 여상(如上)의

　거대한 사회적 조선 즉 종교 비상시기의 중요한 모멘트에 직면하는 현하 조선의 재래급 신흥종교의 제 분야를 합리적으로 검토하는 것은 사회적 시각에서 의의 있는 일의 하나이다.

　이제 그의 일단으로서 전북에 20여 년의 긴 세월을 가지고도 오히려 그 진면이 엄폐되어 있는 불법연구회를 고찰하고자 하나니, 대체로 유사 종교단체 더욱 엄밀 정확히 말하면 사교가 많기로 유명한 전북은 소위 차천자교(보천교)를 필두로 조천자교 등 무려 10여 교에 달하여 혹세무민의 함진전(函塵戰)을 연(演)하던 바, 전기양교(前記兩敎)는 작하(昨夏)에 당국의 탄압으로 인하여 그 정체가 백일하에 소멸이 되어 버렸으나 모(某)방면 소식에 의하면 차에 유사한 단체를 처치할 것이 앞으로도 상당 다수 생(生)하리라고 한다. 여사(如斯)한 분위기에서 발표하고 있는 불법연구회는 오인(吾人)의 주목을 끄는 것이다.

　여하(如何)한 유래를 가졌느냐? 대정 5년 3월에 전남 영광에서 동회 현 종법사인 소태산 박중빈씨가 동지 9인으로 더불어 불법연구회 기성조합을 창립하고 영육쌍전 주작야선을 표방하여 공동생활을 개시한 것이 불법연구회의 효시라 한다. 원래 물심양면 즉 낮에는 농경에 종사하여 생활의 자원을 삼고 밤에는 불법의 진리를 연구하여 지식의 원천을 삼는 등 조합원들은 신조 실행의 경제적 근거를 수립하기 위하여 박중빈 씨 지도하에 전기 9인이 결속한 후 간척지 10여 정보를 개척할 새 천신만고를 다하여 금일에는 6천의 회원과 신도를 산(算)하여 거각(巨閣)의 회관이 되었으며 동회의 지부가 경성을 비롯하여 12개소에 달하고 기본금이 실로 20여 만원이라는 거액을 계(計)하

여 오히려 파죽의 세로 발전을 하면서 있다.

그러면 불법연구회는 여하한 이론적 근거에 서 있느냐? 일언이폐지하면 조선 재래 불교에 입각하여 그 교리와 제도를 시대화하고 대중화한 것이니, 과거의 불교를 현재와 미래의 불교로, 산중 승려 개인의 불교를 일반 대중의 불교로 혁신하되 세간생활에 필요한 인생의 요도를 더 밝혀야 할 것이며, 모든 교리를 운전하는 제도와 방편도 시대와 인심을 따라서 쇄신하여야 할 것이라는 것이다.

그런데 그 구성원 일찬(一贊)하면,

1. 교정원-- 교무부, 연구부, 통신부, 감사부

2. 서정원-- 서무부, 상조부, 산업부, 육영부, 공익부, 공급부 등

2원 12부로 종법사 1인 급(及) 기타 약간의 중요 간부는 총 대회에서 이를 선거하고 총 대회는 각 지방의 회원이 이를 선거 조직케 되어 있다. 그리하여 총 본부를 전기 주소에 두고 12개에 지소를 전선(全鮮) 각처에 분산하여 강밀(綱密)한 조직과 기민한 연락을 하는데 회의 구성 분자는 회원과 신자로 특별 회원 보통 회원 양자로 구분하여, 특별 회원은 회비 연액 3원 40전야(也)를, 보통 회원의 연액 1원야를 부담한다. 신자라 함은 동회에 대하여 종교만을 신봉하는 자이니 규정된 부담액은 없다 하며, 그러나 신자로서나 회원으로서 동회를 위하여 특별 의연은 있다고 한다. 그 외에 농업, 목축, 부업 등의 수입으로써 동회의 유지비는 충용되는 것이다.

이제 그들은 대 종교적 생활을 하는 동시 일일이 분업적으로 일을 하게 되는데 그의 사업을 개략하면.

1. 산업부-- 산업부에서는 농업, 축업, 기타 부업 등 생활 방법을 연구 장려하여 회원의 생활 향상을 목적하고

2. 육성부에서는 유용한 인재 양성에만 주력하는 바 그 학자(學資)의 조성 방법은 회원의 집단 거주지에 공동 작농을 실시하여 그의 소득금을 적립한 것을 운용한다.

3. 공익부는 재래 조선의 관혼상제를 동회의 신정예식으로 혁신하여 그 허용남비(虛用濫費)를 공익부 기금으로 조성하는 바 200 내외의 회원으로서 축적된 기본금이 저금(抵今) 10년간에 1만 수천원에 달하는데 차액이 일정액에 정할 시에는 양로원, 요양원 등을 설립할 계획을 수립하고 있다.

회는 이와 같이 사업과 생활양식 방면으로 고찰할 시에는 일종의 산업 단체적 진흥 단체적 외관을 정(呈)한다. 다시 이상과 교리 방면으로 보아서는 훌륭한 종교단체이다. 이제 회원급 신자의 종교적 훈련방법을 보면 전기 사은사요에 대한 공부요도의 실천적 방법으로서 정기선원과 상시훈련을 설치하여 전자는 수양·연구에 그 중심을 두어 양자 상호 작용하여서 완전 훈련을 기하고, 수양측으로 각종의 계율을 엄수함.

이상에서 불법연구회는 여하한 유래로 어떠한 내용으로 하며 그의 실천은 어떻게 하는가를 개괄적으로 논하였거니와 지면 관계로 이만 그친다.'

※ 백백교(白白敎) 사건이란 1928년부터 1937년까지 백백교 교주 전용해와 그의 제자 문봉조 등 11명이 10년 동안 전국 곳곳에서 80여 회에 걸쳐 300여 명의 남녀노소 신도들을 살육한 사건이다.

V. 8·15 광복 이후

1. 전재동포원호사업회 설립취지

1945년 8·15광복 소식을 접하고 익산총부에서는 '해방을 당하여 우리의 급선무는 무엇인가' 라는 긴급 시국회의에서 전재구호사업을 하여 귀환동포, 노무자 이런 불쌍한 동포를 구제하고 보호하자는 뜻이 모아져 총무부장 송도성은 〈불법연구회 전재동포원호사업회 설립취지〉를 작성하였다.

불법연구회 전재동포원호사업회 설립취지

우리 조선에도 자유 해방의 날이 왔다. 조선 독립의 커다란 외침이 한번 전하게 되자, 근역(槿域) 삼천리 방방곡곡에 넘쳐흐르는 환희의 물결은 사뭇 그칠 줄을 모르고 뛰놀고 있다. 더구나 우리 단체인으로서 심경을 말한다면, 과거 35년 동안 저들의 식민정책 하에 갖은 구속과 압박에 신음해 오다가 이제는 우리도 독립이다 자유다 하는 현실을 생각해 볼 때에, 항쇄 족쇄로 창창 얽어 놓았던 몸을 일시에 해방한 듯한 기쁨과 감격을 금할 수 없다. 이는 오로지 해외 각지에서 와신상담(臥薪嘗膽) 희생 노력하신 애국지사 제위 선배의 가져오신 거룩한 선물로서, 우리는 오직 심심 경의를 표하는 바이며, 해내(海內) 동지로서는 마땅히 동심합력하여 일사불란한 태도로 이 건국 위업에

공헌하여야 할 것이다.

이제 중앙을 비롯하여 각지의 위원회가 조직되어, 치안유지 및 행정감독에 관한 상당한 역할을 하고 있으나, 목하(目下)에 유일한 최급무로는 전재동포 원호문제이니, 남에서 일본, 북에서 만주·중국 등지로부터 조수 밀리듯 하는 전재동포가 남부여대(男負女戴)하고 피곤함과 굶주림을 이기지 못하여 노지(露地)에 즐비하게 쓰러져 있는 참혹한 현상을 볼 때, 목석이 아닌 사람으로서야 어찌 이에 눈물이 없고 감동이 없을 바이랴.

이에 본회에서는, '전재동포원회'를 설립하고 '건국위원호회'와 연락하여 일대 구호운동을 환기코자 하오니, 각지 동덕(同德)은 이에 진심으로 찬동하시와 열렬한 성원지조(聲援之助)가 있기를 바라마지 않는 바이다.

을유 9월

발기인: 유허일, 최병제, 송도성, 황정신행,
　　　　박제봉, 성의철, 박창기, 박해운, 성성원

2. 서울출장소장 김대거의 정계인사와 만남

　대산 김대거 종사는 서울 한남동 정각사 서울출장소장 시절을 종법사 재임시(원기47~79년) 자주 회고하며 말했다.《대산상사 수필법문집》1, 2, 3권에는 당시 상황과 관련된 법문이 다수 있다. 다음은 원불교신보 신서2《구도역정기》–대산 김대거 종법사 편–에서 회고의 내용 일부이다.)

　어느 날, 검은 승용차가 한남동에 들이 닥쳤다. 이승만 박사를 위시하여 장덕수, 조병옥, 김병노씨 등 정계인사 20~30명이 일시에 초라한 한남동을 방문한 것이다.

　팔타원께서 보육원 관계로 이승만 박사를 자주 만나는 가운데 "도인이 계시니 도인 뵈러 가자."고 하셨던 것이 계기가 되어 이날 일시에 당시의 거물급 인사들이 오시게 되었다.

　나는 이 박사 내방소식을 오전에 전해 듣고도 막연하게 별 다른 준비를 하지 못했다. 열심히 구내청소를 하고 그분들을 맞이하게 되었다. 이에 앞서 어느 날, 나는 남루한 한복을 입고 있었는데 제일 먼저 미국인 하지 장군의 고문인 쿠펠로 씨가 차에서 내리더니 나를 만나러 왔다.

　날씨는 유난히 추웠다. 승용차 기사들은 추위에 떨며 밖에 서 있었다. 나는 기사들을 들어오게 하라고 통역에게 일렀다. 그랬더니 운전기사들은 안 된다는 것이다. 나는 차별현상에 민망함을 느꼈지만, 참고서 "일반사회에서는 어떨지 모르나 이곳은 부처님 나라라서 모두가 평등하다."고 설명을 했다. 그

통역은 어찌 생각했는지 돌아가서 기사들을 데리고 들어왔다.

그리고 그 미국인 통역은 나에게 "닥터 김"하면서 "닥터 리"를 데리고 오겠다고 했다. 닥터 리는 이 박사를 가리키는 것이다. 나는 그의 말을 듣고 미국에서는 그런 식으로 부르는지 모르나 우리나라의 예절은 그렇지 않다고 설명하고, 지도자는 아버지 같은 분이므로 깍듯한 예우를 해야지 "닥터 리"하면 안 된다고 했다. 그는 내 얘기를 알아들었는지 "오케이" 하는 것이다. 나는 일행을 법당으로 안내했다. 그분들은 구두를 신은 채 법당에 들어가려고 했다. 나는 다시 통역에게 신을 벗으란 말을 영어로 어떻게 하느냐고 물었다. 그는 "노 슈즈"하면 된다고 했다. 나는 쿠펠로 씨에게 가서 "노 슈즈"라고 말했더니 모두들 구두를 벗고 들어갔다.

이 박사 일행을 맞이할 준비로 우리는 싸구려 찻잔 50개를 사다놓고 미삼차를 준비하여 대접했다. 나는 이 박사에게 "이리 중앙총부에 가시면 웃 스승님이 계시고 의자도 있어 편히 모실 수 있는데 여기는 아직 준비가 안 되어 미안합니다."라고 말했다. 그리고 프란체스카 여사에게는 관세음보살상 하나를 선물했다. 이 관세음보살상은 일본인들이 아무렇게나 놓아두고 간 조그마한 불상이었다.

이 박사는 프란체스카 여사에게 "이 어른을 모시면 내가 수(壽)한다."고 설명하니까 "오케이 오케이"를 연발하는 것이다.

분위기는 퍽 부드럽게 무르익었다. 이런저런 이야기를 하다가 나는 "이 박사를 만나러 가려해도 너무 어려워 새나 되어 날아가면 몰라도 들어갈 수가

없는 곳"이라고 말했다. 이 박사는 나의 이야기를 듣고는 이기붕씨에게 싸인 해 주라고 하여 나는 그것을 받았다.

이렇게 하여 나는 정부 요인들과 접촉할 수 있게 되었고 대화하며 우의를 돈독히 할 수 있었다. 순수한 인간적 만남이었다. 나는 이 박사에게 나의 스승님은 이리 총부에 계시다는 말씀을 여러 번 드렸고 언제든지 한 번 총부를 방문해 줄 것을 말씀드렸다.

이러한 이야기들이 하나의 씨앗이 되었던지 원기31년 6월 5일 이 박사는 전국을 순회하던 중 이리에 들리게 되었다. 나와의 약속을 상기시켜 이리교당(구건물)에 들르셨다. 나는 이리교당으로 나가 이 박사를 만나 총부에 가시자고 했다. 이때 모 종교인들이 둘러싸고 야단을 했다. 차량까지 차단시켰다. 종교 감정의 유발로 그리된 것이다. 나는 서장에게 상황을 말하고 차를 한 대 내달라고 하여 모시고 총부로 들어왔다.

원로지도자로서는 첫 방문이었다. 대종사 성탑을 참배하고 구조실에 들러 정산종사님과 대담을 하셨다. 이 박사는 이날 붓을 들어 '경천애인(敬天愛人)'이란 글귀를 써주셨다. 이 친필은 표구하여 원광대학교 총장실에 걸어놓았다.(현재 원불교 역사박물관에서 소장하고 있다.)

총부에서는 밀가루 빵을 만들어 대접했다. 구타원님께서 식당에 나오시어 총지휘 해주셨다.

이 박사는 나를 김구 선생에게도 소개해 주셨다. 이 두 분은 그때까지만 해도 퍽 가깝게 왕래하던 시절이었다. 내가 백범 김구 주석을 만나게 된 것은 이승만 박사의 소개도 있었고, 팔타원님의 역할도 계기가 되었다. 나는 상산

님과 함께 이화장에 가 그곳에서 백범 선생과 부통령을 역임했던 이시영 선생과 한 자리에서 만나게 되었다. 이 자리에서 이 박사는 우리를 불교혁신운동을 한 사람들이라고 소개하고 우리 교단에 대해서도 말씀하셨다.

백범 선생은 한동안 이 박사의 말씀을 들은 후 "내가 중국에 있을 때 국민의 정신을 하나로 모을 수 있는 핵심 된 불교가 있었으면 하고 바랐는데 원불교가 바로 그동안 내가 생각했던 종교인 것 같습니다."라고 소감을 피력했다. 우리가 돌아올 때는 《백범일지》를 상산님과 나에게 각각 한 권씩 선물하였다.

이때 만나게 된 이시영 선생님과의 인연으로 그 후 여러 번 만나 대화를 나누게 되었다. 세상 인연이란 묘한 것이다. 내가 20여 년 전 서울에 갔을 때 이시영 선생 형님이었던 이회영 선생의 친손자인 이종찬씨가 나를 신촌교당으로 찾아왔다. 현재 국회의원인 이종찬 의원은 종조부인 이시영 선생과의 우의를 생각하여 내가 서울에 가기만 하면 찾아와 인사를 하는 것이다.

나는 그 후 가끔 틈을 내어 이 박사를 만나러 갔었다. 어느 날 방문한 나를 본 이 박사는 "김 소장도 나를 비애국자라고 때리러 왔소?" 하는 것이다.

그 당시, 남북협상차 김구 선생과 김규식 박사가 이북에 갔는데 그때 이 박사는 참가하지 않았다. 그래서 각 신문에서는 크게 보도를 하며 이 박사를 비판했다. 이 박사의 입장이 난처하게 되었다.

나는 잠시 생각해 보았다. 우리나라에서 세 분은 모두 소중한 분이었다. 그런데 만일 세 분이 모두 다 이북에 가셨다가 잘못되어 돌아오지 못하게 된다면 큰일이라는 생각이 들었다.

"이번에 이북에 안 가신 일은 잘하신 것입니다."

이 박사는 의외라는 듯이 왜 그렇게 생각하느냐고 물었다.

"세 분이 함께 가셨다가 혹 사고를 당하면 어떻게 되겠습니까? 이번에 가시지 않은 것은 지혜 있는 일이었습니다."

내 손을 꼭 잡은 이 박사는 "서울에서도 나를 좋아하는 사람이 하나 있네. 나도 내 목숨이 아까워서 안 간 것이 아니요. 꼭 가야할 일이면 갔지요."

마냥 기뻐하던 이 박사, 정치인으로서 말 못할 고뇌도 많았을 것이다.

어려운 결단을 내릴 때의 외로움도 있을 것이며, 찬반 의견대립이 있을 때 조화롭게 타개하기도 힘겨운 일이라고 생각된다. 더구나 36년의 일제치하에서 맞은 해방 이후의 나라살림을 맡아 수습하기란 정말 어려운 일이었을 것이다.

〈부록〉
원불교 서울회관 실록(實錄)

　원불교 서울회관 건립은 원기55년(1970년) 개교 반백년 기념사업을 추진하는 과정에서 호남의 원불교가 한국의 원불교로 발돋움하기 위해서 서울로 진출하자는 여론이 자연스럽게 형성되어 서울에 '청년회관'을 건립하자는 의견으로 모아졌다.

　당시 한국 종교인 대화운동에 교단이 적극 참여하면서 서울기념관 건립으로 확대되고, 교단 여론의 공감대가 형성됐다. 그러나 다시 교단의 경제 능력으로는 어려운 일로 서울회관 건립의 방법을 다방면으로 모색하다 남한강개발주식회사가 건축비를 은행에서 융자 받을 수 있도록 교단에서 재산 담보를 해주면 남한강개발주식회사가 신축할 대형 아파트에 원불교에서 서울기념관으로 활용할 수 있을 만큼 건물을 보상해주는 조건으로 원불교 교산을 담보 해주었다.

　그러나 기공식을 한지 얼마되지 않아 남한강개발주식회사가 경영부실과 공사비 부채와 허가문제 등 복잡한 문제가 발생하여 교산을 담보해준 교단이 문제를 떠맡게 되었다. 어려운 문제를 수습하기 위해 성금을 모으고, 교단의 각종 기금이나 일선교당의 건축기금까지 동원하고 수습과정에서 교역자 상호간 정신적 갈등을 겪었다.

　온갖 어려움을 극복하고 원기65년 중단상태의 건축공사를 다시 착공하여 원기55년 기공한지 12년만인 원기67년 서울회관 봉불낙성식을 가졌다.

　서울회관 건축과 관련되어 교단에 정신적·경제적 상처도 크고 노력도 큰 만큼 교단사에 있어서 큰 교훈으로 남았다.

　원기57년도 사업보고서 '서울기념관 경과'에서는 남한강 문제의 발단과 수습과정 등을 몇 쪽에 걸쳐 보고하였다. 그러나 사업보고서 만으로 교단사에 있어서 가장 큰 사건 중의 하나인 서울회관 건립, 일명 남한강 사건에 대하여 알 수 없는 부분이 많다.

　교단 월간지인《원광》에서는 서울회관이 준공된 지 2년만인 원기69년 10월《원광》제122호부터 총6회에 걸쳐 〈서울회관 실록〉을 박달식 교무의 집필로 연재하여 사건의 전후사를 자세히 소개하였다.

　원불교서울회관 실록 연재를 마치고 원기70년 4월《원광》128호에 집필자 박달식 교무의 뒷이야기인 '남기고 싶은 이야기', 원불교서울회관 실록 연재를 읽고 서울회관추진 집행위원장이었던 이철행 교무의 '잊을 수 없는 사람들', 연재를 읽고 김주영 교무의 소감인 '감명깊은 12년간의 실록' 등이 연재되었으나 본장에서는 원기 70년 3월《원광》제127호까지 총6회 연재 전문을 소개한다. 서울회관 실록 연재를 시작하며 서두에 편집자는 아래와 같이 밝히었다.

　'원기67년 10월 10일, 원불교 서울회관이 낙성 봉불되던 날 가슴으로 울지 않은 사람 누구 있으리. 원기55년(1970) 10월 13일 서울회관 기공식을 올린 지 꼭 12년만의 일이다. 이 12년 동안 얼마나 많은 시련을 겪어야 했던가.

　서울회관이 준공된지 2년, 여기에 12년 세월의 아픈 기억과 역경을 넘어선 의지를 정리하여 14년만에 공개하여 기록해 둔다.'

제1부 수도(首都) 서울에 기념관을 세우자

　원기67년(1982) 10월 10일 12년이란 세월을 이기고 수도 서울의 제1한강교 옆에 우뚝 솟은 '원불교 서울회관'이 준공식을 갖던 날, 이철행 법사는 목이 메어 이렇게 인사를 했다.

　"수도 서울의 젖줄 한강에 흐르다가 멈추어 다시 흐르는 서울 관문 제1한강교 옆에 재가·출가 호법동지님의 염원이었던 원불교 서울회관이 섰습니다.

　한강변 강북도로를 달리며, 저 멀리 제2한강교와 제3한강교를 오가며 유명한 노들강변 언덕 위에 우뚝 솟은 일원상 탑을 보면 참으로 장하다는 자부심을 갖습니다. 이는 물론 웅장한 건물이어서가 아니라 갖은 사연이 깃든 각고의 산물(産物)이었기 때문입니다.

　서울회관은 교단이 수도 서울을 중심으로 하는 교화발전과 세계적 종교로 웅비하려는 큰 포부와 희망으로 시작이 되었습니다.

　원기55년 10월 13일 흑성동 1번지에서 울려 퍼진 기공식 팡파르로부터 오늘까지 12년. 12년이란 긴 세월은 강산이 바뀌고도 남는 시간입니다. 우리 재가·출가교도들은 수도 서울에 기념관을 갖는다는 꿈을 실현시키기 위해 산을 넘으면 강이요, 강을 건너면 구절양장의 고빗길을 눈물과 땀으로 점철하며 그 많은 시련들을 이겨 냈습니다.

　본래 계획보다는 축소되어 완공되었지만 서울회관은 1백만 전 교도가 눈물과 땀으로 쌓아올린 금자탑이며 내외 호법 인연동지들의 격려와 협조로 이루

어진 역사였기 때문에 기쁨의 감격은 더 한 것입니다.

어려운 일을 당할 때마다 그 자리에 주저앉아 버리고도 싶었고 차라리 눈을 감고 되돌아가고도 싶었지만 그럴 때마다 대종사님과 정산종사님을 비롯 선진님들의 성령이 굽어 살피어 주셨고 대산종법사님과 교단의 원로님들, 그리고 재가·출가 동지님들의 격려와 도움으로 부채청산과 법률적 기술적인 문제를 하나씩 합리화·합법화시키며 매듭을 풀었습니다.

그러나 한 매듭을 풀면 또 다른 매듭이 엉키기를 몇 수십 번이었는지 모릅니다. 지금 생각하면 그 어려운 매듭들을 어떻게 풀어 왔는지 믿어지지 않습니다. 이는 오직 대산종법사님의 지도와 옆 동지들의 합력이 아니었으면 오늘의 감격이 없었을 것이라고 믿습니다.

지난 일을 생각하면 오늘의 이 결실을 위하여 우리는 너무도 많은 정신적 물질적 시간적인 것을 지불하여 왔습니다. 우리들 자신이 감내하기는 너무나 엄청난 출혈이었습니다. 그러기에 우리가 오늘 갖는 결실의 기쁨은 형상적인 서울회관 준공에만 있는 것이 아니라 대종사님의 가르침을 실지생활에서 깨닫게 된 산 경전을 체득한 것입니다.

풀기 어려운 몇 십번의 매듭을 하나씩 풀 때마다 대종사님의 성령께서는 해이해져 가는 교단 창립정신을 다시 일깨워주셨으며 이로 인해 우리에게는 앞으로 어떠한 역경과 난경을 당할지라도 이겨낼 수 있는 지혜와 힘을 얻을 수 있게 된 것입니다.

또 지난 12년이란 긴 세월이 지난 오늘, 본래 계획보다 작은 서울회관이지만 이는 한국사회에 교단의 위신을 새로이 하는 계기가 되었습니다.

　어려운 일을 당할 때 마다 좌절하지 않고 그 일을 해결하는 의지와 대의에는 물같이 합한 재가교도들의 신성과 출가교도들의 동지애는 교단의 짧은 연륜에도 불고하고 저력 있는 교단으로 인식되기에 충분했습니다.

　이처럼 오늘이 있기까지의 이야기를 하지않을 수 없는 것은 우리 모두의 역사적 과제였던 서울회관을 완공하였으므로 그간의 경과를 대강이라도 다 함께 알고 또 여러 가지로 협조와 도움을 준 사람들에게 감사를 드리고 싶은 마음과 후일에 교단적 참고를 삼고저합니다.

　이제 우리는 서울회관에 얽힌 시비와 이해, 얻은 것과 잃은 것에 대한 반성은 분명히 하되 대신 서울회관의 시작으로부터 진단, 수습, 추진, 완공에 이르는 과정에서 결과에만 얽매이지 말고 동기의 순수함도 그대로 평가하여야 겠으며 문제가 일어날 때마다 해결을 위해 일심합력한 사람들의 노고를 다함께 소중히 여겨야 되겠습니다.

　역사의 바퀴는 되돌릴 수 없습니다. 지날 날의 가슴 아픈 역사를 다시는 밟지 않는 것이 미래의 교단을 약속하는 길임을 가슴에 새겨 둠으로 수도 서울에 세워진 '원불교 서울회관'은 교단 만대의 교훈과 지표로 의미될 것입니다."

　이철행 법사가 서울회관이 준공된 뒤 한 이 말은 우리에게 큰 감동을 주었다. 원기55년 7월 27일 서울기념관건축준비위원으로 선정된 뒤 12년동안 애환을 같이하며 세칭 '남한강사건'이 터졌을 때는 수습위원으로, 신축실마리가 풀리었을 때는 건축추진위원장으로 준공을 보았기 때문이다.

건립의 배경과 추진

소태산 대종사는 교단의 전망을 '50년 결실(結實)이요 4,500년 결복(結福)'이라 말씀하셨다.

결실이라 함은 본교가 창설된 이 나라에서 드러나게 됨이요 결복이라 함은 세계적 종교로 인류 구원의 큰 사명을 다하리라는 말씀이다.

본교는 일본 식민지 시절 전남 영광에서 개교(1916년 4월 28일)되어 갖은 수난을 겪어오다가 광복과 더불어 본격적인 교화사업을 전개하여 원기40년대에는 국내의 교화기반을 착실히 다지고 50년대에는 교세를 점차 확장하여 세계적 종교로 발돋움하고 있었다.

그러나 중앙총부가 지방도시인 전북 이리에 위치하고 있어 시대적 흐름이나 사회적 상황에 대처하기에는 여러 가지 어려움이 있을뿐더러 세계적 종교로 웅비하기에는 서울을 중심한 교세확장이 선결되어야 했으므로 서울을 중심한 교화사업을 추진할 전진기지 역할의 건물을 생각하게 되었다.

이처럼 교단의 발전을 위하여 교단의 중앙 진출은 필연적이었으며 전교도의 염원으로 수도 서울에 교단의 큰 건물을 세우는 것이 여러 곳에서 거론되었다.

이때 교단 창립 55주년을 기념하기 위하여 '개교반백년기념사업회(회장 박광전)'가 원기49년(1964) 4월 발족되면서 이의 일환으로 건설분야 사업중 하나로 '청년회관'을 세우기로 하고 건립추진 비용으로 4백만원의 예산이 책정되었다.

이후 청년회관 건립문제에 대하여 구체적인 계획을 여러 방면에서 종합적

으로 검토하던 중 원기54년(1969) 1월 22일 개최된 제31회 수위단회에서 교단의 숙원이요 70만 교도(당시)의 염원인 서울기념관을 반백년기념사업의 일환으로 건립하기로 결의한다. 박광전 법사는 교단이 6대 종단 (천주교·기독교·유교·불교·천도교 등과 함께 '종교협의회' 구성)에는 들어갔지만 불교·천도교 등도 굉장한 빌딩을 지어 활발한 활동으로 우리가 위축감마저 들며, 외국에서 손님이 오면 서울에서 본 교단을 소개할 만한 곳이 없고, 중앙에 기구를 두어 대외적 활동으로 교단발전을 꾀하기 위해서는 빌딩 신축이 시급하다는 제안 설명을 한다.

수위단회에서는 서울에 빌딩을 짓기로 결의하면서 수위단원으로 6인 준비위원을 선정하여 교정위원회 때까지 연구 주선토록 한다. (위원 박광전, 박장식, 이공주, 황정신행, 이운권, 이경순)

2개월 후에 열린 교정위원회(3월 28일)에서는 1월 22일 수위단회에서 서울에 빌딩을 건축하기로 하고 구성한 6인 준비위원을 보완하여 확대위원회를 구성하자는 제안(김정남)이 있고, 수위단회에서 선정한 6인과 서울지구 교무 및 요인이 회합을 갖고 이 회합에서 서울지구를 중심으로 '서울기념관건축위원회'를 구성토록 하자고 결의한다. 오후에 열린 제14회 중앙교의회에서도 서울기념관건축추진위원 구성과 함께 4,000만원의 예산을 책정하였다.

7월 12일에는 서울지구 재가요인들을 중심으로한 서울기념관추진위원회(위원장 박동현)가 발족되나 9월 4일 제34차 임시수위단회가 서울 원남교당에서 열리어 서울기념관건립추진위원회 회장단을 개편하고 회장단에서 이 사업을 추진토록 했다. (회장 박동현, 부회장 문동현, 공덕종, 방성심)

　　서울지구 재가 요인들을 중심으로 구성된 서울기념관추진위원회에서는 아파트를 지어 분양하고 이 이익금으로 기념관을 건립한다는 계획 아래 건립장소를 서울교당으로 결의하고 타당성 조사에 들어갔다.

　　이처럼 개교반백년기념사업 건설분야의 한 사업으로 진행되던 청년회관은 서울기념관 신축계획으로 발전하여 여러 소관회의를 거치어 서울지구추진위원들이 주축이 되어 진행하여 갔다.

　　서울지구추진위원들은 총무·섭외·재정 등 분과별로 활동하며 조사·연구 결과, 종합적으로 아파트를 지어 분양하고 이 이익금으로 기념관을 건립하자는 방안을 마련하게 되고 부지는 서울교당으로 논의가 되었다.

　　이 종합된 논의는 중앙총부 교정원에 보고 되고, 협의를 하기에 이른다.

남한강개발주식회사와의 인연

　　남한강개발주식회사는 현재 없어지고 없는 회사이지만 원불교 서울회관과 함께 우리에게 잊혀질 수 없는 기억이다.

　　우리에게 기대와 희망과 기쁨과 미래를 주기도 했고, 분노와 눈물과 허탈을 안겨주면서 갖가지 교훈을 남겨주기도 하였다.

　　그러나 과정에 있어서는 우리의 뼈와 살을 깎는 아픈 상처를 주었지만 결국 오늘의 서울회관이 현재의 자리에 설 수 있도록 한 것이 남한강개발(주)과의 인연 때문이다.

　　교단에서 서울에 기념관 건립을 추진하고 있을 때 건설부로부터 영동포구(현재 관악구) 흑석동 한강변의 공유수면 매립허가를 얻어 맨션아파트를 지

　어 분양할 계획이던 남한강개발(주) 사장 김재위씨가 같은 사업이므로 중장비를 빌려 주겠다고 제의하여 왔다.

　김재위씨는 서울 원남교당 신축공사때 건축기성회장으로 공이 많은 재가교도로서, 원남교당을 훌륭히 지어낸 사람인데 서울기념관을 신축하게 되면 남한강개발(주)의 장비뿐 아니라 기술까지 제공하여 주겠다고 협조 약속을 한 것이다.

　서울지구추진위원회에서는 이런 상황을 급히 중앙총부에 보고하기에 이른다. 곧이어 원기55년(1960) 7월 27일 종법원 회의실에서 제36회 교정원 원의회 상임위원회(이하 상임위원라 함)와 반백년사업회 재정건설위원회 연석회의가 열리어 박장식(당시 교정원장) 위원장은 "모금운동을 하여서 기념관을 건립한다는 것은 요원한 일이겠고. 마치 원남교당 김재위씨 말을 들으면 서울교당 부지에 600평 12층을 건립하여 아래 3층은 교단에서 사용하고 위에 4층부터 12층까지는 중, 상급 아파트를 만들어 분양하면 큰 비용이 들지 아니해도 될 것 같다."는 서울측 보고를 설명하고 "문제는 준비금으로 5,000만원이 필요하다는데 이에 대한 숙의를 하자."고 제안한다.

　회의는 서울기념관 건축에 따른 서울교당 부지 전체를 제공키로 하고 건축에 대한 준비위원으로 박장식·박광전·이운권·정광훈·이철행·이건춘 6인을 선정한다.

　8월 2일에는 제37회 정기상임위원회와 서울기념관건립위원회 연석회의가 열리어 서울교당에 세워질 서울기념관에 대한 구체적인 계획안이 제시되었다.

'원남교당의 김재위씨는 경제적으로 협력하기 어려우나 건축에 대해 적극 협조하여 주겠다'는 약속과 '건물은 500평 12층으로 예상하고 지하 보일러실, 1층 차고와 슈퍼마켓, 2~3층(1,000평)은 교단 사용, 4~12층 아파트로 하고 대지는 교단 소유로 하고 평당 12만원을 들여 14만원에 분양할 예정'이라 했다.

설계비등 공사착수비 1,000만원 중 우선 500만원을 교단의 기관성금으로 하고 서울기념관 건립을 반백년사업회에서 주관키로 결의했다.

8월 18일 교정원 회의실에서 열린 제38회 임시상임위원회와 반백년기념사업 재정건설위원회 연석회의에서 이운권 서울출장소장은 "서울빌딩건에 대하여 이제까지 추진되어 온 것을 보고 하자면 지하 1층 지상 15층 모두 16층으로 총공사비 7억이 예상되며 평당 15만원에 분양하면 3만원씩 이득으로 2,3,15,16층 820평이 교단 소유"이며 "이 일을 추진하려면 9월까지 1,000만원, 12월까지 5,000만원이 있어야 된다."고 했다. 그러면서 "그런데 이 금액을 교단에서 다 챙길 수가 없어서 서울교당 대지를 담보하고 은행에서 5,000만원을 차금(借金)하면 된다. 이 금액으로써 달이자(月利子)를 수입하여 쓰고 입주자가 다 들어오면 이 금액을 만제할 수 있겠다 합니다."고 보고한다.

결의는 '서울교당 대지를 담보 제공하고 5,000만원 은행 기채'하는데 '교단명의로 하거나 뜻대로 아니되면 김재위씨 명의로 기채'하기로 했다.

서울기념관 신축기공식

이와 같이 순조롭게 진행되고 있을 때, 김재위씨는 서울기념관 건립에 새로운 제의를 했다.

김씨가 추진하고 있는 남한강변의 공유수면을 매립하여 땅 1천평을 희사하겠으니 서울기념관 건축부지를 서울교당에서 남한강변 흑석동으로 옮기고 대신 남한강개발(주)의 기채에 대해 교산을 담보로 제공하면 이자는 회사가 부담하고 서울기념관 건립은 김씨의 평생 사업으로 완공하겠다는 제의였다.

이 제안을 받은 중앙총부에서는 제39회(원기55년 8월 30일) 임시상임위원회를 열어 반백년사업회 재정건설위원회와 연석회의를 갖고 서울기념관 건축지 장소변경과 기본재산 담보 제공에 관한 것을 논의했다.

김재위씨는 교정원 회의실에서 열린 회의에 참석하여 "그 동안 기념관 건축추진 문제로 서울추진위원회와 실질적인 여러 가지 문제를 가지고 연구해 오고 있는 중입니다만 그 가운데 미관상 문제와 건축기간중 법회문제, 대지와 같이 입주 분양문제, 기존건물 철거 이동문제 등 해결하기 어려운 문제가 되었는데 원불교신보에까지 자세히 대내외적으로 알려지게 되자 본인으로서는 더욱 더 큰 책임감을 안 느낄 수가 없어 어떻게 해서라도 새로운 방향으로 기념회관만이라도 완성해야겠다."는 결심을 이야기 하고 "당초 계획하였던 바와 같이 20% 줄이기로 된 설계의 아파트를 그대로 지어서 당초 계획과 같이 800여 평을 교단의 기념관용으로 하였으면 하니 이것을 승낙하여 주시면 본인의 평생사업으로 알고 책임지고 추진하겠다."고 했다.

결국 기념관 건축부지를 원안대로(흑석동) 옮기기로 하고 기본재산 담보제

공에 있어서는 법적인 적당한 사항을 알아보아서 최악의 경우 담보설정액을 반환할 수 있도록 조건부로 계약하며 담보재산은 당초 결의된 서울교당으로 하여 조건부 부합이 될 때에는 4자 대표위원에게 계약 할 것을 위임한다고 결의한다.

4자 대표위원을 반백년사업회장(박광전), 교정원장(박장식), 서울출장소장(이운권), 서울기념관추진위원장(박동현)으로 선출하고 담보 한도액의 절충 관계도 대표위원에게 위임된다. 이에따라 서울기념관 추진의 주체를 반백년기념사업회에서 본교 서울출장소로 이관했다.

이틀 후인 9월 1일에는 김재위씨를 서울기념관 건축추진위원장으로 위촉하고 남한강변의 대지 1천평의 희사증 수수식을 갖고 10월 13일에는 이리 중앙총부에서 교역자훈련중이던 전 교역자가 버스를 대절 상경하여 서울기념관 기공식을 성대히 거행하였다.

남한강사건의 발단

교단에서 세칭 '남한강사건'으로 불리는 서울기념관의 문제는 아직 기공식의 팡파르가 귀에서 가시기도 전에 시작이 되었다.

서울기념관 건축공사비 착수금으로 이미 5,000만원의 융자금을 대출한 신탁은행(現 서울신탁은행)에서는 남한강개발(주)의 기채(起債)에 대해서 교단의 담보를 더 요구하였고, 교단에서는 이를 수락하여 서울교당에 이어 경남교당(現 부산교당)을 담보로 추인하였는데 이때 이미 남한강개발(주)의 재정적 부실은 회복 불가능 단계였으나 교단에서는 이를 파악하지 못했다.

　　남한강개발(주)은 교산을 담보로 하여 재정적 침체에서 벗어나려고 안간힘을 썼으나 일어서지 못하고 교단에서는 교산의 담보제공에 따라 회사의 운영에까지 깊은 관계를 맺지 않을 수 없었다.

　　원기55년 11월 8일에는 급기야 이제성·백상원 2명의 교무를 회사에 파견·입사시켜 회사의 비용을 파악하기에 이르렀다.

　　이러는 동안 공사는 그대로 진행되어서 기초공사인 파일공사가 끝나고 골조공사도 계속되어 파일공사를 마친 동명기업주식회사에서는 기성고(其成高)인 3천5백만원을 청구하여왔고, 골조공사자인 삼환기업주식회사에서는 계약자인 남한강개발(주)의 김재위씨를 불신임하여 원불교 재단이사장 명의로 계약하는 조건으로 공사를 계속했는데 이 역시 공사비 미불로 공사를 중단한 채 기성고 일부인 4천만원을 청구하여 왔다.

　　자금난이 겹치게 되니 종교인으로서 해결하여 나가기는 어려움이 더 한층 컸다.

　　여기에 원기56년 2월 삼환기업(주)과 공사 갱신계약을 한 후 남한강개발(주)에서는 원불교기념관 건축추진위원장 명의로 아파트를 분양하여 17세대분의 입주신청을 접수하고 입주금과 중도금 일부까지 받았다.

　　그러나 5월에 남한강개발(주)이 착수한 모든 건축공사가 무허가이며 더구나 강변5로의 도시계획선상에 건축되고 있다는 놀라운 사실과 함께 이미 입주신청을 받은 아파트와 서울기념관 역시 무허가여서 원기56년 3월 15일 서울특별시장으로부터 무허가건물 및 도시계획 저촉이라는 이유로 공사중지명령을 통보받았던 사실이 확인되었다.

이로써 서울기념관은 부실 회사에 교산을 담보물로 제공하였을 뿐더러 공사계약 회사의 기성고 청구 외에 서울특별시의 행정을 무시한 건축으로 공사 중지라는 행정조치를 받게 되니 서울기념관의 건축추진은 점점 더 미궁으로 빠져들었다.

제2부 1·28 교정위원회

사건 해결위해 12인 수습위원회 구성

서울특별시로부터 행정조치를 받아 공사가 중단되고 남한강개발(주)에 의해 은행에 담보되었던 서울·경남(부산) 두 교당이 유실될 위기에 놓이자 교단에서는 이 문제를 논의하기 위하여 제45회 임시수위단회(원기56년 7월 20일)가 긴급 소집되었다.

박장식 서울사무소장으로부터 그간의 경위와 현재의 문제점을 듣고 장시간 토의 끝에 다음과 같이 결의를 한다.

'앞으로의 방향 결정에 앞서 현재의 정확한 실정을 먼저 파악해야 하므로 내용을 잘 아는 수위단원과 이 방면에 경험있고 밝은 교역자, 제가교도로서 12인수습대책위원회를 구성, 서울에 파견·조사·검토한 후 수위단회, 원의회, 개교반백년사업회, 상임위원회연석회의를 열어 여기서 결의하여 처리'키로 하여 수습대책을 위한 12인수습위원회를 구성하였다.

수습위원은 박광전, 박장식, 이운권, 정광훈, 황정신행, 문동현, 박동현, 이

철행, 이건춘, 조정근, 김정용, 장수진씨로 선정하고 소집책임자는 개교반백년사업회장인 박광전 법사가 맡았다. 8월 4일 열린 원의회에서는 이철행·조정근 2명을 전문위원으로 다시 선임하고 구체적인 실무까지 활동케 했다

수습 방향은 서울기념관의 신축은 남한강개발(주)의 직영을 피하고 은행에 신탁관리시키거나 제3의 담보물 제공자를 물색하는 것이었다. 그러나 사고자 하는 사람은 많이 나타났으나 교단이 제시하는 조건과는 너무나 거리가 먼 조건을 제시하므로 성사되지 못하고 이 문제는 더 이상 거론치 않기로 했으나 사건은 더욱 어렵게 되어졌다. 그간 늘어난 은행 부채는 수습위원회에서 해결할 수 있는 문제를 벗어나 전 교단적으로도 감당하기 어려운 심각한 상태에 이르게 되니 이는 교단창립 이래 최대의 경제수난기였다.

할 수 없이 응급처치로 교단의 각 기관이 남한강개발(주)에 투자하는 명목으로 분담 수납하여 상환하는 방법을 강구하게 되었다.

1·28 교정위원회

이처럼 도산 위기에 놓인 남한강개발(주)에 각 기관에서 투자하는 명목으로 급한 상황은 넘겼으나 이것은 한강투석과 같은 현상이었다.

수습위원들은 적극적인 활동을 다각적으로 벌여 남한강개발(주)의 기업진단과 내부사정을 파악하여 원인을 규명하고 문제 범위를 종합하여 총부에 보고하게 되었다. 이에 따라 제24회 임시교정위원회가 긴급하게 소집되어 원기57년(1972) 1월 25일 10시 중앙총부 대각전에서 개회되어 28일 12시까지 4일간 밤낮에 걸쳐 이 문제를 논의하게 되었다(재적위원 3백 68명, 출석위원

2백 56명).

이운권 교정원장은 이렇게 개회사를 했다.

"개교반백년사업으로 진력한 이때 서울기념관의 복잡한 문제로 교정위원회를 소집하게 되어 죄송하기 한이 없습니다. 덕이 부족하고 능력이 없는 제가 그간 교정을 맡아오던 중 사채가 너무 커서 지난 해 10월 이후 미력이나마 그 수습에 힘 다하였으나 뜻과 같지 않은 점을 심심 사과하는 바입니다. 본인이 전체 책임을 지고 말고가 아닌 심경에서 우러나오는 사과의 말씀을 드립니다. 앞으로 이 일을 매듭짓는데 있어서는 여러분께서 더욱 의견을 합하고, 피차 어려운 일이 다가오면 총화단결이 어려운데 나의 진퇴문제에 있어서는 조금도 개의치 마시고 수습에 전력을 기울여 주시기를 부탁드립니다.'고 간결하고 비장한 개회사를 했다.

대산종법사는 '남한강문제 수습에 대하여'라는 특별 유시를 내린다(김윤중 대독)

요지는 '교단 만년대계를 위하여 순일무잡(純一無雜)하고 크게 신중한 마음가짐으로 오늘의 회의에 임해야 할 것'이라고 시작된 유시는 '반백년 결실성업을 추진하여 오면서 교단적으로 숙원해 왔던 서울기념관 건립이 어떤 기연으로 추진하게 됨에 따라 이 사업 성취의 욕망과 기쁨에만 빠졌을 뿐 우리들의 전문분야도 아니고 또 경험도 없는 일을 사전에 세밀한 제반 점검도 없이 무조건 믿고 착수하였던 결과 막대한 채무를 지고 오늘의 교단적 난국을 초래하게 되었다.'면서 '성공을 보지 못한 원인'을 네 가지로 분석했다.

첫째, 대종사의 이소성대의 훈계 원칙을 우리가 받들지 못한 점.

둘째, 이 일이 착수할 때나 진행 수습하는 과정에서 중지를 충분히 종합하지 못한 점.

셋째, 시국의 변동으로 경제 불황이 일어나 크고 작은 많은 기업들이 파탄 지경에 이르게 된 점.

넷째, 우리가 경제 방면에 전문지식이 없는 점.

이어서 '일이 이렇게 되고 보매 크게 염려되는 바가 있으니 이러한 때에 자칫하면 외우내환이 함께 일기 쉬운 것이다. 예로부터 외환은 어떤 힘을 빌어서라도 구제할 길이 있으나 안에서 일어나는 환란은 막을 길이 없다는 말이 있는바 재가·출가 전 교도일동은 이 일을 누구에게 책임을 묻기 전에 우리 각자 하나하나가 본래 세운 서원에 입각하여 서로 주인이 되고 서로 책임자가 되며 서로 각성하고 다지고 효과적인 조치를 강구해서 이 난국의 수습에만 일단의 정성을 쏟아야 하겠다.' 고 교단의 일치단결을 호소하고 '지금의 우리 교단은 흡사 불붙은 집 같아서 무조건 구제의 손길을 요청하는 아주 화급한 단계에 놓여 있으니 우리는 경동하거나 당황하지 말고 일심합력한 혈성의 단결력과 그 실력을 다시 한 번 발휘하여 이 난국을 타개하여 나갈 것'을 간곡히 부탁한다. 이어서 '일이 있어야 공이 들고, 공이 들어야 얼이 담기고, 얼이 담겨야 길이 생명이 있는 것이므로 이때를 당하여 우리들이 이 난국을 수습하고 타개해 나가는데 전 교단적인 단결력을 과시할 수 있다면 이것은 기념관이 순조롭게 완성되어 일반 대중에게 큰 시위(示威)가 되고 선전이 되는 것보다 훨씬 큰 공덕이 되고 교단만대에 크나큰 복조가 될 것으로 믿는다.' 고 했다.

끝으로 '우리 교단은 이 일을 계기로 하여 오히려 ①정교동심의 계기 ②재가 · 출가가 다 같이 교정에 참여하는 계기 ③선후진이 합력하는 계기 ④교단의 주인, 혈성법자 불보살이 수없이 배출하는 계기 ⑤영겁에 더욱 화합하는 계기 ⑥대종사님의 근본정신을 다시 각성하는 계기로 만들어 오늘의 어려움이 교단 만대에 전화위복이 되도록 하여야겠다.'고 거듭 강조하면서 '안고 있는 문제는 한 때도 지체할 수 없는 화급한 실정을 십분 감안해서 혈심으로 총화에 바탕한 총력을 불러일으켜서 오늘의 어려움을 기어이 극복하여 교단 역사에 일대 전기가 되어서 만대에 귀감이 되기를 바란다.'고 했다.

성문으로 된 이 유시에는 '화급'이라는 단어가 두 번이나 사용되고 있음으로 보아 사태가 얼마나 절박했음을 짐작할 수 있으며 '교단총화'가 거듭 강조되고 있다.

성문으로 된 유시 대독에 이어 육성으로 "제가 지혜가 몽롱하고 능력이 부친 사람으로 이번 일에 대하여 대종사님께서나 선영제위께서나 교정위원 여러분께서 벌을 내리신다면 먼저 나에게 내리시고 저의 능력 부친 점을 사죄합니다. 반백주년 사업의 피로와 상처가 가시기 전에 다시 이 일을 당하니 앞에 교정원장님도 책임을 말씀하셨으나 이중 삼중 나도 책임을 느낍니다. 대종사님께서 도산(이동안) 선생의 과분한 득리(得利)를 경계하셨듯이 앞으로 원리원칙에 의하여 매사를 추진해야 하겠으며 흉사중에도 길사(吉事)가 있을 것이니 길을 연구하고 원칙을 따라 나아가면 전화위복이 되리라 믿습니다. 아사법생 법생아생(我死法生 法生我生)이라는 말씀과 같이 나를 죽이고 법을 일으키면 법이 살고 나도 살듯 반드시 해결될 날이 있을 것입니다."라고 또

한 번 강조한다.

　교정위원회 의장이 서울기념관 수습위원장인 정광훈 임시의장으로 바뀌고 의장은 '①서울기념관 부채 정리문제 ②원인분석 ③전무출신 단합문제 ④보안문제 등으로 심의하고자 한다.'는 인사말을 한다.

34페이지의 경위보고서

　문제해결 토론에 들어가기 전에 서울기념관 문제에 관련된 그간의 총체적인 경위를 미리 성문으로 준비된 경위보고서를 이공전, 서경전, 전종철, 세 명이 차례로 읽었다. 이 보고서는 비상수습대책 연구회의(1월 17일 밤)에서 위촉된 이공전, 김윤중, 전종철, 김인철, 심도정, 서경전, 손정윤 7인 위원이 각종회의록 검토와 당무자들의 증언을 들어 작성한 것이었다. 서울기념관 공사에 따른 수입지출 내력에 대한 회계보고서는 이철행 수습위원이 보고했다.

　경위보고서는 '경위보고서 작성동기'로 시작되어 서울기념관 건립이 시작된 '반백년사업' '서울기념관 건립추진위 발족' '서울지부 부지사용 결의' '담보제공 및 공동 차주 결의' '남한강으로 장소이관' '서울추진위원회의 결별' '이제성·백상원 양씨 입사 경위' '동명의 파일공사' '한일개발(주)과의 계약실패' '삼환기업(주)과의 관계' '입주금 관계' '흙값 배서보증(背書保證)' '김재위씨' '수습위원 참여경위' 등을 소상하게 편지지 34장(일면만 기재)에 기록하고 있다.

　보고서 작성은 7인 위원 중 김인철 위원이 빠지고 위원장은 이공전 위원으로 경위보고서 끝에는 6인이 서명 날인을 하였다.

'남한강사건' 주역 김재위씨

이 보고서에서 '남한강문제'를 발단시킨 김재위씨에 관한 보고가 주목을 끈다.

'김재위씨는 흥국상사 사장 때 원남교당에 1년간 다니며 법회출석과 기도 등에 빠지지 않는 신심으로 원남교당 건축기성회장으로 건축기금 500만원을 월 4부이자로 착실하게 키우고 본인도 성금을 내어 법당신축에 큰 몫을 했다. 이로 인해 서울기념관 추진위원회 재정분과에 거론되었고, 김씨는 대지 600평만 있으면 12층 아파트를 지어 분양하고 3층의 기념관이 남게 된다고 하여 서울교당이 부지로 거론되었다. 김재위씨는 서울기념관을 지으면 장비제공과 기술협조도 약속하면서 공사를 착수하려면 설계비 등 1천만원이 필요한데 돈이 없으면 월 2.5%로 신탁은행에서 1억원을 기채하여 주면 남한강개발(주)에서 월3.5%로 쓰고, 그 차액 1%로 1천만원을 충당하고 1억원은 교단에 그대로 돌려주고, 은행이자도 부담한다고 했다. 이는 김씨 부인이 원남교당 교무에게 회사부도사건을 이야기 하여 주어 김씨와의 관계는 일단 중지되었다.

다시 김재위씨는 이리 중앙총부에 내려와 제39회 상임위원회 및 반백년사업회 재정 건설위원 연석회의(원기55년 8월 30일)에 참석하여 서울기념관 신축에 대한 발언을 했다.

"서울지부 부지에 서울기념관을 지으면 도로변이 아니라 건물미관상의 문제, 건축기간 동안 교도들의 법회문제, 대지와 함께 아파트 입주분양 문제, 기존 건물철거 이동문제 등 해결하기 어려운 문제가 있다. 그러므로 남한강

으로 이전하면 본인의 대지 1천평을 희사하겠다. 건물은 남한강개발(주)에서 이자를 부담하는 조건으로 7천만원 정도의 교산을 담보로 기채 제공하여 주면 8백평의 서울기념회관을 본인의 평생사업으로 알고 책임지고 하겠다."고 했다. 회의결의는 장소를 서울지부에서 남한강으로 옮기기로 하고 기본재산 담보제공은 최악의 경우 김재위씨로부터 담보설정액을 반환 받을 수 있는 조건으로 하고 계약과 담보한도액은 4자 대표위원(반백년사업회장·교정원장·서울출장소장·서울기념관추진위원장)에게 위임했다. 결국 6개월 후 담보 해제 약속으로 서울·경남 두 지부가 신탁은행 1억원에 담보기채 되었다. 이어 9월 1일 김재위씨를 서울기념관 건축추진위원장에 위임하고 건축에 따른 일체 권한을 신임한다는 신임장 발급, 9월 6일에는 서울지부에서 남한강 대지 1천평 희사증 수수식을 가졌다. 9월 교역자 강습 때 김재위씨 부부가 다시 소신을 밝히고 꽃다발 환영을 받았으며, 기공식(10월 13일)때는 기념메달까지 증정되었다. 10월 하순 은행 융자금이 나왔을 때 남한강개발(주)은 부도가 났고 융자금은 김환기 전무에 의해 불법유출 되었다는 사실이 김씨 부인 제보와 이제성·백성원 교무 입사로 밝혀졌다.'고 기록하고 있다.

참 어처구니가 없는 일이었다.

회계보고는 남한강(서울기념관)수습위원회 이름으로 작성되었는데 수습을 위해 그간 성금으로 4천5백70여 만원이 수입되어 3천9백70여 만원이 지출되었다. 성금은 기관 3천6백90여 만원, 교당 4백89만원, 전무출신 (남)65만여 원, (여) 73만여 원 등이었다.

수습에 4천만원을 투입하고도 오히려 은행융자 등 1억9천여 만원의 부채

를 안은 채 남한강문제는 점점 수렁으로 빠져들며 아무도 갈피를 잡을 수가 없었다.

부채 1억9천여 만원은 당시 16층 아파트빌딩을 짓는 예산이 7억이고, 은행 연체이지만도 매일 9만여 원(당시 쌀1가마 17,000원)씩 늘어가고 있었으니 교단의 경제상황으로 보아 얼마나 엄청난 사건인지 비교가 된다.

그러나 4일간에 걸친 논의는 교단의 합력을 호소하게 되었고 서로 다같이 교단의 창립정신을 되새기며 공동책임·공동수습의 결의를 눈물 속에 다지며 5개항의 결의를 하기에 이른다.

1. 이 사건의 책임과 수습을 전 교역자가 책임 수습하는 방향으로 한다.
2. 거교적 수습위원회(대표위원 정광훈)를 구성하여 수습에 관련된 일체 문제를 위임하기로 한다.
3. 기념관 건립문제는 일단 중지하기로 한다.
4. 교단의 총력은 부채청산에 집중하기로 한다.
5. 교단의 체질과 풍토개선, 전무출신의 정신자세 확립, 창립정신 반성을 촉구한다.

이에 따라 남한강문제 부채정리(제안·정광훈)는 1억9천여 만원을 갚기 위해 총부와 지부·기관을 대표하여 수위단 4명, 총부 9명, 기관 9명, 각 지방,27명, 도합 49명과 위원장 1인(정광훈)으로 구성하는 소위원회에서 부채 상환분담액 기초조정안을 세우기로 했다.

기초된 부채상환 조정안은 다음과 같다.

'제1안은 상환액 1억여 원을 목표로 우선 은행이자와 삼환기업(주)·입주

금 등을 상환하고 은행 원금은 점차적으로 해결, 제2안은 1억7천만원을 목표하여 기존재산을 처리하여서라도 은행 원금까지 단기일 안에 다소라도 해결, 제3안은 2억1십만여 원을 목표하여 남한강의 건물과 부지 문제까지 완전 해결하자.' 이었다.

결국 제2안을 채택하고 1억2천만원을 분할하는 9인위원회를 구성하여 기관, 교당, 교역자의 분담금을 정해 4월까지 완납키로 결의한다.

남한강문제가 발단되어 그 수습을 위하여 원로들을 중심으로 구성되었던 12인 수습위원회는 '지금까지 몇 사람의 대표수습위원이 각자 본직에 얽매이며 수습 일선에서 일해 왔으나 이제 재가·출가 망라한 거교적인 수습대책위원을 위촉, 힘있게 추진'(제안·이철행)키로 하고 9인집행위원이 선정한 68명의 서울기념관수습대책위원회(대표위원 정광훈)로 확대되었다.

원로들이 고문이나 지도위원으로 자문에 응하고(17명) 실무진으로 실행위원(10명)을 구성했으며 교정원 등 기관간부로 중앙위원 18명, 각 지역을 대표해서 지구위원 19명으로 구성된 거교적 수습위원회였다.

전무출신 6개항 결의문

1·28교정위원회는 남한강문제 해결과 함께 교역자 정신사에 큰 획을 하나 긋게 된다. 발등에 떨어진 불을 끄면서도 정신을 잃지 않고 근본문제인 '전무출신 정신 반성의 건'(제안·김인철)이 의제중의 하나로 크게 다루어지고 있다.

이는 대산종법사의 유시에서 지적된 사항으로 전무출신 정신 반성문제는

먼저 남한강 부채정리를 처리한 후 다시 거론키로 하되 토의 결과는 13인 처리위원을 선정하여 정신총화 강령을 작성케 하고 이를 채택한다.

교단총화를 위한 방법은 1) 제도 행정적인 면에서 ①교단운영의 민주화 및 책임행정 ②교정원 행정기능 강화 ③감찰원의 공정성과 강화 ④교단의 미래에 대한 비전제시 ⑤적성 능력 범위를 바탕한 공정한 인사관리 ⑥전문연구에 입각한 인사정책, 겸임제 배제 ⑦경제질서 확립 ⑧순교진 강화로 인한 지방 실정의 정확한 파악 ⑨수위단원의 총부집중 ⑩재가교도 교정참여 ⑪종법실 비서진의 강화와 순환교체 ⑫종법실과 교정원과의 긴밀한 유대 ⑬총부와 지방과의 신속한 연결.

2) 교단의 체질적인 면에서 ①인맥 형성의 타파 ②인격평가 기준확립 ③도시지향성, 기관지향성, 특별지향성의 지양 ④물량적 평가지양 ⑤교단지도자의 단결과 합력 ⑥보신지책의 공사지양 ⑦선후진의 이해와 대화 ⑧동지 상호간의 이해협조 공경대화 ⑨솔선수범 동료적 리더십의 발휘 ⑩후진양성의 공정화(인심집중 배제) ⑪보람과 희망과 용기를 넣어주는 후진양성 ⑫교역자 개개인은 어려워도 교단 경제는 풍부해지는 풍토조성.

3) 교역자의 정신적인 면에서 ①각자의 진정한 참회 ②인생관·가치관의 확립 ③사명감·책임감 목적의식의 철저 ④공부풍토 조성, 법위사정의 양성화 ⑤전·후임 교체윤리의 양양 ⑥상하좌우 윤리의 확립 ⑦창립정신의 실천(허영 버리고 분수지킨다) ⑧종명·공명에 순종 ⑨요행·무모·맹종 배격.

이 교단총화를 위한 방법론은 교정·감찰 양 원장에게 건의사항으로 제출키로 하고 교정원 기획실과 수위단회사무처에서 연구 검토하되 기획실에서

주무하여 다음 교정위원회에서 보고키로 한다.

4일간 회의를 마친 교정위원들은 남한강문제의 원활한 수습과 전무출신의 정신단합과 알찬 교단의 발전을 도모하기 위한 초석을 굳건히 하기 위하여 〈전무출신 결의문〉(제안·조정근)을 전 교정위원의 이름으로 만장일치로 채택한다.

'우리 전 교정위원들은 서울기념관 사건을 대종사님의 근본정신의 해이에서 온 결과로 규정하고 이 일을 보다 알찬 역사적 교훈으로 승화시키기 위하여 다음의 조항을 결의하고 우리 교역자의 실천 강령으로 1. 우리는 대종사님의 근본정신에 돌아가 창립정신을 재발휘시킴으로써 교단 만년대계의 기반을 굳건히 다진다.

2. 서울기념관 사건은 이제 그 누구에게도 책임을 전가하지 아니하고 우리 공동의 책임으로 규정하며 총화에 바탕한 총력체제로 돌입하기로 한다.

3. 참 성직자의 생명은 수행과 봉공에 있음을 알아 총부와 기관과 지방에 한결같이 공부하는 풍토를 진작하며 봉공의 생활체제로 돌입하기로 한다.

4. 선진은 진정으로 후진을 깨우치고 이끌어주고 안아주고 길러주는 어버이나 형의 정의로 돌아가고 후진은 선진을 진정으로 보살피고 따르며 바르고 정성된 간(諫)을 하는 자녀나 아우의 정의로 돌아간다.

5. 우리 전 교역자는 오직 교단과 전 교역자와 함께 같이 죽고 같이 살며 괴로움과 즐거움을 같이 하는 공동운명체로 알아 상하좌우가 단결하기로 한다.

6. 우리 전 교역자는 최근 해이 되어가는 창립정신과 전무출신 정신을 깊

이 반성하며 우리 근본정신에 돌아가도록 한다.'

이처럼 1·28교정위원회에서는 거교적인 수습대책위원회 구성, 문제해결을 위한 기금조성방안 결의, 교단총화와 교역자의 정신자세 확립 등 교단의 저력을 나타내면서 남한강사건은 해결의 새로운 전기를 맞게 된다.

제3부 포기에서 구제(救濟)로 전환

제1회 남한강 수습위원회 회의

4일간에 걸친 1·28교정위원회는 서울기념관 건립으로 빚어진 남한강사건의 수습방안으로 ①전체책임 전체수습 ②68명의 거교적 수습회 구성 ③기념관건립 일단중지 ④부채청산에 교단총력 ⑤교단풍토 개선과 전무출신 정신자세 확립을 결의하며 새로운 각오를 다지자, 답답하고 막막하기만 했던 남한강사건은 절망에서 한가락 희망을 갖게 되었다.

교정위원회가 끝나자 바로 이어 원기57년(1972) 1월 28일 오후2시 30분에 제1회 남한강수습위원회가 종법실에서 개최되었다.

교정위원회가 끝나자마자 바로 이어 수습위원회가 종법실에서 열린 것은 당시 상황이 얼마나 긴박했던가를 쉽게 알 수 있으며, 수습위원 중 실무위원 42명 중 38명이 회의에 참석, 남한강 수습이 얼마나 교단적 총력을 들이댔는가도 잘 말해 주고 있다.

제1차 수습위원회는 중앙위원, 기관위원, 지구위원 중 일부를 실행위원으

로 임원조정을 했다.

이 회의에서 구체적 실행방안 6개항이 결의된다. 이 6개항 중에서 '지부(교당)기관 기금 반상(返賞)에 관한 건' '특별성금의 건' '남한강건 신보보의 건'의 3개항이 주목을 끈다.

'지부·기관기금 반상에 관한 건' 결의내용을 보면 '과거 500만원에 대해서는 반상하겠다는 약속을 무시하고 4대 봉공회 기금 300만원을 반상하고 기타는 의연받기로 하나 딱한 사정이 있는가는 실행위원이 파악하여 다음 회의에 보고키로 한다.'에 이어 '앞으로 남한강에 들어 갈 지부·기관 기금은 한남동을 정리하여 무이자 반상키로 하고 위원 전원이 각서에 서명 날인키로 하며 여기 반상하는데 사정은 실행위원이 조사하여 다음 회의에 보고키로 하다.'이다.

이를 다시 정리하여 말하면 1·28교정위원회가 열리기 전까지 남한강사건 수습을 위하여 지부(교당)나 기관에 조성되었던 기금을 반상하여 주기로 약속하고 거두어 들였는데 이 약속을 무시한 채 4대봉공회 기금 300만원만 반상한다는 결의다. 지부나 기관은 신축이나 확장을 위해 조성하고 있던 기금을 남한강사건 수습에 빌려 주었다가 타의로 의연하고 만다.

또 하나는 수습위원회가 구성되어 활동을 시작하면서 수습해결에 들어 갈 돈은 지부 기관의 기금을 빌려다 쓰고 이 돈은 한남동(한남동 수도원)등 일부 교산을 정리하여 무이자 반상키로 한다는 이야기다.

이 결의는 곧 교산처리에 따른 중앙교의회 의장단 회의가 소집되어(1월 31일 오후3시 교정원 회의실) 수습위원 연석회의로 ①교역자 성금은 교도로부

터 오해, 또는 빈축을 받기 쉽고, ②기관처분 등은 차후로 미루고 급한 불을 끄며 한남동에서 해결점 찾자. 특히 훈련원 매각은 희사한 분의 정신을 생각하여 불가하다. ③지부성금은 양면수금으로 무이자로 돌리는 방법 강구 ④교산처분 등 중앙교의회 의결은 서면 결의키로 했다.

이어 오후5시에는 지부기금 관련 16명의 지부장(교도회장)이 참석한 연석회의가 열려 남한강 수습에 들어간 지부기금은 반제치 못하고 의연금으로 처리된 경위설명과 설득이 있었다.

여기서 가슴 아프고 부끄러운 일이 하나 벌어진다.

발등에 떨어진 불(남한강사건)을 끄기 위하여 교단의 원로나 수습위원들은 동원될 수 있는 모든 지혜와 방법을 동원한다. 결국 사건 수습은 돈이었다. 교단은 반백년대회를 치루고 난 이후라 교단의 재정도 어려웠다. 할 수 없이 일부 교산을 처리키로 결의하였으나 교산 처리가 쉽게 되어지지를 않았다.

수습위원들은 교산 처리가 되면 반제(返濟)하여 주기로 하고 기관이나 지부(교당)에서 확장이나 신축 등을 위하여 마련하여 놓은 기금을 차입하기로 한다.

그러나 수습위원회가 구성되기 전 16개 지부와 일부 기관에서 차입하여 쓴 기금을 의연으로 처리하고 반제가 되지 않아 지부와 기관에서 힘을 합하여 줄지 회의가 일기도 했다.

할 수 없이 회의 마지막에까지 남은 수습위원 34명의 연명으로 각서를 쓰고 자기 이름에 손도장을 찍었다.(9명은 인장 찍음)

각서에는 '금번 남한강 부채 청산관계에 있어서 교산 처리를 우선적으로

결의하였으나 당장에 처리를 할 수 없으므로 향후 교산 처리(주로 한남동 대지)가 될 때는 본건 잔금과 차입한 교당기금과 기관처리 등의 원상복구를 위해서 반제(返濟)할 것을 본인들이 책임함. 내역은 별도 명세에 의하고 특별위원회에서 순차 및 전액 파악 반제키로 함(원기57년 1월 28일).'

이 밑에 34명이 서명 날인을 했다.

이 약속은 일부는 지켰으나 대다수가 지켜지지 못했다. 이는 서명 날인한 수습위원들만이 책임져야 할 일이 아니었다. 당시는 우선 불을 꺼야했고, 뒤에 반제하려고 했을 때는 또 다른 문제가 대두됨에 따라 반제의 길이 없어졌다.

중앙총부를 믿고, 수습위원을 신뢰하고 내어놓은 크고 작은 기금은 서울기념관 건립 파문에 따른 수습의 한 조약돌로 끝이 난 것이다.

'특별성금의 건'에서는 교학과(원광대 원불교학과) 재학생들이 '상조부기금을 비롯 학년별 여행비등 48만원의 현금과 방학동안 가정교사 등 활동으로 20만원을 더 벌어 내겠다.'는 내용과 '졸업한 대표가 졸업 때 선생들 선물 32,700원, 학교등록적금 36,800원, 반지 등 10,000원, 새끼꼬기, 가마니 짜기 등을 해서 50만원을 내겠다.'는 내용을 심의했다.

그러니까 교학과생들은 남한강사건 수습을 위하여 현금 55만9천5백원을 포함하여 118만원을 자청하고 나선 것이다.

118만원은 남한강 사건이 터져 사건수습에 전교역자가 141여 만원의 성금을 냈는데, 이와 비교하면 학생들이 교단 어려움에 얼마나 혈성을 보였는가 대조가 된다. 학생들은 학업을 마치고 돌아오면 산업부 새끼틀을 빌려 교대

로 밤샘을 하며 새끼를 꼬았다. 새끼 한 타래가 몇 푼 안되는 일이었지만 학생으로서는 더 이상 할 일이 없었다. 격한 학생들은 학업을 전폐하고 돈벌이에 나서야 한다고 토로하기도 했다.

교학과생들의 성금은 현금만 받아들이고 물품은 돌려주며 방학동안의 성금모금 활동도 중지시키기로 결의한다.

또 하나는 전무출신 3명이 자기 집을 희사하겠다고 나섰는데 '그 정신만은 받아들이나 성금은 그 실정을 헤아려 다음의 한도 내에서 받아들이기로 하다.'고 결의하며 세 사람에게 성금액을 정하여 주었으나 한 사람은 자기에게 부여된 성금액도 내지 않는 해프닝을 초래하기도 했다.

'남한강 신보보도의 건'은 '남한강 건은 신보에 보도치 않기로 하다.'고 결의된다.

1·28교정위원회에서도 '남한강 사건 보완조치에 관한 건'으로 '이번 회의 내용은 외부에서 알지 못하도록 특별 보안결의가 있어야 하겠고, 전무출신 전원이 회의 내용에 대한 건은 가능한 전언하지 않기로 다짐해야겠다. 방안으로 ①서울기념관 건축은 국가비상사태 등 경제 불황으로 당분간 미루어졌으며 ②우리기관 처리(처분)문제는 빚을 갚으려 처리하는 중이며 ③한남동 대지건은 일체 언급하지 말며 ④가능한 자기 기관 해당액에 대하여만 이야기하기로 결의해야겠다.'(제안 : 서대인)

제안내용과 같이 회의 내용에 대한 특별 보안 조치에 각자가 적극 협력키로 결의한다.

이처럼 회의 때마다 원불교신보에 대한 보도 통제와 교도들에 대한 보안

조치가 결의됨에 따라 현재 사건 발단에서 수습단계에 이르기까지 관계된 사람의 증언과 회의록뿐 자료가 남아 있지 않다.

그러나 회의 내용은 토의과정이 기록되지 못하고 결의된 사항만 기록하고 있고, 관계된 사람의 증언도 자기 입장이나 자기가 알고 있는 한도 내에서뿐, 증언할 수 없어 종합적인 기록이 어렵다. 다만, 사건에서 완공까지 실무적인 일에서 책임자로까지 일한 이철행법사의 증언이 오늘의 이 기록을 정리할 수 있는 바탕이다.

포기에서 구제로 전환

1·28 교정위원회에서 서울기념관 건립 문제를 일단 중지하기로 결의하였다는 소식을 접한 재경 수습위원들은 원기57년 2월 8일 서울사무소에서 열린 지도위원, 실행위원, 수습위원, 서울지방 교무합동회의에서 '이미 막대한 투자를 한 서울기념관을 이제 와서 포기한다는 것은 시도하지 않은 것보다 더 큰 과오'가 될 것이라고 강력하게 의의를 제기하고 나섰다.

그래서 일단 중지의 결론에서 2월 12일 총부 수습위원회가 열리어 다시 한번 전반적인 검토를 하게 되었다. 2월 15일 수위단회, 원의회, 수습위원회, 소교정위원회 연석회의가 중앙총부에서 열리어 검토된 수습의 방향은 우선 포기·방관·보장·구제의 네 가지로 가설정을 한 후 한 가지 방향씩 놓고 교단의 현재와 미래에 대한 문제점과 해결 방향을 논의한 후 교단에 미치는 득과 실을 오래 숙의한 끝에 '구제'의 방향을 만장일치 결의했다.

교단의 명예와 권리확보

　남한강 사건의 가장 시급한 수습문제는 경제적인 부채 청산이었다. 부채는 크게 은행의 융자금과 이미 지어진 공사에 대한 공사비, 아파트 분양금, 그리고 기타 사채였다.

　신탁은행 부채의 경우 문제는 연체이자를 중지시키는 것과 담보로 들어 있는 서울·경남(부산) 두 교당의 담보해제, 그리고 융자금 원금(元金)을 상환하는 것이었다.

　그래서 이미 은행에 담보되어 있는 서울·경남(부산) 두 교당을 경매에 붙여 정책적으로 유찰(流札)시킨 후 은행에서 유입하게 한 후 연체이자를 중지시키고 이를 교단에서 30% 할인하여 5년에 거쳐 10회 연부상환으로 매입하는 길을 모색하게 되었다.

　수습위원들은 법률관계 문제나 은행관계 문제 등 모든 자료와 자문을 얻어 두 교당이 경매에 붙여지게 한 후 유찰되도록 노력하기로 뜻을 모으고 이 방향으로 몰고 갔다. 뜻대로 서울(57. 3. 17)·경남(부산·57. 4. 25) 두 교당은 3차에 걸친 경매에서 유찰되었고, 결국 은행측에서 유입(57. 6. 30)하게 되어 일단 연체이자를 중지시키게 되었고, 다시 무이자로 8년 연부상환하는 조건으로 매입하고 부족금액은 연부상환이 끝난 후 원기65년 5월 27일에 일시불로 지불하기로 했다.

　이처럼 교단의 계획대로 진행되어 은행부채는 한 고비를 넘기게 되었다.

　입찰과정에서 교단의 계획대로 유찰되지 않고 남의 손에 넘어 갈 위험성도 있었으나 결국은 교단의 뜻대로 되어 막대한 연체이자 지출을 막을 수 있게

되었는데 여기에는 재경수습위원인 김원공, 김경원, 문동현, 박동현 재가교도의 자문과 섭외활동이 컸으며, 재가교도로 정계에서 크게 활약하던 정해영·장경순(두명 모두 당시 여·야를 대표한 국회부의장)의 적극적인 협조가 아니었으면 어려웠던 일이다.

당시 은행부채 내력과 상환내력은 다음과 같다.

은행부채 내력 (단위 : 원)

〈차 입 내 력〉	
담보원금(1972. 5. 9 이후)	70,000,000
당 좌 대 월(보증금원금)	21,432,823
상 기 이 자	42,216,847
원 리 금 합 계	133,659,670
타 절 금 액	132,508,959

10회 분할금을 납부하고 부족금 30,730,383원은 8년 후인 원기65년 5월 27일 일시불로 납부하기로 되었으나, 이중 2천만원은 유정자씨(남한강개발(주) 대표 김재위씨 부인)가 자신의 부동산이 담보 설정되어 있는 것을 발견하고 교단에 자진 협조하여줌으로써 부채는 잔액인 1천70여 만원만 상환(채권)하였다.

회 수	상환년월일	상환금액	수 입 원	비고
계약금		11,805,576	성 금	
1	1973. 11. 27	5,625,000	〃	
2	1974. 5. 27	5,625,000	〃	
3	1974. 11. 27	5,625,000	〃	
4	1975. 5. 27	5,625,000	〃	
5	1975. 11. 27	5,625,000	〃	
6	1976. 5. 27	5,625,000	〃	
7	1976. 11. 27	5,625,000	〃	
8	1977. 5. 27	5,625,000	〃	
9	1977. 11. 27	5,625,000	〃	
10	1978. 5. 27	39,375,000	30,000,000 이리보화당 9,000,000 전주보화당	
채권	1980. 5. 27	10,703,383	전주보화당	

부채청산의 두 번째 문제는 삼환기업(주)의 기성고 청구 해결이었다.

삼환기업은 지하2층 지상4층 연면적 1천9백여 평의 골조공사를 마친 채, 공사가 중단되자 이미 공사를 마친 부분에 대한 공사비와 유보금·관리비·이자 등 70,710,860원을 청구하여 온 것이다.

수습위원들은 삼환기업(주)측과 대화를 통하여 조심스럽게 절충한 결과 원기57년 6월 8일 다음과 같이 차감반제하고 일단락지었다.

삼환기업(주) 기성고 변제내력

내 용	금 액	비 고
기성고 청구액 (56. 7. 2)	70,710,860	57. 1. 28 이전분
총 지 불 액	61,670,000	36,200,000원 포함
기성고 차감액	9,040,860	

또 하나 부채문제는 '원불교 서울기념관' 건축추진위원장 명의로 분양한 맨션아파트(서울기념관 건물 아파트) 입주 청약금 및 중도금 받은 것을 공사 중지로 인하여 반환하게 된 것이다.(17세대로 알려졌으나 확실한 기록 없고, 제25회 교정위원회 경과보고서에 명시)

그동안 순차적으로 반환하여 오면서 일부가 남았으나 이는 반환 대상에서 제외되었다.

또한 서울에서 개인적으로 차입한 1천여 만원의 사채도 상환하게 되니 서울기념관 건립으로 인한 부채는 모두 청산하게 되었다.

남한강(주) 주권확보와 매립권 양수(讓受)

은행부채의 무거운 짐 위에 공사비 지불, 아파트 분양금 일부반환 등 경제적으로 일어설 수 없는 상황이 되자 여러 가지 해결 방향을 모색하던 과정에서 남한강개발(주)의 매도가 거론되었다.

남한강개발(주)의 매도 조건은 교단의 담보물 환입과 대차관계 해제 등 부

채관계를 완전히 책임지거나 현금으로 1억원을 지불하면 양도한다는 것이었다.

원매자들이 많이 나섰으나 제시하는 조건들이 맞지 않아 매도문제는 더 이상 거론치 않기로 하였다. 이 문제로 인하여 남한강개발(주) 대표 김재위씨와 많은 갈등을 겪어야 하기도 했다.

교단에서는 남한강개발(주)에 담보로 변제된 서울·경남(부산) 두 교당의 담보물에 대한 보장과 남한강변 공유수면 매립권을 확보하기 위하여 회사 주식 3만주(전체의 60%)를 인수하였으며(57. 3. 7) 4월 6일 임시주주총회에서는 임원을 개편하여 교단측에서 문상환(동현), 박노선(동현)씨가 이사로, 박성재(대성), 이건숙(건춘)씨가 감사로 선임되어 회사 운영에 대한 법적 보상을 받게 되었다.

이때 당시 대표이사였던 강신택씨는 주식 쟁탈 및 소유권을 강력히 주장하여 교단측에서 회사 운영에 참여 하는 것을 적극 반대하여서 실무자들의 애로가 많게 되었다.

이렇게 회사의 주식을 확보하고 이사진에 교단측이 참여하였으나 문제는 남한강개발(주)에서 교단의 채권을 확보하는 것과 서울회관이 세워지고 있는 남한강변의 매입 토지와 이미 공사가 이루어진 건물에 대한 권리를 확보하는 것이었다.

이를 위해서 남한강개발(주) 이사회의 의결로 교단의 채권을 확보하였으며 또 공구를 분할하여 매립권도 일부 양도하기로 원칙을 세움에 따라 이에 대한 공증을 받았다.

　이는 남한강개발의 사업이던 남한강변(흑석동 일대) 매립권의 공구(工區)를 분할하여 원불교기념관이 건립되고 있는 제1공구를 교단에서 확보하는 것이었다.

　공구 분할을 위하여 건설부로 매립권의 일부 양도양수(讓渡讓受)가 가능한지를 질의한 결과 가능하다는 유권해석의 통보를 받고(57. 8. 2) 공구분할 신청을 하여 원기57년 12월 13일 공구분할 허가를 받았다.

　아울러 원기57년 10월 6일까지 준공하기로 되어있는 공사기간을 이듬해 9월 23일까지 연장허가도 받았다.

　또한 공유수면 매립 면허부분 양도양수 신청을 하였으나(57. 12. 21) 서울특별시는 건립되고 있는 기념관이 강변5로 계획변경 허가를 받아야 한다고 통보하여 왔다.

　본래 남한강개발(주)에서 추진하고 있는 흑석동 일대 남한강변 공유수면 매립지가 강변5로 계획선에 걸려 교량을 세워 강변5로를 한강쪽으로 끌어내 변경한다는 전제 조건이 되어 있었다.

　다시 강변5로 계획선 변경건을 제출하여 이의 허가를 받음(57. 4. 28)으로써 원기58년 5월 4일에는 그렇게 바라던 공유수면 매립면허 명의의 일부 양도양수 허가를 받아 '재단법인 원불교 이사장' 명의로 이전하니 서울기념관은 부채정리, 도시 계획선 문제, 공구분할 및 대지와 건물의 일부 문제를 해결하고 교단의 서울기념관이 되었다.

　이제까지의 남한강 사건의 대략 일지는 49년 4월 반백년기념사업회 건설분야에서 사업종목으로 청년회관 건립 책정, 54년 1월 수위단회서 서울에 빌

딩건설 결의, 3월 교정위원회에서 서울빌딩 건설위원회 구성, 7월 서울에서 서울기념관 추진위원회 발족, 8월 2일 반백년사업회에서 서울기념관 건립 주관, 18일 서울교당 대지 담보제공 결의, 30일 서울기념관 건축지 서울교당에서 남한강으로 이전결의, 10월 1일 기공식, 11월 서울·경남교당 담보제공, 56년 6월 남한강 회사 건물 전부 무허가 확인·공사중단, 7월 남한강수습위원회 구성, 10월 삼환 빚 등 갚기위해 교산 일부 매각과 교당·전무출신 성금 결의, 57년 1월 25~28일 교정위원회 개최·거교적 68명 수습위원회 구성. 서울기념관 포기·전무출신 결의문등 채택, 2월 서울기념관 포기에서 구제로 결의, 3월 남한강개발 주식 3만주(60%) 확보, 5월 남한강사업 공구분할 신청, 6월 삼환 부채 정리, 12월 공구분할허가, 58년 5월 남한강사건 수습. 서울기념관 남한강개발과 분리하여 원불교 명의로 이전.

제4부 흑석동 1번지의 의미

서울회관기성회 발족

매립면허권이 재단법인 원불교 이사장 명의로 이전되어 일부나마 행정적인 어려운 문제들이 해결되자 이제는 서울기념관의 신축에는 경제적인 문제로 자금조달 외에는 별다른 장애가 없게 되었다.

이에따라 남한강사건 수습을 위해 구성되었던 남한강수습위원회는 해체되고 서울기념관의 건축 추진을 위하여 '서울회관기성회'가 발족되어 업무 추

진을 하게 되었다.

원기58년 3월 30일 중앙총부에서 열린 제18회 중앙교의회에서는 종래의 남한강사건수습위원회의 모든 업무를 교정원 재무부(재무부장·정도윤)로 이관하기로 결의하였으나 6월 18일 제27회 임시교정위원회에서 수위단원을 중심하여 재가교도로 15명의 지도위원과 실무위원회에 총무, 외무, 법무, 공무, 재무 등 분과위원과 감사, 서무, 회계 등 22명의 위원으로 구성된 '서울회관 기성회'(회장 정광훈, 부회장 이철행)를 발족시키고, 이튿날에는 다시 공무위원(대표 이백철)을 선임하여 대표위원과 전담 관계직원이 현장에 파견되어 현장관리와 제반업무를 담당하였으며 다른 공무위원들은 수시로 내왕하며 일을 보았다.

호안매립공사와 한남동수도원

서울회관이 있는 흑석동의 남한강변 호안매립면허가 원기58년 3월 28일자로 재단법인 원불교 이사장 명의로 이전이 되었으나 완전한 소유권을 확보하기 위해서 공사기간 만료일인 9월 23일까지 준공을 해야만 했다.

이렇게 되자 5월 19일 열린 원의회에서는 6인 위원을 위촉하여 호안매립공사 추진 여부를 검토하는 한편 6월 17일에는 교정자문위원회를 열어 자문을 받는 동시에 6월 19일에는 임시교정위원회를 소집하고 서울회관이 세워지고 있는 남한강변 호안매립공사 제1공구 공사를 추진함에 있어 제반사항을 검토했다.

1. 법률 및 재정적 하자는 없는가.

2. 남한강개발(주)과 교단과의 관계 해결에 미비점은 없는가.

3. 이미 투자된 골조건물과 대지의 향후 재산적 가치는 어떠한가.

등이 검토되었다.

교정위원회는 긍정적 측면과 부정적 측면 양쪽으로 신중한 검토를 한 결론은 더 이상 교단의 피해가 없을뿐더러 은행부채 등 막대한 투자를 한 것에 대한 현장포기의 문제를 들어 재추진하는 방향으로 결의를 하였다.

두 번 다시 실패를 하지 않기 위하여 여러 가지 문제를 놓고, 검토한 끝에 어렵게 취득한 매립권 면허였으므로 재추진하는 방향으로 결의되었으나 공사비와 공사방법이 문제되었다.

공사는 직영과 도급을 논의하여 교단이 매립공사에 경험이 없음을 감안하고 도급을 결정하여 서울회관의 골조공사를 맡았던 삼환기업(주)으로 결정했다. 허나 삼환기업(주)에서는 도급 계약조건으로 은행지불보증서 첨부를 요구하였다.

공사비가 벽에 부딪히자 교정원에서는 자체 해결할 능력이 없어 이의 해결책을 다방면으로 모색하게 되었다.

교단의 재정은 남한강사건의 수습에 따른 은행 채무의 상환, 공사비 미불금 지급, 아파트 분양금 반환 등 어려운 상황이었으므로 호안매립 공사비 8천1백만원을 만든다는 것은 거의 불가능한 일이었다. 할 수 없이 이공주 법사가 평생 심혈을 기울여 키워 놓은 한남동수도원 대지를 매각하자는 의견이 나오게 되었으며 공사비 마련의 돌파구를 찾게 되었다.

그러나 당시 한남동수도원은 공원용지에 묶여 있어 먼저 용도해제를 추진

하지 않으면 안 되었다.

용도해제를 위하여 관할 관청인 서울특별시 도시계획위원회에 서류를 제출하여 소위원까지 심의를 거쳐 통과를 보게 되었으며 '서울시보'에 해제공고까지 나게 되었다.

그러나 문제는 또 생겼다.

도시계획 상급기관인 건설부 도시계획위원회에서는 서울특별시가 해제공고까지 낸 한남동수도원 일대 공원용지 용도해제를 기각시켜 버렸다.

이로인해 호안매립 공사비 마련은 완전히 절망상태에 빠지고 말았다. 교단에서나 서울기념관 건립 관계자들은 또 다른 길을 찾기 위해 고심하고 있던 차 사은의 가호가 있어 국방부로부터 희망적인 통보를 받게 되었다. 한남동수도원 일부가 군관계 용지로 수용케 되어 이를 매입하겠다는 통보였다.

한남동수도원에서는 생각지도 않게 수도원 대지 일부를 1억3천3백만원의 10년 상환증권이 되어 또 다시 공사비 마련은 벽에 부딪히게 되었다. 그러나 한남동수도원장 이공주 법사께서는 10년 상환증권으로 수도원의 미래를 계획하던 것을 교단의 숙원사업인 서울기념관을 세운다는 대의를 위하여 5천여 만원의 손실을 각오하고 증권을 처분하여 공사비 마련의 영단을 내리었다. 공사비 마련으로 호안매립 공사는 원기58년 8월 1일 골조건물이 서 있는 서울회관 공사현장에서 서울회관 기성회 회장단과 실무위원, 교단간부 등 관계인사들이 참석하여 법신불을 봉안하고 호안공사 봉고식과 기공식을 거행하였다.

호안공사는 강변5로 축조를 위해 10m 길이의 철근콘크리트 파일 3백50개

를 박고 이 위에 10m 높이의 철근콘크리트 옹벽을 쌓아 올리는 작업이었다.

공사는 순조롭게 진행되었으나 공사에 따른 기초적인 준비와 일기 등으로 공사기간 만료일인 9월 23일까지는 공사를 도저히 완공할 수 없어 공사기간 연장 허가신청을 내어 10월 8일 관계 기관으로부터 다음해인 원기59년 5월 4일까지로 연장허가를 받았다.

원기59년 2월 13일까지 호안공사는 본 공사를 마치고 성토작업·서석공사를 한 후 옹벽 보호를 위하여 돌망태 작업, 소형 제내 옹벽공사, 도로 난간공사, 정지작업 등 부대공사까지 약 9개월에 걸쳐 모든 공사를 마무리 짓고 원기59년 4월 30일 호안공사를 끝맺었다.

공사를 완전히 마치고 준공굴(竣工掘)을 제출하였으나 전화선 문제, 무허가 건축문제, 암거와 구거 분할측량 등의 문제로 지연이 되어 공사를 마친 6개월만인 원기59년 10월 30일에야 서울특별시와 건설부로부터 준공 허가를 받게 되었다.

총 매립면적은 2천5백93평이었으나 국유도로 6백97평, 암거구분 3백12평을 제외한 1천5백83평이 본 교단의 소유로 취득하게 되었다.

12월 17일에 토지소유권 보존등기 신청을 하여 서울특별시 관악구 흑석동 1-1번지외 18필지 1천5백83평이 교단의 소유가 되었다. 이후에도 몇 고비 어려움은 계속된다.

무허가 건물의 회생

1) 강변5로 계획변경

남한강개발(주)이 흑석동일대 한강변을 매립하여 그 위에 아파트를 지어 분양할 계획으로 건축하고 있던 건축물들이 모두 서울특별시가 강변5로를 건설하려는 도시계획 도로선상에 건축되고 있었다. 그러므로 서울기념관도 도로선상에 지어지고 있었다.

수습위원들은 이 문제를 해결하기 위하여 강변5로를 한강쪽으로 끌어내어 수상교각을 세우고 다리를 놓아 도로를 변경하는 방향을 추진하였다.

조건은 공사비 일부를 남한강이 부담하는 것으로 원기58년 4월 28일 건설로부터 강변5로 계획변경 인가를 받았다.

그러나 남한강개발(주)은 수상교각을 설치하는데 소요되는 공사비의 100분의 20에 해당하는 부담금 1억6천만원의 공사비를 지불할 수 없어서 어렵게 추진하여 인가를 얻은 강변5로 계획 변경에 따른 수상교각 설치안은 수포로 돌아가고 말았다.

이후 호안매립공사 때 조정하여 현재 확정되어진 도로선으로 변경되었고, 이로 인하여 도로계획선상에 건축된 건물을 소생시킨 것이다.

2) 무허가 건축물의 해제

호안매립공사를 추진하기에 한창 바쁜 원기58년 7월 뜻밖의 일에 부딪치게 되었으니 지하2층 지상4층의 서울기념관 기존 골조건물이 무허가 건물로 행정적 고발을 받게 된 것이다.

　남한강개발(주)에서 추진하고 있던 건물 모두가 '먼저 건축을 하고 뒤에 허가를 받는다.' 는 식의 무허가 건물이었으므로 원불교 서울기념관도 마찬가지였다.

　시유지를 침범하여 건축되었다는 영등포구청장의 고발에 의하여 건물을 지은 남한강개발(주) 대표 김재위씨의 진술과 함께 현장답사가 이루어졌고, 원불교재단법인 이사장이 혐의를 받아 이리경찰서에 소환수사를 받기도 하였다.

　한편 서울특별시와 관악구청(영등포구청에서 분리)에서는 자진철거 지시를 계속 내려 원불교 서울기념관은 또 한 번 존폐의 새로운 국면을 당하게 되었다.

　교단에서는 관계요로에 해명서를 제출하여 해결에 노력하던 중 해당 관계부처에서는 현지답사를 수 없이 거쳐 건물에 인접한 토지 및 시점유지를 매입하여 소유권을 이전한 뒤에는 건축이 가능하다는 회신을 원기58년 9월 25일 관악구청 건축과로부터 받아 무허가 건축물에 대한 처리는 일단락지었다.

　여기서 한 가지 기억해 두어야 할 일은 서울특별시가 감사원 감사를 받으면서 원불교서울기념관 신축에 관련된 강변5로 도시계획 변경이 지적을 당하였다.

　도시계획이 민간단체에 유도되어 일관성이 없이 변경된 사실과 신축되고 있는 원불교 서울기념관이 무허가 건물인데 어떻게 수도와 전기시설의 허가를 하게 되었느냐는 경위가 감사대상이 되었다. 이로인해 관계 공무원들이 문책을 받게 되었으며 본 교단에서도 감사원에 출두되어 이의 전말에 대한

배경을 설명해야 했다.

  이때 자칫했으면 서울기념관은 새로운 문제를 야기시켜 생각할 수도 없는 방향으로 문제가 확대될 분위기였으나 지금은 고인이 된 장기영씨(前 한국일보사장)가 관련인사들과 교섭하여 본 교단에서 사건 배경을 충분히 설명할 수 있는 기회를 열어 주었다.

  교단에서는 서울기념관을 짓는 목적과 김재위씨와의 관계, 그동안 추진과정 등을 충분히 이해를 시켜 감사원에서는 김재위씨의 과실을 인정하는 동시에 교단에는 과실이 없는 것으로 판정을 내렸다.

  감사원장은 감사원 직원들에게 앞으로는 원불교 서울기념관 같은 사례가 두 번 다시 있어서는 안 될 것이라는 사례를 남기면서 서울기념관은 무허가 건물에서 완전히 구제되니 이는 장기영씨가 교단에서 사건배경을 충분히 설명할 수 있도록 길을 열어 준데서 온 결과였다.

3) 녹지 해제

  서울기념관 건축 실행위원들이 강변5로 계획 변경에 따른 문제해결과 무허가 건축물 구제문제를 해결하기 위하여 행정관서에 출입하던 중 서울특별시 도시계획과 녹지계에 들러 담론하던 중 매립공사를 마쳐 재단법인원불교로 등기까지 마친 교단의 소유지역 일대가 '자연녹지'라는 새로운 사실을 알게 되었다.

  당황한 실무자는 교정원 원의회와 관계회의에 수차에 걸쳐 이 문제를 보고하는 한편 서울특별시와 건설부를 찾아 서울기념관 건립부지에 대한 경위를

설명하였다.

그러나 관계청이나 관계자 모두 서울특별시의 녹지해제는 일부라도 있을 수 없는 일이라 일축했다.

교단과 서울회관 건축 당무자들은 자연녹지에 세워져 있는 서울회관 기존 골조건물을 구제하기 위하여 원불교 서울회관의 건립 목적과 이 목적에 부응하여 그간 교단에서 전개한 사업을 들어 교단의 입장을 설명하고 그간의 경위를 주지시키는 청원서를 관계 당국과 정부요로에 제출하였다.

당무자들의 이러한 폭넓은 섭외와 노력으로 많은 인사들이 이해를 하게 되었으며 이들의 도움으로 마침내 서울특별시와 건설부로부터 공원용지와 녹지해제를 받아 주거지역으로 변경을 하게 되니 공원용지 내 불법 건물이 구제를 받게 된 것이다.

특히 서울특별시의 감사원 감사 때 인연이 되어 서울기념관의 건립 목적과 건립 경위를 잘 알고 있던 곽후섭씨(당시 서울특별시 제2부시장)와 김영준씨, 김영태씨는 교단에서 경위를 설명할 수 있도록 또 한 번 역할되어지니, 이들은 서울회관 건립에 있어 그 공적을 잊을 수 없는 인사들이다.

그런데 이번에는 진입로 관계에 부딪히게 되었다. 진입로가 없는 택지는 건축허가를 할 수 없다는 것이다.

이로인해 서울특별시에서는 시유지 및 도로접경 거리선 내의 건물에 대한 철거정책과 한강변 미관지구를 저해한다는 이유로 서울회관의 기존 골조건물을 철거하라는 자진철거명령이 내렸고, 자진철거치 않을 경우 강제철거하기 위하여 철거예산을 책정했다.

그러나 이 문제 역시 시유지와 인접 부지를 불하와 매입 등으로 소유권을 확보하므로서 집입로와 도로접경 거리선 내의 건물에 대한 조처를 해결하였으며 관계당국과 협의하여 한강변 미관저해에는 저촉되지 않도록 공사를 하는 조건으로 해결을 보았다.

4) 서울회관기성회 해체와 사무이양

원기59년 10월 30일자로 서울회관 호안매립공사 준공허가가 나오자 이튿날 열린 제30회 임시교정위원회에서는 호안매립공사라는 중대한 임무를 성공적으로 마친 '서울회관기성회'를 1년 4개월만에 해체했다.

이에따라 서울회관에 대한 이후 사무는 호안매립공사시 공사비를 담당하고 서울회관 인가소유권과 재산관리권 및 처분권을 이양받기로 했던 당시 결정대로 이체사무를 한남동수도원으로 이양하게 되었다.

그러나 서울회관기성회 실무위원회는 기성회 해체 이후에도 보존 등기 등 남은 사무를 정리하여 12월 10일 원불교 서울사무소에서 본교 감찰원 및 기성회 선임 감사위원이 합석하여 청산사무감사 및 회계감사를 마치고 미진한 향후 문제는 한남동수도원으로 넘기게 되었다.

미결된 문제는 ①불용지(不用地) 및 시유지 점유의 건 ②건축허가 신청 ③ 현장관리 및 운영 ④시유지내 건물 침범건 ⑤서울회관 진입로에 붙은 경남기업(주)의 소유토지 매입 등이었다.

원기59년 11월 1일 서울회관의 인가소유권과 재산관리 및 처분권을 이양받은 한남동수도원은 기성회에서 넘겨진 잔무처리와 제반관리 및 운영을 감

당할 수 없게 되자 자체 운영위원회를 열어 그동안 한남동수도원에서 투자한 기금을 반환받는 조건으로 원기60년 4월 1일 서울회관 운영권을 다시 교정원 재무부로 넘기게 되었다.

그리하여 기성회에서 한남동수도원으로 이양된 몇 가지 미진한 행정절차인 시유지 점유와 건축허가, 현장관리 등의 문제는 교정원 재무담당 이철행 부원장이 맡아 해결하게 된다.

제5부 한강변에 우뚝 선 '일원상 탑'

오늘의 '서울회관'

서울회관 완성은 교단의 커다란 과제였으나 여러 가지 상황으로 특별한 전기를 마련하지 못하다가 서울특별시로부터 철거하지 않으면 완공해야 한다는 결정이 내려 서울회관은 또 한 번 시련을 맞았다.

기존건물을 헐어버리든지 아니면 골조만 서 있는 회관을 완공하는 일이 타의반자의반으로 서두르지 않으면 안 되었다.

여기에 또 하나 서울회관이 신축되고 있는 지역이 군사보호 지역으로 건축 가능여부를 관계 당국에 타진할 수밖에 없었다. 국방부에서는 제한된 높이 안에서 건축이 가능하다는 통보를 하여왔다.

교단에서는 이 문제를 놓고 서울회관이 세워지고 있는 대지와 이 위에 세워진 지하 2층 지상 4층 골조건물을 포함한 모든 것을 매도하거나 아니면

합작 투자할 대상을 물색하기로 했다.

매입하겠다는 사람으로 자칭 극장 '단성사' 주인이 나타나 1억2천만원을 제의하였으나 자칫 잘못했으면 결정적인 순간에 결정적인 실수를 저지를 뻔했다.

또한 종교인이라는 취약점을 이용하여 터무니없는 조건을 제시하고 나선 한모씨, 합작 투자로는 재일교포인 이모씨가 관광호텔을 제의하고 나왔으나 이는 서울회관의 건립 목적에 맞지 않을뿐더러 조건도 맞지 않아 결실을 보지 못하고 말았다.

경제적 시련을 극복할 수 없어 매도와 합작 투자를 물색했으나 이것 역시 이루어지지 않고 있을 때 서울회관과 인접한 중앙대학교의 부설시설로 바람직하다는 의견이 나왔다. 중앙대학 당국과의 교섭에서도 실효를 거두지 못했다.

교립 원광대학교의 중앙 진출과 교단의 과제를 해결한다는 이중의 효과를 얻는다는 측면에서 원광대 의대가 논의되었으나 대학시설 기준미달로 무산되고, 다시 원광대 한의대 부속 한방병원으로 방향을 바꾸어 검토했다. 그러나 부속 한방병원의 개설안은 이후에도 계속 이야기가 거론되었으나 서울 인구정책에 따라 도시인구 재배치 계획에 어긋나고 경제적 여건이 맞지 않는다는 결론을 얻은 후에야 완전 백지화시켰다.

서울회관 건축추진위원회 발족

원기64년 8월 신도안 삼동원에서 대산종법사 임석하에 서울회관 건립관계

교무와 교도들이 참석, 서울회관 건축에 대한 그간의 경과보고에 이어 이에 대한 종합회의를 열고 여러 가지 상황을 검토했다. 결론은 건축을 추진하기로 결정했다.

서울회관 완공을 추진키로 결의하면서 '서울회관 건축추진위원회'(위원장 이공주, 집행위원장 이철행)도 구성했다.

회의 경과보고를 들은 제38회 정기교정위원회(64. 11. 17)에서는 신도안에서 범교단적 차원에서 구성된 서울회관건축추진위원회를 추인하고 이튿날 중앙교의회에서 다시 확인 결의하였다.

추인결의내용은 구 골조 1천6백내에 회관 2백40평을 완성하고 나머지 골조는 외부미관만 완성하며 소요되는 공사비는 서울에서 2억, 교당과 기관에서 1억, 중앙총부에서 3억 총 6억원으로 건축키로한 것이다.

제81회 임시수위단회(65. 3. 6.)에서는 서울회관 건축추진위원회 조직이 너무 방대하므로 회의소집이나 일을 능률적으로 처리하기에는 어렵다 하여 서울측과 중앙총부측 위원을 별도로 선정하여 '서울회관건축추진소위원회'를 구성했다.

소위원회는 활동을 시작하여 서울회관건립 추진을 위한 기초조사를 시작했다.

먼저 서울회관의 용도에 있어 사무실 건물(Office Building)로 완성하여 임대하여 주는 방향으로 가설정을 하고, 이에대한 타당성을 조사·분석하면서 서울회관건축추진위원회가 출발하면서 제안한 대안들이 지니는 많은 문제점들을 해결할 합리적 방법을 찾았다.

　소위원회는 조사대상 건물을 선정하여 현장을 답사하고 건축법규와 교통 문제, 임대 가능성 등을 실무자를 직접 찾아 조사를 했다.
　또한 지하2층, 지상4층의 기존 골조건물 고수에 따른 제 문제점을 검토하고 타당성을 확인하여 그대로 건축할 때에 부수되는 여러 문제점도 점검했다.

서울회관의 명분과 실리

　제38회 교정위원회에서 서울회관 건축을 추진하기로 결의, 활동을 시작하여 공사 방향은 전체 공사를 하며 시기에 있어서도 더 이상 미루지 말고 이번 기회에 완성을 보기로 하였으나 공사 범위에 대해서는 총부측과 서울측 위원들 의견이 일치하지 못했다.
　총부측에서는 기존 골조건물의 앞 부분인 법당부분(2층 계획)에 한 층을 더 올려 대법당으로 완성하여 가사용하고 뒤편의 본 건물인 아파트 부분(13층 계획이었으나 골조공사는 4층까지 되었다)은 외부공사만 하여놓고 공사비가 충당되는대로 공사를 추진하자는 방향이었다.
　이에 반해 설계를 위한 서울에서의 공청회와 서울측 위원들은 10년만에 시작한 서울회관이 가사용 승인만 얻을 경우 이제까지 교단이 너무 많이 정신적인 것과 경제적인 것을 투자한 것에 대한 미흡함과 또한 서울회관이 오늘에 이르기까지 직접 간접으로 도움과 협조를 하여준 사람들에 대한 체면, 또한 수도 서울에 위치한 원불교 서울회관으로의 면모 등을 생각할 때 명분상 문제가 있으니 기존 골조건물을 완전히 철거하고 새로운 건물을 건축하자는

방향과 서울측 안과 총부측 안을 절충하여 기존 골조건물을 전면 수리하고 2층을 더 추가 하자는 두 안이었다. 대책으로 서울에서 10만 동참운동을 벌여 서울 목표액을 5억으로 제시한 것이다. 이에 반해 총부측은 구 골조를 전면 살리고 최소 한도의 경비로써 공사를 착수하자는 안이었다.

총부측 의견은 교단의 여러 가지 상황을 고려하여 현실에 맞추어 우리 자본으로 공사를 하되 서울회관의 기존 골조건물을 살리고 일부를 증축하여 회관 위주의 건물로 완성하자는 의견이었으며, 서울측 의견은 10년 동안 애써 지켜온 교단이나 수도 서울에 세워지는 원불교회관으로 면모를 갖출 수 있는 명분을 찾기 위해 기존 골조건물을 헐어버리고 은행융자를 얻어 임대 사무실 위주의 고층 건물로 완공하자는 의견이었다.

서울측 의견이 받아들여져 연구위원들이 2주일 동안 조사를 하여 얻은 결론은 연건평 약 5천평의 빌딩을 건축하되 평당 80만원씩 건축비를 투자하여 완공한 후 다시 평당 80만원씩 임대한다면 투자된 건축비를 감당할 수 있으며 나머지 공사비를 확보하는 만큼의 건물을 교단에서 사용한다면 어느 정도 현실성이 있는 것으로 조사되었다.

그러나 임대되기 전 건축비를 교단에서 투자해야 하는 것과, 완공 후 국가 경기 부양책이 서울회관이 있는 강남으로 고급 사무실의 이전을 얼마나 가능하게 할 것인가라는 문제를 안고 있었다.

결국 서울측 위원들의 의견은 무산이 되고, 총부측 의견에 보안을 하여 기존 골조건물(4층으로 중단)에 1층을 더 올려서 법당을 짓는 방향으로 결정이 되었다.

역사적인 재 기공

　원기64년 11월 서울특별시장으로부터 서울회관에 대한 방침을 통보 받았는데 내용은 지하2층 지상7층 이내로 미관심의를 받도록 하는 것이었다.

　원기65년 1월에 서울특별시청 방침 안에서 3차에 걸쳐 미관심의를 받아 미관심의에 통과됨에 따라 설계에 착수하였다.

　9월초에 건축허가를 접수시켜서 9월 13일 건축허가가 나왔다.

　그러나 공사자의 결정과 공사비 수습문제가 결정되지 않아서 10월 5일에야 역사적인 재 기공을 하였다.

　재 기공의 세가지 기본방침은 ①하자없이 ②부채없이 ③운영관리 채산성 있게 였다.

　이미 건축되어 있는 골조건물을 그대로 이용하기로 하였으나 본 골조건물은 본래 13층 아파트건물로 설계되었던 건물이며 더군다나 10여 년 전의 건축기법에 의해 세워진 골조여서 새로 설계한 도면에 의하여 부득이 일부분 철거를 하지 않을 수 없었다.

　원기65년 8월 중순부터 9월까지 약 2백여평을 철거하고 건축허가가 나오자 이미 지어진 지하 2층 지상 4층의 기존 골조건물에 2층을 더 올려 골조공사를 마치고 원기66년 4월 18일에는 옥상까지 마치게 되니 '한양불일대조만방헌'(漢陽佛日大照萬邦軒, 서울에 부처님의 광명이 떠올라 세계를 크게 비쳐준다.)이라 새겨진 상량을 한강이 내려다보이는 서울회관 옥상에 묻으며 상량식을 올리었다.

　건축도중 원기66년 6월에는 또 한 차례 원광대학교 한의대 부속병원 개설

이 논의되어 설계 변경을 위하여 1개월간 공사가 중단되기도 하였으나 부속병원 개설이 수포로 돌아가자 8월초 다시 본래 계획대로 공사를 진행하였다.

  공사의 도급과정은 3단계로 1단계인 구 골조건물 철거공사는 요진산업(주)과 원건사, 일신설비 세 회사의 견적을 받아 공사비가 가장 낮은 원건사가 도급을 받았다.

  2단계 골조공사는 요진산업(주)·원건사의 견적을 받아 견적 내용이 성실한 요진산업(주)과 계약을 했다.

  골조공사는 공사 도급과정에서 직영하는 의견과 공개입찰의 의견이 맞섰으나 요진산업(주)은 교도가 운영하는 회사로서 서울회관의 건축허가와 군부대 관계 등 어려운 일이 있을 때마다 직접 간접으로 많은 도움을 주었으며 견적내용도 제3자에게 검토시킨 결과 성실하며 적절한 가격이라는 자문을 받아 도급을 주게되었다.

  3단계 마감공사도 요진산업(주)·원건사, 일신설비 세 회사의 견적을 받아 낮은 가격인 요진산업(주)과 계약을 맺고 공사를 마치어 드디어 원기67년 10월 10일 준공봉불식을 갖게 되었다.

제6부 원기67년 10월 10일

100만 교도가 기다리던 감격의 날

  원기67년(1982년) 10월 10일, 수도 서울의 흑석동 앞 한강변에서는 조그마

한 기적이 일어났다.

버려져있던 땅 위에 13층 건물(당시는 고층건물에 속했다)의 신축기공식의 팡파르, 그러나 4층 골조를 세우고 공사가 중단된지 12년, 이제 건물이 완공되어 봉불낙성식을 올리게 된 일이다.

봉불낙성식 준비는 3개월 전인 폭염의 7월부터 시작이 되었다. 서울회관추진위원회 임원, 서울교구 교무대표와 교도대표, 행사준비 관계자, 전국 교구장 등 회의가 연달아 열리며 관계대표자 합동회의도 10여 차례 가지며 프로그램을 준비하며 예행연습까지 했다. 서울에서 처음 갖는 교단적 큰 행사였다.

봉불낙성식을 기념하여 열린 '소태산 대종사 추모사업을 위한 서화전'(원불교 미술전시위원회 주최, 10월 9일~16일)과 '본교 초기교서 및 출판물·기록사진 전시회'(교정원 문화부 주관, 10월 9일~16일)는 1년전부터 준비가 되었으며 '사상강연회(청운회·서울교구청년회·서울교구대학생회 주최, 10월 16일 15시)'와 연극 '소태산대종사(서울교구대학생회 주최, 10월 10일 19시)'는 이해 벽두부터 준비되었다.

준비과정에서 제일 어려웠던 일은 참석인원 조정이었다. 서울에서 참석할 교도와 지방에서 올라 올 교도의 배정문제를 놓고 지방교도를 우선하기로 하였으나 공간은 한정되어 있었다.

본 대회장인 대법당에는 1천2백명, 기타 실내(비디오장치)에는 4천여명, 이렇게 5천여명 정도만 수용할 수 있었다.

교구별로 대표 참석수(대법당 참석자)와 일반 참석수(실내참석)를 교당수

에 따라 균배하고 철저한 인원통제와 질서를 위해 참석자 전원은 교구별로 색깔리본을 달게 했다.

10월 10일 오후2시 '원불교서울회관 봉불낙성 및 정신개벽을 위한 대법회'가 육군본부 군악대의 주악으로 시작되자 주차장으로 계획했던 서울회관 앞뒤 광장에까지 8천여명의 교도가 운집되어 한 치의 빈틈이 없었다.

원불교 교도들이 12년 동안 얼마나 기다리며 정성을 모았는가를 잘 표현하여 준 일이었다. 할 수 없이 실내에 장치되었던 일부 비디오를 급히 야외에 설치했다.

보도기관에서 보낸 격려와 기대

원불교 서울회관의 봉불낙성은 교도들의 기다림과 보람만은 아니었다.

사회에서 갖는 관심도 대단했다. 각 보도기관에서는 동아일보(9월 24일)를 시작으로 한국일보(10월 8일), 조선일보(10월 8일), 경향신문(10월 10일), 중앙일보(10월 8일, 10월 13일), 서울신문(10월 10일), 주간종교(10월 6일, 10일)에서 서울회관 봉불낙성 기사를 다루고 있다.

10월 10일 아침8시, KBS라디오에서는 5분동안 이철행 추진집행위원장과 전화인터뷰가 생방송으로 전국에 중계되었으며 KBS-TV에서는 저녁 7시 뉴스와 9시 뉴스파노라마에서 집중 보도되었다.

MBC-TV에서도 저녁9시에 자세히 보도를 하여 주었다.

보도 내용들은 행사소개와 함께 12년간 포기하지 않고 끈질긴 힘으로 완공을 본 교단의 저력을 격려하며 서울회관 활용에 대한 기대를 적고 있다.

　　서울회관의 활용은 ①성인교육장으로 개방하여 교도뿐 아니라 일반인들에게도 평생교육을 위한 주부교실·노인대학 등을 개설운영 ②이웃을 위한 봉공(奉公)회관으로 활용하여 원불교 서울교구봉공회가 본부를 두고 파출부 교육, 봄·가을 연2회 자선바자 개최 등을 통하여 불우이웃을 위한 봉공활동을 전개 ③청소년 복지회관으로 운영하여 근로청소년을 위한 재건학교 개설과 유아들의 조기교육을 위하여 유치원 개설 ④정신개벽의 훈련장으로 사용하여 5,6층 1천2백명이 들어갈 수 있는 대법당은 원불교의 각종 의식과 훈련을 통하여 개인의 심전계발을 위하여 인간회복 도량으로 사용하며, 국내 종교인들이 모일 수 있는 자리를 마련하여 종교인들이 먼저 울을 트고 인류구원이라는 공동사명을 다져 나가고, 아시아 종교지도자회 등을 개최하여 세계종교연합기구 창설을 추진, 인류 정신개벽운동과 도덕부활동운동을 전개한다고 보도하고 있다.

　　물론 교단측이 제공한 자료를 근거로 쓰고 있지만 보도기관들의 관심도 대단했다.

앞으로 더 많은 정성과 노력이 필요

　　서울회관 봉불낙성 행사를 알리고, 관계인사를 초청하는 안내장 '인사말씀'에서 서울회관추진위원장 이공주, 서울회관봉불경축행사위원장 박은국·이철행 법사는 이렇게 말했다.

　　'서울회관의 건립이 추진되기는 지금부터 12년전이었다. 12년이란 긴 세월은 우리 1백만 교도에게 기쁨과 희망을 주기도 했고, 좌절과 실의를 안겨

　주기도 했지만 대종사님 이하 역대 선진님들이 호렴하여 주서서 오늘을 있게 했습니다.

　생각해 보면 어려운 고비를 당할 때마다 재가·출가교도들이 보여준 일심합력의 모습은 우리 교단의 초창 선진님들이 물려주신 창립정신을 이어받은 거룩한 모습이었으며 아직 60여 년의 천단한 역사를 가지고 수도 서울에 우리 회관을 우리 힘으로 꼭 건립하겠다는 굳은 의지는 불가능에 가까웠던 경제적 고비까지 넘어서게 했던 것입니다.

　그러므로 서울회관은 벽돌 한 장, 나무 한 그루에도 우리 1백만 교도의 땀과 눈물이 서려 혈성으로 이루어 놓은 금자탑인 것입니다.

　이는 형상적인 하나의 건물이 세워졌다는 것에 그치지 않고 교단이 1백년대를 향하여 나아가는 한 지표라 할 수 있습니다.

　이제 우리는 서울회관을 완성하였다는데 안위하는 것이 아니라 서울회관을 건립하기 위하여 그처럼 오랜 세월을 갈망하여 왔던 일을 시작해야겠습니다.

　서울회관은 대종사님의 법이 실현되는 도량으로서 개인에게 있어서는 심전계발의 도량이 되어 각자의 법위를 향상시켜 가야 할 것이며 국가와 사회에서는 우리의 목표인 지상낙원이 이루어질 수 있는 목적사업이 활발히 전개되어야 할 것이다. 그러기 위해서 우리들은 오늘을 있게까지 한 정성과 노력보다도 더 많은 정성과 노력을 쏟아야 할 것입니다.'

우리의 일심합력과 사무여한 정신

10월 10일 오후2시, 육군본부 군악대의 주악으로 봉불낙성 및 정신개벽을 위한 대법회가 시작되어 고조된 흥분을 가라앉히자 이공주 추진위원장이 개식사를 했다.

"이 회관이 세워진 12년 사이에는 여러 가지 어려운 고비도 많았고 우여곡절 가운데 실의에 빠진 때도 한두 번이 아니었습니다.

그러나 어려운 일을 당할 때마다 9인 선진님들의 교단 초창당시 우리에게 보여주신 일심합력과 사무여한이란 정신을 생각하며 뜻을 모으고 힘을 합하여 오늘에 이 일을 이루었던 것입니다.

그리고 시간이 흐르는 동안 여러 가지 외부적 조건으로 본래 규모대로 13층의 완공을 보지 못하고 6층이나 축소한 이 건물에서 봉불식을 갖게 되오니 마음 속 한 구석에는 유감이 없을 수 없습니다.

그러나 우리는 오늘 이 회관을 바탕으로 삼아 대종사님께옵서 개교표어로 발표해 주신 '물질이 개벽되니 정신을 개벽하자'는 이념을 구현하는 훈련도량으로 삼아서 부정부패에 병든 세상을 고치고 전쟁도 가난도 없는 평화안락한 평등세계가 이룩되기를 바라마지 않습니다.

오늘 이처럼 전국에서 교도대표들이 모여 봉불식을 올리는 것도 우리들의 이러한 의지를 다시한번 굳게 다지며 더욱 확인하는데 큰 의의가 있다고 생각합니다."

이소성대의 준엄한 교훈

이철행 집행위원장은 경과보고에서 "서울회관은 지금으로부터 12년 전인 원기55년(1970년)에 발단되었습니다. 당시 개교반백년을 보내면서 확장된 교세는 한국속의 원불교에서 세계속의 교단으로 성장의 도약을 계획하게 되었고 따라서 수도 서울에 회관의 건립이 요청되었던 것입니다.

그리하여 개교반백년사업의 일환책으로 서울회관의 추진이 구상되었고, 서울교당에 건축을 계획하던 중 원남교당 교도인 김정덕 동지님의 특지로서 이곳 흑석동에 공유수면 매립 면허를 얻어 대지 1천평과 법당 800평을 기증하겠다는 제의를 받기에 이르렀습니다.

이리하여 동년 10월에는 교역자훈련을 마치고 재경 동지들과 정계 요인들을 모시고 희망에 부푼 기공식을 거행하였습니다.

그러나 진리는 이소성대의 천리를 준엄한 교훈으로 내려주셨습니다.

경제는 불황이고, 계획에는 차질이 오고, 법률적 시행착오는 혼미와 암담이 거듭하여 교단에서는 대지를 포기하는 등 수습위원회를 구성하여 백절불굴의 과정을 거쳐 오늘에 이르기까지 각계각층의 알뜰한 정성으로 오늘 이 뜻 깊은 불사를 맞이하게 되었습니다."

한 마디로 서울회관의 봉불낙성까지의 감회를 이야기한 이철행 서울회관 추진집행위원장은 다시 준비된 원고를 읽어 내려갔다.

"원기57년 1월 25일부터 만 4일에 걸친 임시교정위원회에서 500여 교역자는 엄청난 부채와 시행착오에 대한 보고를 접하고 전무출신 반성결의문을 채택하게 되었으며 동시에 중산 정광훈 법사을 위원장으로 하고 이철행·조

정근 등이 수습의 실마리를 찾기에 이르렀습니다.

그러나 막대한 부채로 인한 시련은 참으로 큰 것이어서 출가교역자가 우선적으로 성금을 내어 해결하려 했지만 결국은 범교단적으로 일을 수습하지 않으면 안 되었습니다.

당시 70만 출가·재가의 합력으로 진리는 무심치 않으시어 당국에서도 이런 교단의 부득이한 입장과 계획을 이해하고 합리적인 방법을 제시하여 주시어 본 회관의 재추진을 보장해 주었습니다.

그 후, 호안매립공사허가를 받았을 때에는 공사비가 없어서 위기에 놓이게 되었는데 구타원 이공주 법사께서 1억3천3백만원이라는 증권을 처분하여 택지를 마련하여 주심으로 오늘을 있게 해주셨고, 1차 공사도 중 위험과 난관을 무릅쓰고 헌신하신 이백철·박대성·김상익·마원종 동지를 잊을 수가 없습니다." 했다. 12년 동안의 그 숱한 사연을 단 몇 분에 어찌 다 말할 수 있으리오.

그리고 그 숱한 고비와 시련을 겪었지만 그 모든 것을 딛고 일어선 기쁜 날 아픈 기억을 되살릴 필요가 없었을 것이다. 그러나 이철행 집행위원장은 결국 울먹이며 목이 메고 말았다.

"오늘 이렇게 감회 깊은 봉불식을 누구보다 기뻐하셔야 할 분이 이 자리를 함께 못하시는 가슴 아픔이 있습니다.

초대 수습의 대권을 맡으신지 1주일 만에 열반하신 의산(조갑종) 법사, 수습의 책임자로 동분서주 노력하셨던 중산(정광훈) 법사, 회관건립을 위한 대법회 관계로 상경중 열반하신 각산(신도형) 법사, 본교의 충정을 당국에 적극

반영시켜 주신 백상 장기영 회장님, 그리고 불철주야 이 터를 수호하기에 생명을 바친 박도준 감사의 맹로(盲路)에 선연이 깃들기를 축원 드립니다."

서울회관은 서울특별시 동작구 흑석1동 1의3번지에 위치하며 대지 1천9백42평에(실 사용면적 3천2백평) 지하1층 지상6층 연건평 1천9백32평(허가면적 1천9백5평)으로 건축비는 12억4천여만원이 소요되었다고 보고되었다.

이 경과보고에 나타난 몇 가지에 다시 한 번 귀 기우려야 할 것이 있다.

남한강사건을 '이소성대의 천리를 준엄한 교훈으로 내려줌'으로 보았으며 사건수습 과정에서 '전무출신 반성결의문 채택' '재가·출가동지들의 합력' '당국에서의 교단 입장 이해와 협조' '공사비 부족 위기에서 구타원법사의 1억3천3백만원의 증권처분으로 택지마련' '서울회관 건립에 일역이 되었으나 봉불낙성을 보지 못하고 열반한 5명의 공로자' 등이다.

이 속에 얼마나 많은 이야기가 서려 있을 것인가.

물질에 속박된 자기를 구제

대산종법사는 우뢰같은 교도들의 박수에 답례하며 삼학공부에 대한 법문을 내리었다.

"현대를 살아가는 사람들은 지나친 편의주의를 좇다보니 물질만능에 빠져 물질을 사용해야 할 사람의 정신은 허약해지고 사람이 사용하여야 할 물질의 위력은 가증스럽게 팽창하여 사람이 물질에 속박되어 살게 되었다.

사람이 이 물질의 속박 상태에서 벗어나 사람의 정신을 회복하여 마음의

자유를 얻고 지혜를 가져 참다운 사람의 생활을 하기 위해서는 세 가지 노력하여야 할 조건이 있다.

첫째는 정신을 수양하여 마음의 자유를 얻어야 한다.(정신수양)

정신을 수양하는 것은 육신에 밥을 먹이는 것과 같은 것으로 일상생활 속에서 때 묻은 마음을 닦고, 들뜬 마음을 가라앉히고, 새어나가는 마음을 막고, 흩어진 마음을 한데로 모으는 노력을 계속하여야 영단이 모아져 마음의 자유를 얻게 될 것이다.

둘째는 우리가 살아갈 때 일과 이치 사이에 살고 있으니 일의 시비이해와 이치의 크고 작음, 있고 없는 자리를 연구하고 깨달아 지혜를 얻어야 한다.(사리연구)

지혜를 얻는 길은 서로 의견을 교환하여 모르는 것은 묻고 아는 것은 가르치며, 모르는 의문이 생기면 알 때까지 생각을 궁글리고, 어렴풋이 아는 것은 확실히 알 때까지 노력을 게을리 하지 않아야 지각이 크게 열려 지혜를 얻게 될 것이다.

셋째는 일상생활에서 마음과 몸을 작용할 때에 중심을 잡고 중도를 알아서 중화의 행동을 해야 한다.(작업취사)

중화의 행동은 우리가 몸과 마음을 작용할 때에 옳고 그르며, 이롭고 해로운 일, 할 일과 안 할 일을 구별해서 취사하는데 이루어지는 것이니 옳은 것이어든 참고 견디며 그른 것이어든 끊고 고치며, 아는 것은 실천에 옮기는 노력의 정성이 있어야 될 것이다.

그러나 정신을 수양하고, 심신을 작용하는 취사가 따로 따로 이루어지는

것이 아니라 이 세 가지가 함께 이루어져야 원만한 인격을 이루게 된다.

정신을 수양하여 일심이 되면 일과 이치를 빨리 깨닫고 용맹있게 실천할 수 있는 힘이 생기며, 일과 이치를 연구하여 지혜를 얻으면 무슨 일을 당하든지 항상 마음에 여유가 있고 남을 위해 일하는 봉사의 행동이 되며, 정의를 행하고 불의를 제거하는 생활이 되면 어느 곳에 있든지 마음이 편안하고 실천에서 얻어진 힘은 내일의 복락을 장만하는 바탕이 되기 때문이다.

우리들은 이 세 가지 중 모자라는 점을 스스로 살려서 자기에게 부족되는 것을 갖추어 원만한 인격을 이루어 물질에 속박된 자기를 구제해야겠다."

'일원불'의 광명과 은혜가 온누리에

10월 10일 봉불낙성식이 열리기 직전 오후 1시에는 회관 광장에서 서울회관 봉불낙성을 기념하는 '일원불탑(一圓佛塔)' 제막식이 있었다. 자연석 앞면에 대산종법사의 휘호 '일원불'을 음각으로 새기고 뒷면에는 정산종사의 삼동윤리를 한글로 풀어 박정훈 교무의 글씨를 새겼다. 또한 오석으로 된 기단 전면에는 서울회관을 세우게 된 동기를 적고 후면에는 건축유공자 명단을 새기고 있다.

일원불탑에 서울회관 설립 의의와 과정을 이렇게 기록했다.

'옛 성인의 법이 지나고 새 세상 새 도덕의 갈망이 절정을 이루었던 선후천 교역기 1916년에 소태산 박중빈 대종사께서는 전남 영광에서 새 회상 원불교를 창건하셨다.

물질이 개벽되니 정신을 개벽하자는 표어를 내걸고 출발한 원불교는 새 시

대 새 종교로서의 요건을 확충하면서 개교반백년의 역사를 거쳐오는 동안 교단의 기반을 더욱 구축하고 다시 세계 속의 교단으로 웅비하는 여망에 따라 서울 이곳에 회관을 마련하기로 하였다.

　1970년 원기55년 건축에 착수하여 골격만을 세워 둔 채 공사를 중단, 10여 년 동안 숱한 난관 속에서 불굴의 의지로 미비된 여건을 해결하여 교단의 힘을 다시 뭉치고 이소성대의 정신을 받들어 1980년 원기65년에 공사를 재개하여 이제 완공하였다.

　이 회관에 어린 교단적 합력과 끈기를 길이 되새기게 위하여 이 비를 세우고 일원불의 광명과 은혜가 온 누리에 가득하기를 기원하면서 이 성업의 특별유공인을 이 비 후면에 새기는 바이다. 1982년 원기67년 10월 10일 원불교 서울회관 추진위원회.'

　이렇게 12년간 기대와 좌절, 보람과 실의, 감사와 원망 등이 점철되어 내려온 '원불교 서울회관'은 교단사에 중요한 한 페이지로 기록되며 대단원의 막을 내렸다.